François-Marie Arouet Voltaire

Die Geschichte Karls XII., Königs von Schweden

François-Marie Arouet Voltaire

Die Geschichte Karls XII., Königs von Schweden

VIDENTO 2023

Bibliographische Information der Deutschen Nationalbibliothek Die Deutsche Nationalbibliothek verzeichnet diese Publikation in der Deutschen Nationalbibliographie; detaillierte bibliographische Daten sind im Internet über http:/dnd.d.-nb.de abrufbar.

François-Marie Arouet genannt **Voltaire**

Die Geschichte Karls XII., Königs von Schweden (1741)

Übersetzung: Adolf Friedrich von Seubert (1876).
Die Rechtschreibung wurde der heutigen behutsam angepasst.

2. Auflage

Adak und Berlin

Lektorat: Sören Padel
Gestaltung: Severin Nyberg
Gedruckt in Europa

ISBN 978-91-89692-01-5

Inhaltsverzeichnis

CAROLVS·XII·D·G·REX·SVECIÆ

Geleitwort

Nein, das ist kein Geschichtsbuch – eher ein Buch für Histographen als für reine Historiker. Sicher gab es für Voltaire viele Gründe, ein Buch über den exzeptionellen Schwedenkönig zu schreiben. Es war eine aufregende Zeit mit Persönlichkeiten, deren Handeln Europa nachhaltig geformt hat. Und Karl XII. war mit Sicherheit einer der lohnendsten Protagonisten für ein Sittengemälde der Macht. Doch bei aller Begeisterung für das Genie Karls XII. ist nicht auszuschließen, dass Voltaire ein stückweit Opfer seiner Quellen geworden ist.

Historisch wird der Beschriebene nämlich heute höchst unterschiedlich beurteilt – Kriegsherr oder Universalgenie, Wegbereiter für Handel und Wissensaustausch oder expansiver Monarch. So wie sein Leben wird auch sein Tod unterschiedlich bewertet – ist er nun im Feld gefallen oder hinterrücks ermordet worden …

Aber das alles soll nicht Thema dieses Buches sein. Unstrittig ist, dass Karl XII. in seinem kurzen Leben erstaunlich viel Wissen ansammelte und ambitioniert versuchte, dieses zum Wohle seines Reiches anzuwenden. Es entbehrt damit nicht einer gewissen Ironie, dass ausgerechnet er für das Ende aller schwedischen Großmachtambitionen steht.

Schweden wurde übrigens im Ostseeraum vom neuen Russischen Kaiserreich des Peter I. als regionale Großmacht verdrängt. Es gilt neben Karl XII. vielen Historikern als ebenbürtig in der Vielfalt und im Ausmaß seiner Fähigkeiten, der Weitsicht seiner Pläne. Beide werden von vielen nicht nur als die herausragendsten Staatslenker des 18. Jahrhunderts, sondern vielleicht sogar der gesamten Neuzeit betrachtet.

Wie auch immer, Karls Tod mündete so allmählich in eine knapp hundert Jahre später beginnende Friedenszeit für

Schweden, die jetzt schon über zweihundert Jahre anhält und damit historisch ihresgleichen sucht. Der Nachfolger des Russischen Zarenreiches, die Sowjetunion, wurde gut zwei Jahrhunderte später einer der beiden Supermächte und Russland ist nach dem Niedergang des Kommunismus auch heute noch, trotz aller Probleme und Widersprüche, einer der Großmächte auf dieser Erde. Beide Entwicklungen haben ihre Wurzeln zu Beginn des 18. Jahrhunderts, eben mit Karl XII. von Schweden und dem russischen Peter I.

Ob Voltaire das geahnt hat? So in der Form sicher nicht, aber da ja auch er nicht unbedingt zu den Dummköpfen der Geschichte gehört, muss für ihn eine Freud und ein Bedürfnis gewesen sein, Karl XII. – nicht zuletzt im Widerschein zu Peter I. – biographisch zu würdigen.

***

Kurz zu dieser Ausgabe. Bei der Anpassung der Rechtschreibung der vorliegenden Übersetzung wurde versucht, einen Kompromiss zwischen der Lesbarkeit und der Authentizität des Textes zu bewerkstelligen. Das ist sicherlich kein undiskutierbarer Ansatz, aber eines Versuches Wert. Hoffentlich ...

Bei der Auswahl der Illustrationen, die hier nur die Funktionen von Vignetten erfüllen sollen, ist aufgefallen, dass viele Werke erst mehr als hundert Jahre nach Karls Tod erschaffen wurden, also mehr oder weniger zu Zeiten der Nationalromantik. Sie dienen hier auch nicht einer besseren „objektiven Darstellung“ des Textes, sondern sollen nur den Lesefluss etwas auflockern, sind genauso subjektiv und tendenziös wie der eigentliche Text.

Allen, die dieses Buch in den Händen haben, sei eine vergnügliche, kritisch reflektierende und gebende Lektüre gewünscht!

Ihr Verlag Vidento

Vorrede Voltaires zur Ausgabe von 1748

Erinnern wir uns, dass nach Aristoteles die Ungläubigkeit die Grundlage aller Weisheit ist. Dieser Satz sollte ein Leitfaden für jeden sein, der die Geschichte liest, besonders die alte Geschichte.

Wie viele abgeschmackte Erzählungen, welch eine Menge von Fabeln schlagen dem gesunden Menschenverstande ins Gesicht! Nun denn, so glaubt eben nicht daran!

Es hat in Rom Könige, Konsuln, Dezemvirn gegeben, die Römer haben Karthago zerstört; Cäsar hat den Pompejus besiegt – alles das ist wahr. Wenn man euch aber erzählt, Kastor und Pollux hätten für dieses Volk gekämpft; eine Vestalin habe mit ihrem Gürtel ein auf den Sand geratenes Schiff wieder flott gemacht; ein Abgrund habe sich geschlossen, als Curtius sich hineinstürzte, so glaubt es nicht. Ihr leset überall von den Wundern, von den eingetroffenen Prophezeiungen, den wunderbaren Heilungen in den Tempeln des Aeskulap – glaubt es nicht! Aber hundert Zeugen haben das Protokoll über diese Wunder auf erzenen Tafeln unterzeichnet, die Tempel waren voll von Votivtafeln, welche die Heilungen beurkundeten. Glaubt, dass es Dummköpfe und Spitzbuben gab, die bezeugten, was sie nicht gesehen haben. Glaubt immerhin, dass fromme Leute den Priestern Aeskulaps ein Geschenk machten, wenn ihre Kinder von einer Erkältung genasen, glaubt aber ja nicht an die Wunder Aeskulaps, sie sind ebensowenig wahr, wie die des Jesuiten Xavier, dem ein Seekrebs sein Kreuz vom Grund des Meeres wieder heraufbrachte und der sich zugleich auf zwei Schiffen befunden haben will.

Aber die ägyptischen Priester waren ja alle Zauberer und Herodot bewundert ihre tiefe Wissenschaft in allen Teufelskünsten? Glaubt nicht alles, was Herodot sagt.

Ich misstraue allem, was als Wunder auftritt. Darf ich aber die Ungläubigkeit so weit treiben, dass ich auch Tatsachen bezweifle, die zwar nicht über die Ordnung menschlicher Dinge hinausgehen, denen es aber an innerer Wahrscheinlichkeit gebricht?

So versichert Plutarch zum Beispiel, Cäsar sei ganz in Waffen in das Meer von Alexandrien gesprungen, habe dabei in der einen Hand Papiere gehalten, die er nicht nass werden lassen wollte, und sei mit der anderen geschwommen. Glaubt keine Silbe von diesem Märchen des Plutarch; glaubt Cäsarn selbst, der in seinen Kommentarien kein Wort davon sagt; und seid überzeugt, dass wenn einer mit Papieren in der Hand ins Wasser springt, er sie auch nass macht.

Ihr findet in Quintus Curtius, Alexander und seine Generale seien über die Ebbe und Flut des Ozeans erstaunt gewesen, die sie nicht gekannt hätten. Glaubt es nicht!

Es ist sehr wahrscheinlich, dass Alexander im Rausche den Clitus getötet, dass er den Hephästion auf die Art geliebt hat wie Sokrates den Alkibiates, aber ist durchaus unwahrscheinlich, dass der Schüler des Aristoteles nichts von der Ebbe und Flut des Ozeans gewusst habe. Es gab Philosophen in seiner Armee; es genügte den Euphrat gesehen zu haben, der an seiner Mündung die Ebbe und Flut zeigt, um diese Erscheinung zu kennen. Alexander war in Afrika gereist, dessen Küsten vom Ozean bespült werden. Sollte sein Admiral Nearch so unwissend gewesen sein, dass ihm entging, was am Indus jedes Kind weiß? Derartige Albernheiten, die von so viel Schriftstellern nachgesprochen werden, bringen die Geschichtsschreiber allzu sehr in Misskredit.

Pater Mainburg erzählt hundert anderen nach, zwei Juden hätten Leon, dem Isaurier, das Reich unter der Bedingung versprochen, dass er die Götzenbilder zertrümmere, wenn er Kaiser sein werde. Welches Interesse sollten denn diese zwei Hebräer dabei gehabt haben, dass die Christen keine Bilder verehrten? Wie konnten zwei solche arme Teufel ein

Kaiserreich versprechen? Heißt es nicht den Leser durch derartige Fabeln beleidigen?

Man muss zugeben, dass Mézerai in seinem harten, gemeinen, ungleichen Stil unter die schlecht verdauten Tatsachen, die er bringt, manche ähnliche Abgeschmacktheiten mischt; bald lässt er Heinrich V. von England, der in Paris zum König von Frankreich gekrönt wurde, deshalb an Hämorrhoiden sterben, weil er sich auf den Thron unserer Könige gesetzt habe, bald muss der heilige Michael der Johanna d'Arc erscheinen!

Ich glaube nicht einmal Augenzeugen, wenn sie mir Dinge sagen, die dem gesunden Menschenverstande widersprechen. Der Herr von Joinville, oder vielmehr derjenige, welcher seine gallische Geschichte in das Altfranzösische übersetzt hat, macht mir nicht weiß, dass die ägyptischen Emire, nachdem sie ihren Sultan ermordet, dem heiligen Ludwig, der ihr Gefangener war, die Krone anboten; das ist gerade so wahrscheinlich, als wenn man aussagte, man habe die Krone Frankreichs einem Türken angeboten. Wie kann man nur glauben, dass Mohammedaner einen Mann zu ihrem Beherrscher haben erheben wollen, der in ihren Augen ein Häuptling von Barbaren sein musste, den sie in der Schlacht gefangen hatten, der weder ihre Gesetze noch ihre Sprache kannte und der der Erzfeind ihrer Religion war!

Ich glaube ebensowenig an dieses Märchen des Herrn von Joinville, als wenn er mir sagte, der Nil trete zu Anfang Oktober bei la Saint-Remi aus seinen Ufern. Ebensosehr bezweifle ich das Geschichtchen von dem Alten vom Berge, der bei der Nachricht von dem Kreuzzug des heiligen Ludwig zwei Mörder nach Paris schickt, um ihn zu töten, wie er aber von seiner Tugend hört, am anderen Tage zwei Kuriere absendet, um Gegenbefehl zu bringen. Das schmeckt denn doch zu sehr nach einem Märchen aus Tausend und eine Nacht.

Ich sage Mézerai, dem Pater Daniel und allen Geschichtschreibern ins Gesicht, dass ich nicht glaube, dass ein Regen-

und Hagelsturm Eduard III. bekehrt und Philipp von Valois den Frieden verschafft habe. Die Eroberer sind nicht so fromm und schließen nicht Frieden wegen eines Regens.

gewiss ist nichts wahrscheinlicher als ein Verbrechen; aber es muss wenigstens nachgewiesen sein. Bei Mézerai liest man von mehr als sechzig Fürsten, denen man Gift gegeben habe; aber er beweist es nirgends und ein Gerücht darf eben nur als Gerücht angeführt werden.

Ich glaube auch Titus Livius nicht, wenn er mir sagt, der Arzt des Pyrrhus habe den Römern angeboten, seinen Herrn gegen eine Belohnung zu vergiften. Die Römer besaßen damals kaum gemünztes Geld und Pyrrhus war reich genug, um die ganze Republik zu kaufen, wenn sie sich hätte verkaufen wollen. Die Stelle eines Leibarztes des Pyrrhus war jedenfalls einträglicher als die eines Konsuls. Ich werde deshalb diese Geschichte nicht eher glauben, als bis man mir beweisen wird, dass ein Leibarzt eines unserer Könige einem Schweizer Kanton den Antrag gemacht habe, seinen Kranken gegen eine Geldbelohnung zu vergiften.

Misstrauen wir auch allen übertriebenen Behauptungen. dass eine zahllose persische Armee durch dreihundert Spartiaten im Engpass von Thermopylä aufgehalten worden sein soll, gibt mir kein Ärgernis; die Terraingestaltung macht die Sache wahrscheinlich. Karl XII. schlägt bei Narwa mit achttausend kriegstüchtigen Soldaten achtzigtausend schlecht bewaffnete russische Bauern; das bewundere ich und glaube es. Wenn ich aber lese, dass Simon von Montfort mit neunhundert in drei Korps geteilten Soldaten hunderttausend Mann geschlagen habe, so wiederhole ich: das glaube ich nicht! Man hält mir entgegen, es sei ein Wunder; aber wird wohl Gott dem Simon von Montfort zuliebe ein Wunder getan haben?

Ich würde auch den Kampf Karls XII. zu Bender bezweifeln, wenn er mir nicht durch mehrere glaubwürdige Augenzeugen bestätigt worden wäre und wenn nicht der Charakter Karls XII. eine derartige heroische Tollheit wahrscheinlich machte.

Ebenso wie einzelne Tatsachen muss man oft auch das bezweifeln, was man über die Sitten und Gebräuche fremder Völker liest. Versagen wir auch hier unsern Glauben jedem alten oder neuen Schriftsteller, der uns Dinge auftischt, welche der Natur und dem Wesen des menschlichen Herzens entgegen sind.

Die ersten Berichte über Amerika sprachen nur von Menschenfressern; es war als ob die Amerikaner die Menschen so alltäglich fräßen, wie wir die Hammel. Die richtig gestellte Tatsache beschränkt sich darauf, dass eine kleine Anzahl Gefangener, statt von den Würmern von ihren Siegern gefressen wurde.

Der neue Puffendorf (Grand dictionnaire géographique par Bruzen de la Martinière), der ebenso voll Fehler ist wie der alte, erzählt: im Jahre 1589 habe ein Engländer mit vier Frauen, die sich aus einem Schiffbruch in der Straße von Madagaskar retteten, auf einer wüsten Insel gelandet und dort so wacker gearbeitet, dass man im Jahre 1667 diese Insel (die Pines-Insel) mit zwölftausend schönen englischen Protestanten bevölkert gefunden habe.

Die Alten und ihre zahlreichen und gläubigen Nachbeter wiederholen uns unaufhörlich, in Babylon, der geordnetsten Stadt der Alten Welt, hätten sich alle Frauen und Mädchen einmal im Jahre im Tempel der Venus preisgegeben. Ich kann mir recht wohl denken, dass man zu Babylon wie anderswo sein Vergnügen für Geld haben konnte; aber ich werde mich nie davon überzeugen lassen, dass in einer Stadt, wo damals größere Ordnung und Sittlichkeit herrschte als irgendwo, alle Familienväter und Ehemänner ihre Töchter und Frauen auf einen öffentlichen Markt der Unzucht geschickt und die Gesetzgeber ein so sauberes Geschäft förmlich verordnet haben. Man druckt täglich hundert ähnliche Albernheiten über die Gebräuche der Orientalen; und für einen Reisenden wie Chardin findet man eine Menge Touristen, wie Paul Lukas, Jean Struys und den Jesuiten Avril, der täglich tausend Personen bei den Persern taufte, deren Sprache er nicht kannte; und der erzählt, die russischen Karawanen gingen in drei Monaten zwischen China und Russland hin und her!

Ein griechischer und ein lateinischer Mönch schreiben, Mohammed II. habe die ganze Stadt Konstantinopel der Plünderung preisgegeben, habe eigenhändig die Bilder Jesu Christi zertrümmert und alle Kirchen in Moscheen verwandelt. Um diesen Eroberer noch hassenswerter zu machen, setzen sie hinzu, er habe seiner Geliebten den Janitscharen zu Gefallen den Kopf abgeschlagen und vierzehn seiner Pagen den Bauch aufgeschlitzt, um zu sehen, wer von ihnen eine Melone gegessen habe. Hundert Geschichtsschreiber schreiben diese jämmerlichen Fabeln nach; die europäischen Enzyklopädien wiederholen sie. Wenn man aber die wirklichen, von Prinz Cantemir gesammelten türkischen Annalen nachliest, so findet man, wie lächerlich diese Lügen sind. Man erfährt daraus, dass, nachdem der große Mohammed II. die Hälfte von Konstantinopel mit Sturm genommen hatte, er mit der anderen in Verhandlung trat und sämtliche Kirchen unversehrt ließ; dass er einen griechischen Patriarchen ernannte, dem er größere Ehre erwies, als die griechischen Kaiser seinen Vorgängern jemals erwiesen hatten. Wenn man aber nur seinen gesunden Menschenverstand fragen will, wird man auch einsehen, wie lächerlich es ist zu glauben, ein großer, gelehrter und gebildeter Herrscher wie Mohammed II. war, werde achtzehn Pagen wegen einer Melone den Bauch aufschlitzen; und wer die Sitten der Türken nur halbwegs kennt, wird die Unsinnigkeit des Gedankens einsehen, dass die Soldaten sich in die Angelegenheiten, die zwischen dem Sultan und seinen Frauen vor sich gehen, gemischt und ein Kaiser jenen zu Gefallen seiner Geliebten den Kopf abgeschnitten habe. Aber so schreibt man jetzt allerdings die meisten Geschichten.

Mit der Geschichte Karls XII. ist es nicht so. Ich kann versichern, dass, wenn je eine Geschichte den Glauben des

Lesers verdient hat, es diese ist. Ich stellte sie bekanntlich nach den Memoiren von Fabrice, de Villelongue und de Fierville, sowie den Berichten vieler Augenzeugen zusammen. Da aber diese Zeugen nicht alles sehen und manchmal schlecht sehen, verfiel auch ich in manchen Irrtum, nicht in betreff der wesentlichen Tatsachen, aber bei einigen Anekdoten, die an sich ganz gleichgültig sind, an die sich aber eine kleinliche Kritik mit Genuss angeklammert hat.

Ich habe seitdem diese Geschichte nach dem militärischen Tagebuch Adlerfelts, das sehr genau ist und auf Grund dessen ich einige Tatsachen und Daten richtig stellte, verbessert.

Ich habe auch die von dem Kaplan und Beichtvater Karls, Nordberg, verfasste Geschichte zu Rate gezogen. Dieses Werk ist allerdings übel verdaut und schlecht geschrieben; es finden sich darin zu viel kleine, dem Gegenstand eigentlich fremde Dinge, während die großen Ereignisse so schwach dargestellt sind, dass sie klein werden. Seine Geschichte ist ein Gewebe von Schreiben, Erklärungen und Bekanntmachungen, wie sie in der Regel im Namen der Könige erlassen werden, wenn dieselben im Kriege begriffen sind. Solche Dokumente dienen aber niemals dazu, die Ereignisse bis auf den Grund kennen zu lernen; weder der Militär noch der Politiker kann sie brauchen und sie langweilen den Leser. Ein Schriftsteller kann sie bisweilen zu Rate ziehen, wenn er sich über irgend einen Punkt Aufklärung verschaffen will, wie ein Architekt sich bei einem Bauwerk auch des Schuttes bedient.

Unter den Dokumenten, womit Nordberg seine unglückliche Geschichte überladen hat, finden sich sogar falsche und abgeschmackte, wie der Brief des türkischen Kaisers Achmet, den dieser Geschichtsschreiber »Sultan Pascha von Gottes Gnaden« nennt.

Derselbe Nordberg lässt den König von Schweden über den König Stanislaus etwas sagen, was dieser Monarch nie gesagt hat und nie sagen konnte. Er behauptet nämlich,

Karl XII. habe auf die Einwürfe des Primas erwidert, Stanislaus habe sich auf seiner italienischen Reise viele Freunde erworben. Es ist aber gewiss, dass Stanislaus niemals in Italien war, wie mir dieser Monarch selbst versichert hat. Was wäre es auch, wenn ein Pole im achtzehnten Jahrhundert zu seinem Vergnügen Italien bereiste! Derartige unnütze Dinge muss der Geschichtsschreiber weglassen, und ich bin froh, dass ich die Geschichte Karls XII. möglichst kurz gehalten habe!

Nordberg hatte weder Verstand noch Geist noch Kenntnis der Welt; eben deshalb hat ihn vielleicht Karl XII. zu seinem Beichtvater gewählt. Ich weiß nicht, ob er einen guten Christen aus diesem Fürsten gemacht hat, aber sicher hat er keinen Helden aus ihn gemacht, und Karl XII. wäre unbekannt, wenn man ihn nur aus Nordberg kennte.

Vor einigen Jahren ist eine kleine Broschüre unter dem Titel: Historische und kritische Bemerkungen über die Geschichte Karl XII. von VoltaireDies ist der Titel des Werkes von La Motraye. Die Schrift Poniatowskis führt den Titel: Bemerkungen eines polnischen Edelmannes über die Geschichte Karls XII. 1741. erschienen. Dieses Werkchen ist vom Grafen Poniatowski. Es sind Antworten auf Fragen, die ich während seines letzten Aufenthalts in Paris an ihn stellte. Sein Sekretär hatte eine zweite Abschrift davon gefertigt, die in die Hände eines Buchhändlers fiel, welcher nicht säumte sie abzudrucken. Ein holländischer Korrektor nannte sie »kritisch,« um sie besser an den Mann zu bringen. Es ist dies eine der kleineren Gaunereien des Buchhandels.

Ein Bediensteter von Herrn Fabrice, La Motraye, hat gleichfalls einige Bemerkungen über diese Geschichte drucken lassen. Unter den mancherlei Irrtümern und Kleinlichkeiten dieser Kritik finden sich auch einige wichtige und nützliche Bemerkungen. Ich trug Sorge, in den letzten Ausgaben, besonders in der von 1739 davon Notiz zu nehmen; denn in Sachen der Geschichte darf man nichts versäumen und muss, wo es möglich ist, Könige und Kammerdiener zu Rate ziehen.

Erstes Buch

Kurze Geschichte von Schweden bis Karl XII. Seine Erziehung, seine Feinde. Charakter des Zaren Peter Alexjewitsch. Interessante Nachrichten über diesen Fürsten und das russische Volk. Russland, Polen und Dänemark verbinden sich gegen Karl XII.

Schweden und Finnland bilden zusammen ein Königreich, welches ungefähr zweihundert Wegstunden breit und dreihundert Stunden lang ist. Es erstreckt sich von Süden nach Norden gemessen vom 55. bis zum 70. Grad. Sein Klima ist rauh; es gibt hier beinahe keinen Frühling, keinen Herbst. Neun Monate lang herrscht der Winter; auf eine außerordentliche Kälte folgt dann plötzlich Sommerhitze. Vom Monat Oktober an gefriert es. Jene unmerklichen Abstufungen, welche anderswo von einer Jahreszeit zur anderen führen und den Wechsel erträglicher machen, sind hier unbekannt. Dafür hat die Natur diesem strengen Klima einen heitern Himmel, eine reine Luft gegeben. Fast beständig von der Sonne durchglüht, erzeugt der Sommer Blumen und Früchte in kürzester Zeit. Die langen Winternächte dagegen sind durch Morgenröte und Dämmerungen verschönert, die um so länger dauern, je weniger die Sonne sich von Schweden entfernt. Das Mondlicht aber, welches hier durch kein Gewölk getrübt und durch den Widerschein des Schnees, der rings die Erde bedeckt, noch vermehrt wird – wozu häufig noch Lichterscheinungen kommen, die dem Zodiakallicht ähnlich sind – bewirkt, dass man in Schweden bei Nacht so gut reist wie bei Tage. Das Vieh ist aus Mangel an Weiden kleiner als in den mittäglichen Ländern Europas. Die Menschen dagegen sind groß; der heitere Himmel erhält sie gesund, das rauhe Klima macht sie kräftig. Sie leben lange, wenn sie sich nicht durch den unmäßigen Genuss starker Liköre und Weine schwächen. Freilich scheinen die nördlichen

Völker diese Getränke um so mehr zu lieben, je mehr die Natur sie ihnen versagt hat.

Die Schweden sind wohlgestaltet, kräftig, gewandt und fähig, die schwersten Arbeiten, Hunger und Not zu ertragen. Sie sind geborene Soldaten, voll Stolz und mehr tapfer als industriös. Der Handel, der ihnen allein geben kann, was die Natur ihnen versagt hat, wurde von ihnen lange Zeit ganz vernachlässigt und wird auch jetzt noch nicht tätig betrieben. Aus Schweden hauptsächlich, von dem noch jetzt ein Teil Gotland heißt, sollen jene Gotenheere hervorgegangen sein, welche einst Europa überschwemmten und es Rom entrissen, das fünfhundert Jahre lang dessen Beherrscher, Gesetzgeber und Tyrann gewesen war.

Die nördlichen Regionen waren damals weit bevölkerter, als sie es heutzutage sind, weil ihre Religion den Bewohnern Vielweiberei gestattete und sie dadurch in den Stand setzte, dem Staate mehr Kinder zu geben; und die Frauen selbst keine größere Schmach kannten als Unfruchtbarkeit und Müßiggang. Ebenso arbeitsam und ebenso kräftig wie ihre Männer wurden sie daher früher und länger von ihnen Mutter. Jetzt hat Schweden mit dem ihm noch gebliebenen Rest von Finnland nur vier Millionen Einwohner. Das Land ist unfruchtbar und arm. Schonen ist die einzige Provinz, in welcher Weizen wächst. Es gibt nicht mehr als neun Millionen Silbertaler im Lande. Die öffentliche Bank, die älteste in Europa, war ein Kind der Notwendigkeit, weil die Bezahlungen in Kupfer- und Eisenmünzen geschahen und dadurch der Münzverkehr zu schwerfällig wurde.

Schweden war bis zur Mitte des vierzehnten Jahrhunderts ein freies Land. In diesem langen Zeiträume wechselte die Regierungsgewalt mehr als einmal, aber sämtliche Wechsel geschahen zugunsten der Freiheit. Die oberste Behörde trug den Namen König, ein Titel, mit welchem in den verschiedenen Ländern sehr verschiedene

Machtbefugnisse verbunden sind. In Frankreich und Spanien bedeutet er die unumschränkte Gewalt, in Polen, in Schweden und England den Vorstand eines Freistaats. Jene schwedischen Könige vermochten nichts ohne den Senat; und der Senat hing wieder von den Ständen ab, die häufig zusammenberufen wurden. Die Vertreter des Volks in diesen großen Versammlungen waren die Edelleute, die Bischöfe und die Abgeordneten der Städte; später wurden auch die Bauern zugelassen, ein sonst ungerechterweise verachteter Teil des Volks, der fast im ganzen übrigen Norden Sklave ist.

Gegen das Jahr 1492 wurde dieses auf seine Freiheit so eifersüchtige Volk, das noch jetzt stolz darauf ist, vor dreizehnhundert Jahren unter Alarich Rom bezwungen zu haben, durch ein Weib und durch ein anderes weniger mächtiges Volk unterjocht.

Margarete Waldemars Tochter, die Semiramis des Nordens, Königin von Dänemark und Norwegen, eroberte Schweden durch Gewalt und List und vereinigte diese drei zu einem einzigen. Nach ihrem Tode zerrissen Bürgerkriege das Land; Schweden warf das Joch der Dänen ab, nahm es aber bald wieder auf, es hatte Könige und Administratoren. Zwei Tyrannen bedrückten es um 1520 auf eine furchtbare Art; der eine war Christiern II., König von Dänemark, ein Ungeheuer voller Laster ohne eine einzige Tugend, der andere war der Erzbischof von Upsala, der Primas des Reiches und ebenso grausam wie Christiern. Im Einverständnis miteinander ließen diese beiden eines Tages die Bürgermeister und Räte der Stadt Stockholm nebst vierundneunzig Senatoren greifen und durch Henkershand hinrichten, unter dem Vorwand, dass der Papst sie exkommuniziert habe, weil sie die Rechte des Staats gegen den Erzbischof verteidigt hätten.

Während diese beiden Menschen, welche die Lust an der Unterdrückung vereinte, die Teilung der Beute aber wieder entzweite, dem härtesten Despotismus, der grausamsten

Rachgier frönten, änderte ein neues Ereignis die Gestalt des Nordens.

Gustav Wasa, ein junger Mann, der von den alten Königen des Landes abstammte, trat aus der Tiefe der Wälder Dalekarliens, wo er in Verborgenheit gelebt hatte und befreite Schweden. Er besaß eine jener großen Seelen, welche die Natur so selten bildet, und alle Eigenschaften, deren man bedarf, um die Menschen zu beherrschen. Sein vorteilhaftes Äußeres, sein hohes Wesen verschafften ihm Anhänger, wo er sich zeigte. Seine Beredsamkeit, der eine edle Miene zu Hilfe kam, war um so ergreifender, je natürlicher sie schien; sein Genie unternahm Dinge, welche der gewöhnliche Mensch für verwegen hält, die aber in den Augen des großen Mannes nur kühn sind; sein Mut, sein unermüdlicher Eifer sicherte seinen Unternehmungen das Gelingen. Er war unerschrocken und zugleich vorsichtig, von einem milden Charakter in einer wilden Zeit und so tugendhaft, als ein Parteiführer nur immer sein kann.

Gustav Wasa war Christierns Geisel gewesen und gegen das Völkerrecht als Gefangener zurückbehalten worden. Aus seinem Gefängnis entwischt, irrte er als Bauer verkleidet in den Bergen und Wäldern von Dalekarlien umher. Er sah sich hier in die Notwendigkeit versetzt, in den Kupferbergwerken zu arbeiten, um sein Leben zu fristen und sich zu verbergen. In diesen unterirdischen Räumen fasste er den Plan, den Tyrannen vom Throne zu stürzen. Er entdeckte sich den Bauern; sie erkannten in ihm den Menschen höherer Natur, dem sich gewöhnliche Geschöpfe unwillkürlich unterordnen. In kurzer Zeit machte er aus diesen Wilden tüchtige Soldaten. Er griff Christiern und den Erzbischof an, besiegte sie zu wiederholten Malen und jagte beide aus Schweden. Nun erwählten ihn die Stände mit Recht zum König des Landes, dessen Befreier er geworden war.

Kaum saß er auf dem Throne, als er sich an ein Unternehmen wagte, das schwieriger war als Länder erobern.

Die wahren Tyrannen des Reiches waren die Bischöfe; sie besaßen fast den ganzen Reichtum Schwedens und bedienten sich desselben nur, um die Untertanen zu bedrücken und die Könige zu befehden. Diese Macht war um so furchtbarer, als die Unwissenheit des Volks sie geheiligt hatte. Gustav Wasa ahndete jetzt an der katholischen Religion die Schlechtigkeit ihrer Priester. In weniger als zwei Jahren machte er Schweden lutherisch und zwar noch mehr durch die Überlegenheit seiner Politik als durch seine Regierungsgewalt. Nachdem er dies Reich so den Dänen und der Geistlichkeit, wie er zu sagen pflegte, abgewonnen hatte, regierte er glücklich und unumschränkt bis in sein siebzigstes Jahr und nahm ein ruhmvolles Ende, indem er seine Familie und seinen Glauben auf dem Throne des Landes ließ.

Einer seiner Nachkommen war jener Gustav Adolf, den man auch Gustav den Großen nennt. Dieser König eroberte Ingermanland, Livland, Bremen, Werden, Wismar und Pommern und außerdem noch über hundert Orte in Deutschland, die Schweden nach seinem Tode zurückgab. Er erschütterte den Thron Ferdinands II. und bot den Lutheranern in Deutschland die Hand, wobei ihn die Intrigen von Rom noch unterstützten, da dieses die Macht des Kaisers mehr fürchtete als die der Ketzerei. Er war es in der Tat, der durch seine Siege viel zur Demütigung des Hauses Österreich beitrug. Man schreibt den Ruhm dieses Unternehmens dem Kardinal Richelieu zu, der die Kunst verstand sich einen Namen zu machen, während Gustav sich damit begnügte große Taten zu vollführen. Er war im Begriff, den Krieg an die Donau zu verlegen, und vielleicht den Kaiser vom Throne zu stoßen, als er in seinem siebenunddreißigsten Lebensjahre in der Schlacht bei Lützen (16. November 1632) fiel. Er gewann diese Schlacht gegen Wallenstein und nahm den Namen eines großen Königs, die Liebe des Nordens und die Achtung seiner Feinde mit ins Grab.

Seine Tochter Christine, eine Frau von seltenem Geist, unterhielt sich lieber mit Gelehrten, als dass sie ein Volk regierte, welches nur Sinn für kriegerische Taten hatte. Sie machte sich dadurch, dass sie dem Throne entsagte, ebenso berühmt, als ihre Ahnen es durch Gewinnung und Befestigung desselben getan hatten. Die Protestanten haben kein gutes Haar an ihr gelassen, als ob man nicht, auch ohne an Luther zu glauben, große Tugenden haben konnte. Die Päpste dagegen frohlockten viel zu viel über die Bekehrung einer Frau, die doch vor allem Philosoph war. Sie zog sich nach Rom zurück, wo sie den Rest ihrer Tage inmitten der Künste verlebte, die sie so sehr liebte, und um derentwillen sie in einem Alter von siebenundzwanzig Jahren einem Königreiche entsagt hatte.

Vor ihrer Abdankung veranlasste sie die schwedischen Reichsstände, an ihrer Statt ihren Vetter Karl Gustav X., den Sohn des Pfalzgrafen und Herzogs von Zweibrücken, zum König zu wählen. Dieser König fügte den Eroberungen Gustav Adolfs noch neue hinzu. Er führte seine Kriegsvölker zuerst nach Polen, wo er die berühmte Schlacht bei Warschau gewann, welche drei Tage gedauert hatte. Dann führte er lange Zeit einen glücklichen Krieg gegen die Dänen, belagerte ihre Hauptstadt, vereinigte Schonen mit Schweden und sicherte wenigstens eine Zeitlang dem Herzog von Holstein den Besitz von Schleswig. Als er später Unfälle erlitt und deshalb mit seinen Feinden Frieden schloss, kehrte er seinen Ehrgeiz gegen seine Untertanen. Er fasste den Plan, in Schweden die unumschränkte Monarchie einzuführen; starb jedoch in seinem siebenunddreißigsten Lebensjahre (den 13. Februar 1660) wie der große Gustav, ehe er dieses Werk des Despotismus zu vollenden vermochte, welches dann sein Sohn Karl XI. zum Schlusse führte.

Karl XI., Soldat wie alle seine Vorfahren, war noch despotischer als sie. Er nahm dem Senat seine Macht und erklärte ihn zum Senat des Königs, während er der Senat des Reichs gewesen war. Er war mäßig, tätig, arbeitsam, so dass man ihn hätte lieben können, wenn sein Despotismus die Gefühle seiner Untertanen nicht in Furcht verwandelt hätte.

Im Jahre 1680 heiratete er Ulrike Eleonore, Tochter des Königs Friedrich III. von Dänemark, eine tugendhafte Prinzessin, die eines größeren Vertrauens würdig gewesen wäre, als ihr Gatte ihr schenkte. Ihr entsprosste am 27. Juni 1682 der König Karl XII., der außerordentlichste Mensch vielleicht, der je gelebt. Er vereinigte in sich alle die großen Eigenschaften seiner Vorfahren und hatte keinen anderen Fehler, und kein anderes Unglück, als dass er diese Eigenschaften alle übertrieb. Von ihm soll hier erzählt werden, was über seine Person und seine Taten Sicheres festgestellt werden konnte.

Das erste Buch, das man ihm zu lesen gab, war das Werk von Samuel Puffendorf. Er sollte sich daraus beizeiten mit seinen Staaten und denen seiner Nachbarn vertraut machen. Zuerst erlernte er die deutsche Sprache, die er immer ebensogut sprach wie seine Muttersprache. Mit sieben Jahren verstand er bereits mit Pferden umzugehen. Anstrengende Übungen, in denen er sich gefiel, und die auf seine kriegerischen Neigungen schließen ließen, kräftigten frühzeitig seinen Körper, so dass er die Strapazen zu ertragen vermochte, zu denen ihn sein Temperament hinzog.

Obschon in seiner Kindheit von sanfter Gemütsart, besaß er doch einen unüberwindlichen Eigensinn. Das einzige Mittel, ihn nachgiebig zu machen, war, wenn man seinen Ehrgeiz stachelte. Mit dem Worte Ruhm erlangte man alles von ihm. Er hatte eine Abneigung gegen das Latein. Als man ihm aber sagte, dass die Könige von Polen und Dänemark es verstünden, lernte er es schnell, und behielt genug davon, um es von da ab sprechen zu können. Auf die gleiche Art griff man es an, um ihn zum Studium des Französischen zu bestimmen; aber gleichwohl blieb er dabei, sich niemals dieser Sprache zu bedienen, selbst nicht mit den französischen Gesandten, die keine andere Sprache verstanden.

Sobald er einige Fortschritte im Lateinischen gemacht hatte, ließ man ihn den Quintus Curtius übersetzen; er gewann eine Vorliebe für dieses Buch, welche ihm der Gegenstand desselben weit mehr einflößte als dessen Stil. Als der Lehrer, welcher ihm diesen Schriftsteller erklärte, fragte, was er von Alexander halte, erwiderte der Prinz: »Ich möchte ihm ähnlich werden.« – »Aber,« entgegnete man ihm, »er hat nur zweiunddreißig Jahre gelebt.« – »Ach!« versetzte er, »ist denn das nicht genug, wenn man so viele Reiche erobert hat?« – Man verfehlte nicht, dem Könige, seinem Vater, diese Antworten zu hinterbringen, der ausrief: »Aus diesem Kind wird mehr werden, als aus mir geworden ist; er wird weiter gehen als der große Gustav!« – Eines Tages unterhielt er sich damit, im Zimmer des Königs zwei geographische Karten zu betrachten, wovon die eine eine ungarische, dem Kaiser durch die Türken entrissene Stadt, die andere die Hauptstadt von Livland, Riga vorstellte, welch letztere die Schweden schon vor hundert Jahren erobert hatten. Unter dem Plan der ungarischen Stadt standen die Worte aus Hiob: »Der Herr hat's gegeben, der Herr hat's genommen, der Name des Herrn sei gelobet!« – Als der junge Prinz diese Worte las, nahm er sofort einen Bleistift und schrieb unter den Plan von Riga: »Gott hat mir's gegeben, der Teufel soll mir's nicht mehr nehmen.« – So ließ dieser unbezähmbare Charakter schon in den unbedeutendsten Handlungen seiner Kindheit jene Züge zu Tage treten, welche originellen Geistern eigen sind und zum voraus ahnen lassen, was sie einst sein werden.

Er war elf Jahre alt, als er seine Mutter verlor. Diese Fürstin starb am 5. August 1693, wie man sagt an einer Krankheit, die sie sich aus Kummer über das Benehmen ihres Gemahls zugezogen hatte. Die Anstrengung, womit sie ihren Schmerz hierüber zu verbergen suchte, war zu viel für ihre Kräfte. Karl XI. hatte nämlich eine große

Menge seiner Untertanen mittels eines Gerichtshofes, der den Namen Liquidationskammer führte und nur von seinem Willen abhing, ihres Vermögens beraubt. Zahllose durch diese Kammer zugrunde gerichtete Bürger, Edelleute, Kaufleute, Gutsbesitzer, Witwen und Waisen füllten die Straßen von Stockholm und erschienen täglich vor den Toren des Palastes, wo sie vergeblich ihre Klagen ertönen ließen. Die Königin unterstützte diese Unglücklichen mit allem, was sie besaß; sie gab ihnen ihr Gold, ihren Schmuck, ihre Mobilien, sogar ihre Kleider. Als sie nichts mehr zu geben hatte, warf sie sich ihrem Gemahl weinend zu Füßen und bat ihn, doch ein Herz für seine Untertanen zu haben. Aber der König erwiderte ihr streng: »Madame, wir nahmen Euch zur Gemahlin, um uns Kinder zu geben, nicht Ratschläge.« – Von diesem Augenblick an soll er sie mit einer Härte behandelt haben, die ihr Ende beschleunigte.

Er starb vier Jahre nach ihr, am 15. April 1697, im zweiundfünfzigsten Jahre seines Lebens und im siebenunddreißigsten seiner Regierung, als eben das deutsche Reich, Spanien und Holland einerseits und Frankreich andererseits die Entscheidung ihrer Händel seinem Schiedsrichteramt unterstellt und er das Werk der Versöhnung dieser Mächte bereits begonnen hatte.

Er hinterließ seinem fünfzehnjährigen Sohne einen nach Außen befestigten und hochgeachteten Thron, arme, aber kriegerische und gehorsame Untertanen, und wohlgeordnete, von geschickten Ministern verwaltete Finanzen. Bei seiner Thronbesteigung war Karl XII. nicht nur unumschränkter und friedlicher Regent von Schweden und Finnland, er beherrschte auch Livland, Carelien und Ingermanland, und besaß Wismar, Wiborg, die Inseln Rügen und Ösel, sowie den schönsten Teil von Pommern und das Herzogtum Bremen und Verden. Alle diese Eroberungen seiner Vorfahren waren seiner Krone durch langen Besitz und die feierlichen, vom Schrecken der schwedischen Waffen aufrecht erhaltenen

Verträge von Münster und Oliva gesichert. Der unter den Auspizien des Vaters begonnene Frieden von Ryswick kam unter denen des Sohnes zum Abschluss. Schon mit Beginn seiner Regierung trat er so als Schiedsrichter Europas auf.

Die schwedischen Gesetze bestimmen, dass der König mit fünfzehn Jahren majorenn sein solle. Allein der in allem eigenmächtige Karl XI. setzte in seinem Testamente fest, dass sein Sohn erst mit dem achtzehnten Lebensjahre majorenn werden sollte. Durch diese Bestimmung begünstigte er die ehrgeizigen Pläne seiner Mutter Hedwig Eleonore von Holstein, Witwe des Königs Karl X. Diese Fürstin wurde durch den König, ihren Sohn, zur Vormünderin ihres Enkels, des jüngeren Königs und zur Regentin des Königreichs erklärt, wobei man ihr einen Rat von fünf höheren Beamten zur Seite stellte.

Die Regentin hatte, so lange der König, ihr Sohn, regierte, an allen Staatsangelegenheiten teilgenommen. Sie war schon hochbejahrt, allein ihr Ehrgeiz, der größer war als ihre Kräfte und ihr Geist, ließ sie hoffen, die Süßigkeit der Macht noch lange unter ihrem Enkel zu genießen. Sie entfremdete ihn daher möglichst viel den Geschäften. Der junge Prinz verbrachte seine ganze Zeit auf der Jagd oder mit Truppenbesichtigungen. Bisweilen nahm er auch an den Übungen derselben Anteil. Diese Art Unterhaltung schien nur die natürliche Wirkung der Lebhaftigkeit seines Alters zu sein. Sein Benehmen zeigte nichts, was die Regentin hätte beunruhigen können; diese Fürstin schmeichelte sich vielmehr, dass die Zerstreuungen solcher Übungen ihn unfähig machen würden, sich mit Ernst und Fleiß zu beschäftigen, so dass sie desto länger die Regierung in Händen behalten würde.

Eines Tages im November desselben Jahres, da sein Vater gestorben war, hielt er eine Besichtigung über mehrere Regimenter ab, wobei ihn der Staatsrat Piper begleitete. Der König schien in tiefes Nachdenken versunken. »Darf ich mir die Freiheit nehmen zu fragen, worüber Eure Majestät so ernstlich nachdenken?« sagte Piper zu ihm. – »Ich denke,« erwiderte der Prinz, »dass ich mich würdig fühle, diese tapferen Leute zu befehligen, und ich wollte, dass weder ich noch sie Befehle von einem Weibe anzunehmen hätten.« – Piper ergriff die Gelegenheit sein Glück zu machen mit beiden Händen. Er hatte selbst nicht Ansehen genug, um es wagen zu können, ein so gefährliches Unternehmen, wie die Verdrängung der Königin von der Regentschaft und die Herbeiführung der Majorennerklärung des Königs war, in Gang zu bringen. Er schlug es deshalb dem Grafen Axel Sparre vor, einem kühnen Feuerkopf, der nach einer höheren Stellung strebte. Sparre glaubte ihm, nahm alles auf sich und arbeitete doch nur für Piper. Die Regentschaftsräte waren bald gewonnen. Sie wussten ja, dass sie beim Könige einen Stein im Brett haben würden, wenn sie die Ausführung dieses Planes beschleunigten.

Demgemäß begaben sie sich in corpore zur Königin und stellten ihren Antrag. Einen solchen Schritt hatte diese nicht erwartet. Die Reichsstände waren eben versammelt. Auch dort brachten die Regentschaftsräte die Sache vor. Niemand erhob seine Stimme dagegen. Die Sache ging mit einer so unaufhaltsamen Geschwindigkeit vorwärts, dass drei Tage nachdem Karl XII. den Wunsch ausgesprochen hatte, zu regieren, die Stände ihm bereits die Gewalt übertrugen. Die Macht und das Ansehen der Königin fiel in einer Minute. Sie zog sich ins Privatleben zurück, das ihrem Alter besser entsprach, wenn auch nicht ihrer Neigung. Der König wurde am darauffolgenden 24. Dezember gekrönt. Er hielt seinen Einzug in Stockholm auf einem mit Silber beschlagenen Fuchsen, das Zepter in der Hand und die Krone auf dem Haupte, unter dem Jauchzen eines ganzen Volks, das ja stets das Neue vergöttert und jeden jungen Fürsten mit den größten Hoffnungen begrüßt.

Der Erzbischof von Uppsala hatte das Recht die Salbung und Krönung vorzunehmen; es war dies das letzte von den Vorrechten, welche seine Vorgänger sich angemaßt hatten.

Als er der Sitte gemäß den Prinzen gesalbt hatte und nun die Krone erhob, um sie demselben aufs Haupt zu setzen, entriss sie Karl den Händen des Erzbischofs und krönte sich selbst, wobei er den Prälaten mit stolzen Blicken maß. Das Volk, dem jeder Schein von Größe imponiert, jauchzte der Handlung des Königs Beifall zu. Selbst diejenigen, welche am meisten unter dem Despotismus seines Vaters geseufzt hatten, ließen sich hinreißen den Sohn wegen dieser hochfahrenden Handlung zu rühmen, die ihnen doch ihre künftige Sklaverei voraussagte.

Sobald Karl der Herr war, schenkte er dem Rat Piper sein Vertrauen und übertrug ihm die Leitung der öffentlichen Angelegenheiten. Bald war derselbe sein Premierminister, ohne dass er diesen Namen trug. Wenige Tage darauf ernannte er ihn zum Grafen, was in Schweden eine sehr hohe Würde und kein leerer Titel ist, den man ohne weiteres annehmen kann wie in Frankreich.

Die erste Regierungszeit des Königs erweckte keine günstige Meinung von ihm; es schien als ob ihn mehr seine Ungeduld als eine Berechtigung dazu auf den Thron geführt habe. Zwar zeigte er allerdings keine gefährliche Leidenschaft, aber sein Benehmen war doch nur eine Reihe jugendlicher Aufwallungen und eigensinniger Ausbrüche. Er schien faul und hochfahrend. Die fremden Gesandten an seinem Hofe hielten ihn sogar für einen mittelmäßigen Kopf und schilderten ihn ihren Monarchen als einen solchen. Schweden hatte die gleiche Ansicht von ihm. Niemand kannte seinen wahren Charakter, er kannte ihn selbst nicht, bis die Stürme, die plötzlich im Norden ausbrachen, seinen verborgenen Eigenschaften Gelegenheit gaben, sich zu entfalten.

Drei mächtige Fürsten wollten sich seine außerordentliche Jugend zunutze machen und beschlossen fast zu gleicher Zeit sein Verderben. Der erste war Friedrich VI., König von Dänemark, sein Vetter; der zweite August, Kurfürst von Sachsen und König von Polen, der russische Zar,

Peter der Große, war der dritte und gefährlichste. Es ist notwendig, auf die Ursache dieses Kriegs, der so große Ereignisse im Gefolge hatte, zurückzugehen und mit Dänemark zu beginnen.

Von den zwei Schwestern, die Karl XII. besaß, war die älteste an den Herzog von Holstein, einen jungen und ebenso tapferen als liebenswürdigen Fürsten vermählt. Bedrückt von dem König von Dänemark ging der Herzog mit seiner Gemahlin nach Stockholm und warf sich dem König in die Arme, den er nicht nur als Schwager, sondern auch als den Fürsten eines Volks, das stets einen unversöhnlichen Hass gegen die Dänen hegte, um Hilfe anflehte.

Das alte Haus Holstein, aus dem Hause Oldenburg entsprungen, war im Jahre 1449 durch Wahl auf den Thron von Dänemark gelangt. Die Reiche des Nordens waren damals Wahlreiche; das dänische wurde bald zum Erbreich. Einer seiner Könige, Christiern III., empfand für seinen Bruder Adolf eine Liebe oder eine Rücksicht, wie man sie unter Fürsten nicht leicht findet. Er wollte ihn nicht ohne Fürstentum sehen, und konnte doch deshalb seine eigenen Staaten nicht zerstückeln. In einem seltsamen Vertrag teilte er mit ihm die Herzogtümer Holstein-Gottorp und Schleswig und bestimmte darin, dass die Nachkommen Adolfs künftig zugleich mit den Königen von Dänemark in Holstein regieren sollten; dass die beiden Herzogtümer ihnen gemeinschaftlich gehören sollten, und dass der König von Dänemark in Holstein keine Änderung vornehmen könne ohne den Herzog, noch der Herzog ohne den König. Diese sonderbare Union, wie übrigens schon einmal eine ähnliche mehrere Jahre lang in demselben Hause bestanden hatte, war seit fast achtzig Jahren eine Quelle beständiger Streitigkeiten zwischen der dänischen und der holstein-gottorpischen Linie gewesen. Die Könige hatten immer versucht die Herzoge zu unterdrücken und die Herzoge sich ganz unabhängig zu machen. Den letzten Herzog hatte ein solcher Versuch die Freiheit und den Herzogshut gekostet. Im Jahre 1689 hatte er durch Vermittlung von Schweden, England und Holland, in den Konferenzen von Altona beides wieder erlangt und diese Staaten hatten die Aufrechterhaltung des Vertrags verbürgt. Da aber ein Vertrag zwischen Fürsten häufig nichts anderes ist als die Unterwerfung unter die Notwendigkeit insolange, bis der Stärkere in der Lage ist den Schwächern niederzudrücken, so lebte der Zank unter dem neuen König von Dänemark und dem jungen Herzog heftiger als je wieder auf. Während sich der Herzog in Stockholm befand, erlaubten sich die Dänen bereits Feindseligkeiten im Lande Holstein und verbanden sich im geheimen mit dem König von Polen, um den König von Schweden selbst zu demütigen.

Friedrich August, Kurfürst von Sachsen, dessen Wahl zum Könige von Polen weder die beredte Zunge und die diplomatische Geschicklichkeit des Abbé de Polignac, noch die großen Eigenschaften des Prinzen von Conti, seines Mitbewerbers, vor zwei Jahren hatten verhindern können, war ein Fürst, der ebenso wegen seiner ungewöhnlichen Körperkraft als wegen seiner Tapferkeit und Galanterie bekannt war. Nach dem Hofe Ludwigs XIV. war der seinige der glänzendste in Europa. Nie gab es einen Fürsten, der großmütiger und freigebiger war und seine Geschenke mit größerer Anmut zu geben wusste. Er hatte die Hälfte der Stimmen des polnischen Adels erkauft und die andere Hälfte durch den Anmarsch einer sächsischen Armee erzwungen. Er glaubte seine Truppen auch ferner nötig zu haben, um fester auf dem Throne zu sitzen, aber es bedurfte eines Vorwands, um sie in Polen zu behalten. Er beschloss deshalb den König von Schweden in seiner Provinz Livland anzugreifen, und zwar bei folgender Veranlassung.

Livland, diese schönste und fruchtbarste Provinz des Nordens, hatte ehedem den Rittern des Deutschordens gehört. Die Russen, die Polen und die Schweden hatten sich dann den Besitz des Landes streitig gemacht. Seit fast hundert Jahren hatte Schweden es erobert, und endlich war es ihm im Frieden von Oliva feierlich zugesprochen worden.

Der verstorbene König Karl XI., dessen Härte gegen seine Untertanen bereits erwähnt wurde, hatte auch die Livländer nicht geschont. Er hatte sie ihrer Privilegien und eines Teils ihrer Erbgüter beraubt. Patkul, dem sein tragisches Ende später eine traurige Berühmtheit gewann, wurde von dem livländischen Adel abgeordnet, um die Klagen der Provinz an den Thron zu bringen. Er hielt eine Ansprache an seinen Herrscher in achtungsvollen aber energischen Worten und mit jener männlichen Beredsamkeit, welche das Unglück verleiht, wenn es mit dem Mute gepaart ist. Allein die Könige betrachten derartige öffentliche Reden nur zu oft als leere Förmlichkeiten, die man nach altem Brauch duldet, ohne ihnen eine weitere Folge zu geben. Bei diesem Anlass jedoch klopfte Karl XI. – ein Heuchler, wenn er sich nicht von seinem Zorn hinreißen ließ – Patkul sanft auf die Schulter und sagte zu ihm: »Ihr habt als wackerer Mann für Euer Vaterland gesprochen. Ich schätze Euch darum. Fahrt so fort!« – Wenige Tage später aber ließ er ihn des Hochverrats schuldig erklären und als Hochverräter zum Tode verurteilen. Patkul verbarg sich anfangs und ergriff später die Flucht. Er trug seinen Groll nach Polen. Dort wurde er dem König August vorgestellt. Karl XI. war tot; aber der Urteilsspruch gegen Patkul und dessen Hass lebte fort. Er stellte dem polnischen Monarchen vor, dass alles eine Eroberung Livlands begünstige: die Verzweiflung des Volks, welches sich sehne, das Joch Schwedens abzuwerfen, und die Jugend des Königs, der nicht imstande sei sich zu verteidigen. Diese Aufforderung wurde von einem Fürsten, den die Eroberung Livlands längst angelockt hatte, gnädigst aufgenommen. August hatte überdies bei seiner Krönung zum König von Polen versprochen, alle Anstrengungen zu machen, um die Provinzen, welche Polen verloren, zurückzugewinnen. Durch einen Einfall in Livland glaubte er daher Polen zu gefallen und seine Macht zu befestigen. Er täuschte sich jedoch nach beiden Richtungen hin, so viel Wahrscheinlichkeit

auch jene Ansicht für sich hatte. Bald war alles zu einem unvermuteten Einfall bereit; man hielt es nicht einmal für nötig, die leere Förmlichkeit einer Kriegserklärung oder eines Manifests vorauszuschicken.
Zu gleicher Zeit umwölkte sich auch der Horizont gegen Russland hin. Der Monarch, der damals dort herrschte, verdient die Aufmerksamkeit der Nachwelt. Peter Alexjewitsch, Zar von Russland, hatte sich bereits durch die Schlacht, welche er im Jahre 1697 gegen die Türken gewann, sowie durch die Einnahme von Asow, die ihm das Schwarze Meer erschloss, einen achtunggebietenden Namen gemacht. Er wollte sich aber durch weit erstaunlichere Dinge als durch Siege den Namen des Großen erringen. Russland umfasste schon damals den Norden Asiens und Europas und erstreckte sich von den Grenzen Chinas bis zu denen Polens und Schwedens über einen Raum von tausendfünfhundert Wegstunden. Vor Zar Peter kannte man jedoch dieses ungeheure Land kaum in Europa. Die Moskowiter besaßen eine geringere Bildung als die Mexikaner zur Zeit der Eroberung des Cortez. Geborene Sklaven ebenso barbarischer Herren verrotteten sie in Unwissenheit, in der Entfremdung von jedweder Kunst und in der Unempfindlichkeit dieser Mängel, welche jede Industrie ersticken musste. Ein altes, bei ihnen hochgeheiligtes Gesetz verbot ihnen sogar bei Todesstrafe ohne die Erlaubnis ihres Patriarchen ihr Land zu verlassen. Dieses Gesetz, das doch nur geschaffen war, um ihnen jede Gelegenheit zu benehmen, ihr Joch kennen zu lernen, gefiel einem Volk, das im Sumpf seiner Unwissenheit und seines Elends jeden Verkehr mit den anderen Nationen verschmähte.

Die Ära der Moskowiter begann mit der Erschaffung der Welt. Zu Anfang des letzten Jahrhunderts rechneten sie bereits 7207 Jahre, ohne sich übrigens über das Entstehen dieser Zahl irgend eine Rechenschaft geben zu können. Der erste Tag ihres Jahres war an unserem 13. September.

Als Grund für diese Bestimmung führten sie an, dass es wahrscheinlich sei, dass Gott die Welt im Herbst, das heißt in der Jahreszeit erschaffen habe, wo die Früchte der Erde reif seien. So war selbst der Schein eines Wissens bei ihnen grober Irrtum. Niemand hatte bei ihnen eine Ahnung davon, dass zur Zeit des russischen Herbstes in einem entgegengesetzten Klima Frühling sein könne. Es war noch nicht lange her, dass das Volk in Moskau einen persischen Gesandschaftssekretär verbrennen wollte, weil er eine Sonnenfinsternis vorausgesagt hatte. Die Russen kannten nicht einmal den Gebrauch der Zahlen; zu ihren Rechnungen bedienten sie sich vielmehr kleiner Kugeln, die sie auf Drähte zogen. Auf keiner Steuereinnehmerei, selbst nicht auf dem Schatzamt des Zaren kannte man eine andere Art des Rechnens.

Ihre Religion war und ist noch die der griechischen Christen, aber voll von abergläubischen Bräuchen, denen sie um so inniger anhingen, je verrückter sie waren und je schwerer ihr Joch sie bedrückte. Wenige Russen wagten Tauben zu essen, weil man den heiligen Geist in Gestalt einer Taube gemalt hat. Sie beobachteten regelmäßig vier Fasten im Jahr, und wagten es während dieser Zeit nicht Eier oder Milch zu genießen. Gott und der heilige Nikolaus waren die Gegenstände ihrer Anbetung; gleich nach diesen kam der Zar und der Patriarch. Die Macht dieses letzteren war so grenzenlos wie die Unwissenheit seiner Gläubigen. Er verkündete Todesurteile und legte die grausamsten Martern auf, ohne dass es eine Berufung gegen sein Tribunal gab. Zweimal im Jahre ritt er aus, begleitet von seiner ganzen Geistlichkeit in zeremoniösem Aufzug. Der Zar hielt ihm dabei den Zügel seines Rosses und das Volk in den Straßen warf sich vor ihm nieder wie die Tataren vor ihrem großen Lama. Die Beichte war eingeführt, aber man bediente sich ihrer nur bei den größten Verbrechen; dann schien ihnen die Absolution notwendig, nicht aber die Reue. Sobald nur ihre Popen sie gesegnet hatten, hielten sie sich für rein vor Gott. Sie schritten daher auch ohne einen Gewissensbiss zu empfinden von der Beichte zum Diebstahl und zum Totschlag; ja was für andere Christen ein Zügel ist, war für sie gerade eine Aufmunterung zur Schlechtigkeit. Sie machten sich ein gewissen daraus, an einem Fasttage Milch zu trinken; aber Familienväter, Priester, Frauen und Töchter betranken sich an Fasttagen in Branntwein. Man disputierte übrigens in diesem Lande wie anderswo über die Religion; der größte Streit herrschte aber über die Frage, ob die Laien das Zeichen des Kreuzes mit zwei oder mit drei Fingern machen müssten. Ein gewisser Jakob Nursuff hatte unter der vorigen Regierung wegen dieser Streitfrage in Astrachan einen Aufstand erregt. Es gab sogar Fanatiker, wie bei jenen gebildeten Nationen, wo jedermann Theologe ist; und Peter, der die Gerechtigkeit bis zur Grausamkeit trieb, ließ einige jener Elenden, die man Wosko-Jesuiten hieß, verbrennen.

Übrigens hatte der Zar in seinem ungeheuern Reich noch viele andere Untertanen, die keine Christen waren. So waren die Tataren, welche die Westseite des Kaspischen und des Asowschen Meeres bewohnen, Mohammedaner. Die Sibirier, die Ostiäken und Samojeden, welche gegen das Eismeer hin wohnen, waren Wilde und zum Teil Götzendiener, zum Teil vollkommene Heiden. Indessen waren die später als Gefangene unter sie verbannten Schweden von ihren Sitten und Gebräuchen mehr befriedigt als von denen der alten Moskowiter.

Peter Alexjewitsch hatte eine Erziehung erhalten, welche geeignet gewesen wäre, die Barbarei dieses Weltteils noch zu vergrößern. Aber die Natur hatte ihm eine gewisse Vorliebe für die Fremden gegeben, ehe er wusste, in welch hohem Grade sie ihm von Nutzen sein könnten. Ein junger Genfer, namens Le Fort, aus einer alten Genfer Familie und Sohn eines Spezereihändlers war der erste, dessen er sich bediente, um Russland eine andere Gestalt zu geben. Sein mächtiges Genie, das eine barbarische Erziehung bis dahin zurückgehalten hatte, ohne es zerstören zu können, entwickelte sich wie mit einem Zauberschlage. Er beschloss, ein Mensch zu sein, über Menschen zu herrschen und ein neues Volk zu schaffen. Vor ihm hatte schon mancher Fürst aus Widerwillen vor der Last der Geschäfte auf eine Krone verzichtet; noch keiner aber hatte die Krone abgelegt, um erst recht regieren zu lernen. Dies tat Peter der Große.

Nachdem er kaum zwei Jahre regiert hatte, verließ er im Jahre 1698 Russland und ging unter einem gewöhnlichen Namen nach Holland, als sei er ein Diener dieses nämlichen Le Fort, den er als außerordentlichen Gesandten bei den Generalstaaten beglaubigte. In Amsterdam angelangt, ließ er sich in die Liste der Zimmerleute der Admiralität für Indien eintragen und arbeitete wie die anderen Zimmerleute auf der Werfte. In den Zwischenpausen studierte er diejenigen Teile der Mathematik, die für einen Fürsten von besonderem Wert sind: die Befestigung, die Seemannskunde, das Aufnehmen von Plänen. Er besuchte die Werkstätten der Arbeiter und unterrichtete sich über jede Art Manufaktur; nichts entging seinem beobachtenden Blicke. Von da begab er sich nach England, wo er sich in der Schiffsbaukunst vervollkommnete; kehrte dann nach Holland zurück und besichtigte alles, wovon er sich einen Nutzen für sein Land versprach. Endlich nachdem er zwei Jahre gereist und sich Aufgaben unterzogen hatte, die kein anderer als er durchzuführen imstande gewesen wäre, kehrte er nach Russland zurück, wohin er die Künste Europas mit sich nahm. Künstler und Handwerker jeder Art folgten ihm dahin in Masse. Zum ersten mal sah man große russische Schiffe auf dem Schwarzen Meer, in der Ostsee und auf dem Atlantischen Meer. Regelmäßige und edel gehaltene Bauten erhoben sich inmitten der moskowitischen Hütten. Er gründete höhere Schulen, Akademien, Buchdruckereien, Bibliotheken. Die Städte erhielten eine innere Ordnung, die Trachten und Sitten wurden allmählich anders, so schwere Mühe dies auch kostete. Die Russen erfuhren nach und nach, was für ein Ding die Gesellschaft sei. Selbst der Aberglaube wurde beschränkt, die Würde des Patriarchen hörte auf. Der Zar erklärte sich selbst zum Oberhaupt der Kirche. Dieses letztere Wagstück, das einem weniger unumschränkten Herrscher Thron und Leben gekostet haben würde, gelang fast ohne Widerspruch und sicherte ihm den Erfolg aller übrigen Neuerungen.

Nachdem er eine unwissende und barbarische Geistlichkeit gedemütigt, wagte er es, ihr Bildung zu gewähren, obschon er dabei riskierte, sie wieder furchtbar zu machen. Allein er hielt sich jetzt für mächtig genug, um sie nicht mehr fürchten zu müssen. In den wenigen noch übrigen Klöstern ließ er Philosophie und Theologie lehren. Allerdings schmeckte diese Theologie noch etwas nach dem Zustand der Barbarei, der Peter Alexjewitsch sein Vaterland entrissen hatte. Ein glaubwürdiger Zeuge hat mir versichert, er habe einer öffentlichen Disputation angewohnt, wobei es sich darum handelte festzustellen, ob der Genuss des Rauchtabaks eine Sünde sei oder nicht. Der Disputant behauptete, es sei erlaubt sich mit Branntwein zu berauschen, nicht aber Tabak zu rauchen, denn in der Heiligen Schrift stehe, was aus dem Munde des Menschen hervorgehe, beschmutze ihn, nicht aber was in ihn hineingehe!

Die Mönche waren mit diesen Reformen nicht zufrieden. Kaum hatte der Zar Buchdruckereien eingerichtet, als sie sich derselben bedienten, um ihn selbst anzuschwärzen. Sie druckten, er sei der Antichrist, und wollten dies damit beweisen, weil er den Lebenden den Bart abspreche und in seiner Akademie die Toten sezieren lasse. Ein anderer Mönch, der sein Glück machen wollte, widerlegte jenes Buch und bewies, dass Peter nicht der Antichrist sein könne, weil die Zahl 666 nicht in seinem Namen enthalten sei. Der Verfasser der Schmähschrift wurde gerädert, sein Widerleger zum Bischof von Räsan ernannt.

Der Reformator Russlands hat unter anderem ein weises Gesetz erlassen, in welchem sich manche andere zivilisierte Staaten spiegeln könnten. Dieses Gesetz verbietet, dass ein Staatsbeamter, ein ansässiger Bürger, oder gar ein Minderjähriger in ein Kloster trete.

Dieser Fürst begriff, wie wichtig es ist, nicht zu gestatten, dass Personen, die sich nützlich machen können, dem Müßiggang frönen, und dass man in einem Alter über seine Freiheit verfüge, wo man doch noch nicht über sein Vermögen verfügen darf. Indessen sucht die Schlauheit der Mönche dieses Gesetz, das nur zum Wohl der Menschheit gemacht ist, täglich zu umgehen, als ob die Mönche wirklich dabei gewännen, wenn sie die Klöster auf Kosten des Landes bevölkern.

Der Zar hat nicht nur wie der türkische Sultan die Kirche dem Staat unterworfen, sondern er hat auch als ein noch höherer Politiker eine den Janitscharen ähnliche Miliz vernichtet. Was die Ottomanen vergebens versuchten, hat er in kurzer Zeit durchgeführt; er hat die russischen Janitscharen, die Strelitzen, welche sich eine Vormundschaft über die Zaren anmaßten, ausgerottet. Diese Miliz, die für ihre Herren furchtbarer war als für die Nachbarn, zählte etwa dreißigtausend Mann Fußvolk und war zur Hälfte in Moskau sesshaft, zur Hälfte über die Grenzen ausgebreitet. Der Strelitze erhielt zwar nur vier Rubel jährliche Löhnung, aber seine Privilegien und mancherlei Missbräuche entschädigten ihn reichlich. Peter begann damit, eine Kompanie fremder Truppen zu organisieren, der er sich selbst einverleibte, wobei er es nicht verschmähte als Tambour anzufangen und alle Funktionen von unten herauf durchzumachen, um so seinem Volke ein Beispiel der Subordination zu geben. Stufenweise rückte er zum Offizier vor. Ganz in der Stille schuf er so neue Regimenter, und als er sich endlich im Besitz disziplinierter Truppen wusste, löste er die Strelitzen auf, welche nicht dagegen zu mucksen wagten.

Die russische Reiterei war damals, was die polnische noch ist und die französische ehedem war, als das Königreich Frankreich nur aus einer Vereinigung von Lehensgütern bestand. Die russischen Edelleute machten sich auf ihre Kosten beritten und fochten ohne Disziplin und oft ohne andere Waffen als einen Säbel oder einen Köcher, waren auch nicht imstande etwas auf ein Kommando auszuführen, somit auch nicht zu siegen.

Durch sein Beispiel und durch gehörige Strafen an Leib und Leben lehrte sie Peter der Große gehorchen, denn er selbst diente als Soldat und Subalternoffizier und strafte als Zar strenge die Bojaren, das heißt die Edelleute, welche vermeinten, das Vorrecht des Adels bestehe darin, dass sie dem Staate nur dienen dürften, wenn es ihnen beliebte. Er organisierte ein regelmäßiges Artilleriekorps und nahm fünfhundert Glocken aus den Kirchen, um daraus Kanonen zu gießen. Im Jahre 1714 hatte er schon tausenddreihundert Kanonen. Er errichtete ferner Dragonerkorps, eine dem Naturell der Russen und der Gestalt ihrer kleinen Pferde ganz entsprechende Waffe. Gegenwärtig (1738) besitzt Russland dreißig wohlunterhaltene Dragonerregimenter, jedes zu tausend Mann.

Auch Husaren hat er in Russland eingeführt. Endlich errichtete er in einem Lande, wo vor ihm niemand auch nur die Elemente der Geometrie kannte, sogar eine Ingenieurschule.

Er selbst war ein guter Ingenieur; besonders aber zeichnete er sich in allen Zweigen des Seewesens aus: er war ein tüchtiger Schiffskapitän, ein geschickter Lotse, ein guter Matrose, ein gewandter Zimmermann, und man durfte ihm diese Geschicklichkeiten um so höher anrechnen, als er von Natur eine außerordentliche Furcht vor dem Wasser hatte. In seiner Jugend konnte er über keine Brücke fahren, ohne zu zittern, er ließ dann die Vorhänge seiner Kutsche schließen. Aber sein Mut, sein Genie wusste die Schwachheit seiner Natur zu besiegen.

Er ließ an der Mündung des Don bei Azow einen schönen Hafen bauen. Dort wollte er seine Galeeren unterbringen. Später überzeugte er sich, dass diese langen, flachen und leichten Schiffe auch die Ostsee befahren könnten und ließ nun bei seiner Lieblingsstadt St. Petersburg ihrer über dreihundert erbauen. Er lehrte seinen Untertanen die Kunst, diese Schiffe aus einfachem Fichtenholz zu zimmern und zeigte ihnen, wie man sie führen musste. Sogar die Chirurgie erlernte er; man hat ihn in einem Notfalle einen Wassersüchtigen anzapfen gesehen. In der Mechanik war er ebenso zu Hause und unterrichtete die Kunsthandwerker.

Im Vergleich mit dem ungeheuern Umfang seiner Staaten wollten seine Finanzen nicht viel heißen. Er hatte niemals achtzig Millionen Einkünfte, wenn man die Mark zu etwa zwanzig Livres rechnet, wie derzeit geschieht, wie aber vielleicht schon morgen nicht mehr geschieht. Allein man ist immer sehr reich, wenn man imstande ist große Dinge auszuführen. Nicht der Mangel an Geld macht ein Reich schwach, sondern die Armut an Menschen und an Talenten.

Das russische Volk ist nicht zahlreich, ungeachtet die Frauen fruchtbar und die Männer kräftig sind. Peter hat leider durch die Zivilisierung seines Reichs selbst zur Entvölkerung beigetragen. Die häufigen Rekrutierungen für seine lange Zeit unglücklichen Kriege, die Versetzung von ganzen Volksstämmen von den Ufern des Kaspischen Meeres an die der Ostsee, ihre Aufreibung durch harte Arbeiten und Krankheiten, die Vernichtung von drei Vierteilen aller Kinder durch die Pocken, die hier viel gefährlicher auftreten als in anderen Ländern, endlich die traurigen Nachwehen einer so lange wilden und barbarischen Regierung, die bis in die neue Ordnung der Dinge hinein fühlbar waren, sind daran schuld, dass dieser große Teil des Festlands noch reich an menschenleeren Steppen ist. Man zählt heutigestags in Russland fünfmalhunderttausend

Familien, die dem Adel angehören, zweimalhunderttausend vom Beamtenstand und etwas über fünf Millionen Bürger und Bauern, welche eine Art Steuer bezahlen. Hierzu kommen sechsmalhunderttausend Einwohner in den Schweden entrissenen Provinzen und etwa zwei Millionen Kosaken der Ukraine und Russland unterworfenen Tataren. Kurz man berechnet die damalige Einwohnerzahl dieser ungeheuern Ländergebiete auf nicht über vierzehn Millionen, das heißt etwas mehr als zwei Dritteile der Bevölkerung Frankreichs.

Zar Peter änderte nicht nur die Sitten und Gebräuche, die Gesetzgebung, das Militärwesen und die äußere Gestalt seines Landes, er wollte auch im Handel groß sein, dem ja der Reichtum eines Landes, der allgemeine Vorteil entfließt. Er wollte Russland zum Mittelpunkt des Handels zwischen Asien und Europa machen. Durch Kanäle, zu welchen er selbst die Pläne entwarf, wollte er die Dwina, die Wolga, den Don miteinander verbinden und sich neue Wege von der Ostsee nach dem Schwarzen und Kaspischen Meere, und von diesen zwei Meeren wieder nach der Nordsee schaffen.

Der Hafen von Archangel, der neun Monate im Jahr durch das Eis geschlossen ist, und zu dem man nur auf einem weiten und gefährlichen Umweg gelangen kann, erschien ihm nicht bequem genug. Er fasste daher schon im Jahre 1700 den Plan, an der Ostsee einen Hafen, das Magazin des Nordens, und zugleich eine Stadt zu erbauen, welche die Hauptstadt seines Reiches werden sollte.

Schon suchte er auch eine Durchfahrt durch die Meere des Nordostens nach China; die Fabrikate von Paris und China sollten seine neue Stadt verschönern. Ein Landweg von 754 Werst, der mitten durch Sümpfe angelegt wurde, die man erst trocken legen musste, führt jetzt von Moskau nach seiner neuen Stadt. Die meisten seiner Entwürfe gingen aus seiner eigenen Hand hervor, und zwei Kaiserinnen, die nacheinander auf ihn folgten, sind noch über seine Pläne hinausgegangen, wenn dieselben irgend durchführbar waren, und haben nur das ganz Unmögliche fallen lassen.

Beständig war er auf Reisen durch seine Staaten begriffen, so oft es ihm nur die Kriege erlaubten. Aber er reiste als Gesetzgeber, als Arzt, prüfte überall die physischen Verhältnisse, versuchte zu bessern, zu vervollkommnen, sondierte selbst die Tiefe der Flüsse und Meere, ordnete die Erbauung von Schleusen an, visitierte die Werften, ließ Bergwerke eröffnen, probierte die Metalle, ließ genaue Karten anlegen und arbeitete mit eigener Hand daran.

In einer Wildnis erbaute er die Kaiserstadt St. Petersburg, die heute schon sechzigtausend Häuser zählt, wo sich ein glänzender Hof gebildet hat und wo man bereits die feineren Genüsse des Lebens kennt. An der Newa baute er den Hafen von Kronstadt, an den Grenzen Persiens Sainte Croix, in der Ukraine mehrere Forts, ebenso in Sibirien. In Archangel, in St. Petersburg, in Astrachan und Asow errichtete er Admiralitäten, Arsenale und Spitäler. Die gewöhnlichen Häuser baute er klein und in schlechtem Geschmack, öffentliche Gebäude dagegen stattete er großartig und prächtig aus.

Die Wissenschaften, anderwärts die langsam reifende Frucht der Jahrhunderte, kamen durch seine Bemühungen bereits in vollendeter Form in sein Reich. Er errichtete eine Akademie nach dem Muster der berühmten Gesellschaften von Paris und London: Delisle, Bilfinger, Hermann, Bernoulli, der berühmte, in jedem Zweige der Philosophie ausgezeichnete Wolf wurden mit großen Kosten nach St. Petersburg berufen. Diese Akademie besteht noch heute und an ihr bilden sich jetzt auch russische Philosophen.

Er zwang die adlige Jugend seines Landes zu reisen, sich zu belehren, die Feinheiten des Auslandes nach Russland zu tragen. Ich sah solche junge Russen, die voll Geist und Kenntnisse waren. So hat dieser einzige Mann das größte Reich der Welt umgeschaffen. Schade, dass diesem großen

Reformator die erste Tugend – die Menschlichkeit – fehlte. Die Rohheit seiner Vergnügungen, die Wildheit seiner Sitten, die Grausamkeit seiner Rache war mit ebensoviel Tugenden gemischt. Er zivilisierte seine Länder und war selbst ein Wilder. Mit eigenen Händen vollstreckte er Urteilssprüche an Verbrechern; und bei einem bacchantischen Mahle zeigte er seine Geschicklichkeit im Kopfabschneiden. In Afrika gibt es Herrscher, die das Blut ihrer Untertanen mit eigener Hand vergießen; diese Herren werden aber dafür auch als Barbaren gebrandmarkt.

Die Hinrichtung eines Sohns, der gebessert oder enterbt werden musste, würde das Andenken Peters verabscheuungswürdig machen, wenn nicht die Wohltaten, die er seinen Untertanen erzeigt, die Grausamkeit, welche er gegen sein eigenes Blut bewies, fast verzeihlich erscheinen lassen würde. So war Zar Peter. Seine großen Pläne waren nur erst im Groben entworfen, als er sich mit den Königen von Polen und Dänemark gegen ein Kind verbündete, das alle drei verachteten. Der Gründer Russlands wollte Eroberungen machen; er glaubte, dass er dies jetzt ohne große Mühe ausführen und dass ein Krieg dieser Art seinen übrigen Entwürfen nur nützlich sein könnte. Auch die Kriegskunst war eine neue Kunst, womit er seine Völker bekannt machen musste.

Überdies bedurfte er eines Hafens am östlichen Ufer des Baltischen Meeres, um alle seine Ideen ausführen zu können. Er brauchte die Provinz Ingermanland, welche im Nordosten von Livland liegt; dort waren die Schweden Herren, man musste sie ihnen daher entreißen. Seine Vorfahren hatten gewisse Rechte auf Ingermanland, Estland und Livland besessen; der Augenblick schien günstig, um diese seit hundert Jahren verlorenen und durch Verträge annullierten Rechte wieder aufleben zu lassen. Er schloss daher ein Bündnis mit dem König von Polen, um dem jungen Karl XII. all die Länder zu entreißen, welche zwischen dem Finnischen Meerbusen, der Ostsee, Polen und Russland liegen.

Zweites Buch

Merkwürdige und plötzliche Umwandlung im Charakter Karls XII. Mit achtzehn Jahren bekriegt er Dänemark, Polen und Russland, beendet den Krieg mit Dänemark in sechs Wochen, schlägt mit achttausend Schweden achtzigtausend Russen und fällt in Polen ein. Schilderung Polens und seiner Regierung. Karl gewinnt mehrere Schlachten und macht sich zum Herrn von Polen, wo er sich anschickt, einen König einzusetzen.

So bedrohten also drei mächtige Fürsten die Jugend Karls XII. Die Gerüchte von feindlichen Kriegsvorbereitungen verbreiteten Schrecken in Schweden und Bestürzung im Staatsrat. Die großen Generale von ehedem waren tot; man hatte Grund, unter einem jungen König, der bis dahin nur einen übeln Eindruck hervorgebracht hatte, alles zu fürchten. Er tat im Staatsrat fast nichts, als dass er die Beine unter dem Tische kreuzte; zerstreut, gleichgültig, schien er an nichts Anteil zu nehmen.

Der Staatsrat beriet in seiner Gegenwart über die Gefahr, in der man sich befand; einige Räte machten den Vorschlag, den Sturm durch Verhandlungen abzuwenden; plötzlich erhebt sich der junge Fürst mit der ernsten und sichern Miene des höheren Menschen, der seinen Entschluss gefasst hat. – »Meine Herren,« sprach er, »ich bin entschlossen, niemals einen ungerechten Krieg zu führen, einen gerechten aber auch erst dann zu beendigen, wenn ich meine Feinde vernichtet habe. Mein Entschluss ist gefasst: ich werde den ersten angreifen, der sich gegen mich erklärt; und wenn ich ihn besiegt habe, hoffe ich den anderen einige Furcht einzujagen.« – Diese Worte setzten alle diese alten Räte in Staunen; sie sahen sich an und wagten nichts zu erwidern. Endlich, überrascht einen solchen König zu besitzen, schämten sie sich, weniger zu hoffen als er und nahmen mit Bewunderung seine Befehle in betreff des Kriegs entgegen.

Die Überraschung wurde aber noch größer, als man sah, wie er plötzlich auf die unschuldigsten Vergnügungen der Jugend verzichtete. Von dem Augenblick an, wo er sich auf den Krieg vorbereitete, begann er ein ganz neues Leben, von dem er keinen Augenblick mehr abwich. Voll von dem Gedanken an Alexander und Cäsar, beschloss er diese beiden Eroberer in allem nachzuahmen, nur nicht in ihren schlechten Eigenschaften. Er wollte nichts mehr wissen von Pracht, von Spiel, von Vergnügen; sein Tisch wurde von da an der mäßigste, den man sich denken konnte. Er hatte reiche Kleider geliebt, von da an kleidete er sich wie ein gemeiner Soldat. Man hatte ihn im Verdacht, eine Leidenschaft für eine Dame seines Hofes zu empfinden; mochte dies nun wahr sein oder nicht, gewiss ist, dass er von da an den Frauen für immer entsagte, nicht nur aus Furcht von ihnen gegängelt zu werden, sondern auch um seinen Soldaten, die er in der strengsten Disziplin erhalten wollte, ein Beispiel zu geben. Vielleicht tat er es auch, weil ihm der Gedanke schmeichelte, der einzige aller Könige zu sein, der eine so schwer zu überwindende Neigung künftig bezähmte. Er beschloss ferner, sich alles Weines zu enthalten. Die einen versicherten mich, er habe diesen Entschluss gefasst, um eben seine Natur vollständig zu bezwingen und seinem Heroismus eine neue Tugend beizufügen. Die meisten aber behaupteten, er habe sich diese Enthaltsamkeit als Strafe für eine Ausschweifung und die Beschimpfung, die er in diesem Zustand einer Dame bei Tische in Gegenwart der Königin, seiner Mutter, zufügte, auferlegt. Wenn dies der Fall ist, so erscheint diese Verurteilung seiner selbst und die Entbehrung, die er sich damit sein ganzes Leben lang auferlegte, nicht weniger großartig und bewunderungswürdig.

Er begann damit, den Herzog von Holstein, seinen Schwager, seines Beistands zu versichern, und schickte einstweilen achttausend Mann in das benachbarte Pommern, um den Herzog vor den Angriffen der Dänen zu decken. Der Herzog bedurfte dieser Hilfe in der Tat. Bereits hatten die Dänen seine Staaten verheert, sein Schloss Gottorp genommen und belagerten nun nachdrücklichst seine Stadt Tönningen, wohin sich der König von Dänemark in Person begeben hatte, um einer Eroberung, die er für ganz sicher hielt, anzuwohnen. Dieser Funke drohte das ganze deutsche Reich in Flammen zu setzen. Von der einen Seite rückten die sächsischen Truppen des Königs von Polen, die Heere von Brandenburg, Wolfenbüttel und Hessen-Kassel heran, um sich mit den Dänen zu vereinigen. Von der anderen kamen die achttausend Mann des Königs von Schweden, die Truppen von Hannover und Celle, sowie drei holländische Regimenter dem Herzog zu Hilfe. Während so das kleine Holstein zum Kriegsschauplatz wurde, erschien eine englische und eine holländische Flotte in der Ostsee. Diese beiden Staaten waren die Garanten des von den Dänen gebrochenen Vertrags von Altona; England und die Generalstaaten beeilten sich übrigens damals hauptsächlich deshalb dem Herzog von Holstein beizuspringen, weil ihr Handelsinteresse sich der Vergrößerung und Stärkung Dänemarks entgegenstellte. Sie wussten, dass die Dänen als Herren der Durchfahrt des Sunds den handeltreibenden Nationen schwere Lasten auferlegen würden, sobald sie stark genug sein würden, um dies ungestraft tun zu können. Dieses Interesse hat England und Holland lange Zeit bestimmt, so viel an ihnen lag, ein gewisses Gleichgewicht der Macht unter den Fürsten des Nordens zu erhalten. Sie schlossen sich deshalb jetzt dem jungen König von Schweden an, da es aussah, als müsse er von so vielen Feinden erdrückt werden, und unterstützten ihn somit ganz aus dem gleichen Grunde, aus welchem man ihn angriff, nämlich weil sie glaubten, er sei nicht imstande sich zu verteidigen.

Er war auf der Bärenjagd, als er die Nachricht von dem Einfall der Sachsen in Livland erhielt; er hielt diese Jagd auf eine ebenso neue als gefährliche Art ab. Man bediente sich keiner anderen Waffen als gabelartiger Stöcke hinter einem an Bäumen ausgespannten Netze. Ein Bär von ungewöhnlicher Größe ging einmal gerade auf den König los, der ihn nach einem langen Kampfe mittels des Netzes und seines Stockes zu Boden schlug. Wenn man von derartigen Abenteuern oder der wunderbaren Stärke des Königs August und den Reisen des Zaren hört, möchte man sich in die Zeiten eines Herkules und Theseus zurückversetzt glauben.

Am 8. Mai 1700 brach er zu seinem ersten Feldzug auf. Er verließ Stockholm, wohin er nie wieder zurückkehrte. Eine zahllose Menge Volkes begleitete ihn bis zum Hafen von Karlskrona. Die guten Wünsche dieses Volkes, seine Tränen und seine Bewunderung gingen mit ihm. Ehe Karl Schweden verließ, setzte er einen aus mehreren Senatoren gebildeten Verteidigungsrat in Stockholm ein. Diese Kommission sollte für alles sorgen, was die Flotte, die Landarmee und die Landesbefestigung betraf. Der ganze Senat sollte die übrigen Angelegenheiten im Innern des Reichs in provisorischer Weise leiten. Nachdem er so eine gewisse Ordnung für sein Land geschaffen, beschäftigte sich sein von jeder anderen Sorge befreiter Geist nur noch mit dem Kriege. Seine Flotte bestand aus dreiundvierzig Schiffen: dasjenige welches er selbst bestieg, »Der König Karl,« war das größte, was man jemals gesehen hatte und trug hundertzwanzig Kanonen. Der Graf Piper, sein erster Minister, und der General Rehnsköld schifften sich mit ihm ein. Bald traf er mit der Flotte der Alliierten zusammen. Die dänische Flotte wich dem Kampfe aus und ließ die drei vereinigten Geschwader sich Kopenhagen soweit nähern, dass sie einige Bomben hineinwerfen konnten.

Es ist notorisch, dass der König selbst es war, der dann dem General Rehnsköld den Vorschlag machte zu landen und Kopenhagen von der Landseite zu belagern, während es von der Seeseite blokiert würde. Rehnsköld war erstaunt, wie ein junger Fürst ohne Erfahrung auf einen Plan kommen konnte, der von ebensoviel Einsicht wie Mut zeugte. Bald war alles für die Landung bereit; es wurde

Befehl gegeben, fünftausend Mann einzuschiffen, die an der schwedischen Küste kantonierten, und die sich nun mit den an Bord befindlichen Truppen vereinigten. Der König verließ sein großes Schiff und bestieg eine leichtere Fregatte. Man begann damit, dreihundert Grenadiere in

kleinen Schaluppen vorgehen zu lassen. Zwischen diesen Schaluppen schwammen kleine flache Boote, welche Faschinen, spanische Reiter und das Handwerkszeug der Pioniere trugen. Fünfhundert Mann Eliten folgten in anderen Schaluppen; dann kamen die Kriegsschiffe des Königs nebst zwei englischen und zwei holländischen Fregatten, welche mit ihren Geschützen die Landung decken sollten.

Die Hauptstadt Dänemarks, Kopenhagen, liegt auf der Insel Seeland in einer schönen Ebene südöstlich vom Sund und westlich von der Ostsee, wo eben der Schwedenkönig lag. Bei der unerwarteten Bewegung der Schiffe, die eine Landung besorgen ließ, sahen sich die über die Untätigkeit ihrer eigenen Flotte bestürzten Einwohner voll

Angst um, an welchem Orte wohl der Orkan losbrechen würde. Die Flotte Karls hielt gegenüber Humblebek, sieben Meilen von Kopenhagen. Alsbald sammelten die Dänen dort ihre Reiterei. Milizen wurden hinter dicke Brustwehren gestellt und die Geschütze, die man dahin zu schleppen vermochte, gegen die Schweden gekehrt.Jetzt verließ der König seine Fregatte, um sich in die erste Schaluppe an die Spitze seiner Garden zu begeben. Der französische Gesandte war in seiner Umgebung. »Herr Gesandter,« sagte er in lateinischer Sprache zu ihm, denn er wollte niemals französisch sprechen, »Ihr habt nichts bei den Dänen zu schaffen. Ihr werdet daher so gut sein und nicht weiter vorgehen.« – »Sire,« erwiderte der Graf Guiscard auf französisch, »der König, mein Herr, hat mir befohlen in der Umgebung Eurer Majestät zu bleiben. Ich schmeichle mir, dass Ihr mich gerade heute, wo Euer Hof am glänzendsten ist, nicht davon fort weisen werdet.« – Mit diesen Worten bot er dem König die Hand, der in die Schaluppe sprang, in welche dann auch der Graf Piper und der Gesandte stiegen. Unter dem Schutze der Schiffsgeschütze, welche die Landung deckten, rückte man weiter vor. Die Landungsboote waren jetzt noch dreihundert Schritt vom Ufer entfernt. Karl XII., dem es zu lange dauerte, bis er ans Land kam, warf sich jetzt mit dem Degen in der Faust von der Schaluppe ins Meer, wobei ihm das Wasser bis an den Gürtel reichte. Seine Minister, der französische Gesandte, die Offiziere und Soldaten folgten sofort seinem Beispiel und näherten sich dem Ufer trotz einem Hagel von Musketenkugeln. Der König, welcher in seinem Leben noch nie Kugeln hatte pfeifen hören, fragte den Generalquartiermeister Stuart, der sich neben ihm befand, was das für ein leises Pfeifen sei, das er um seine Ohren vernehme. »Das ist das Geräusch der Flintenkugeln, die man auf uns abschießt,« erwiderte der Generalquartiermeister. – »Gut,« sagte der König, »so soll dies künftig meine Musik sein.« – In demselben Augenblick erhielt der Quartiermeister, der das Getöse der Musketenkugeln erklärt hatte, einen Schuss in die Schulter und ein Leutnant fiel tot neben dem König nieder. Truppen, welche sich hinter Schanzen angreifen lassen, werden in der Regel geschlagen, weil diejenigen, welche angreifen, immer von einem Ungestüm beseelt sind, den diejenigen nicht haben können, die sich nur verteidigen, und weil das Erwarten des Feindes hinter Schanzen oft ein Bekenntnis der eigenen Schwäche und der Überlegenheit des Gegners ist. Die dänische Reiterei und die Milizen flohen nach einem schwachen Widerstande. Sobald der König Herr der Schanzen war, warf er sich auf die Kniee, um Gott für diesen ersten Erfolg seiner Waffen zu danken. Alsbald ließ er Redouten gegen die Stadt aufwerfen und steckte selbst ein Lager ab. Zugleich schickte er seine Schiffe nach Schonen, dem Kopenhagen nächstgelegenen Teil Schwedens, um von dort neuntausend Mann Verstärkung zu holen. Alles traf zusammen, um Karls Ungeduld zu begünstigen. Die neuntausend Mann standen zur Einschiffung bereit an der Küste und schon am folgenden Tage führte ein günstiger Wind sie ihm zu.

Alles das geschah angesichts der dänischen Flotte, die es nicht gewagt hatte, heranzukommen. Kopenhagen war so eingeschüchtert, dass es Abgeordnete an den König schickte, um ihn anzuflehen, dass er die Stadt nicht bombardieren möchte. Er empfing sie zu Pferd an der Spitze seines Garderegiments. Die Abgeordneten warfen sich vor ihm auf die Kniee. Er legte der Stadt eine Kontribution von viermalhunderttausend Reichstalern auf und befahl, dass man seinem Lager alle Arten Lebensmittel zuführen solle, die er pünktlich zu bezahlen versprach. Man brachte die Lebensmittel, da man ja doch gehorchen musste, erwartete jedoch nicht, dass die Sieger sich zu einer Bezahlung herbeilassen würden. Die Bringer der Vorräte waren daher nicht wenig erstaunt, als sie selbst von dem geringsten Soldaten sofort auf das Anständigste bezahlt wurden. Seit langer Zeit herrschte in der schwedischen Armee eine Disziplin, welche nicht wenig zu ihren Siegen beigetragen hatte; der junge König verschärfte sie noch. Er wollte ferner, dass nach einem Siege seine Truppen die Toten nicht früher ausplündern sollten, als bis die Erlaubnis hierzu erteilt war; und brachte es mit Leichtigkeit dahin, dass dieser Befehl befolgt wurde. Zweimal täglich wurde in seinem Lager gebetet: um sieben Uhr morgens und um vier Uhr abends. Niemals vergaß er sich dabei einzufinden und seinen Soldaten das Beispiel einer Frömmigkeit zu geben, die immer Eindruck auf die Menschen macht, wenn sie keine Heuchelei darunter wittern. In seinem Lager, wo eine größere Ordnung herrschte als in Kopenhagen, war Überfluss an allem. Die Bauern verkauften ihre Vorräte lieber an die Schweden, ihre Feinde, als an die Dänen, die sie nicht so gut bezahlten. Die Bürger der Stadt sahen sich sogar mehr als einmal genötigt im Lager des Schwedenkönigs nach Lebensmitteln zu suchen, die sie auf ihren Märkten nicht haben konnten.

Der König von Dänemark befand sich damals in Holstein, wohin er sich nur begeben zu haben schien, um die Belagerung von Tönningen aufzuheben. Er sah die Ostsee mit feindlichen Schiffen bedeckt, einen jungen Eroberer bereits Herrn von Seeland und im Begriff sich seiner Hauptstadt zu bemächtigen. Er ließ in seinen Staaten öffentlich verkündigen, dass diejenigen, welche die Waffen gegen die Schweden ergreifen würden, von der Leibeigenschaft befreit sein sollten. Diese Verkündigung war von großem Gewicht in einem Lande, das ehedem frei gewesen war und wo jetzt alle Bauern und sogar viele Bürger leibeigen sind. Karl ließ dem König von Dänemark sagen, er führe nur Krieg, um ihn zum Frieden zu zwingen, er möge sich daher entschließen dem Herzog von Holstein sein Recht widerfahren zu lassen, sonst werde er Kopenhagen zerstören und das Land mit Feuer und Schwert verwüsten. Der Däne fühlte sich sehr glücklich, dass er es mit einem Sieger zu tun hatte, der den Gerechten spielte. Es wurde ein Kongress in dem Städtchen Travendahl in Holstein abgehalten. Der Schwedenkönig duldete nicht, dass die Kunst der Minister die Verhandlungen in die Länge zog. Er wollte, dass der Friedensvertrag ebenso schnell zustande komme wie seine Landung auf Seeland. Derselbe wurde in der Tat am 5. August zugunsten des Herzogs von Holstein abgeschlossen, der für alle Kriegskosten entschädigt und von seiner Bedrückung befreit wurde. Der König von Schweden wollte nichts für sich selbst. Es war ihm genug, dass er seinen Verbündeten gerettet und seinen Feind gedemütigt hatte. So begann und beendete der achtzehnjährige Karl diesen Krieg in weniger als sechs Wochen.

Genau zur selben Zeit berannte der König von Polen die Hauptstadt Livlands, Riga, und rückte der Zar an der Spitze von fast hunderttausend Mann von Osten her. Riga wurde durch den schwedischen General Graf Dahlberg verteidigt, der achtzig Jahre alt das Feuer eines Jünglings mit der Erfahrung von sechzig Schlachten und Gefechten vereinigte. Der nachmalige polnische Minister Graf Fleming, im Krieg ebenso ausgezeichnet wie im Kabinett, und der Livländer Patkul betrieben die Belagerung unter den Augen des Königs; allein ungeachtet mehrerer Vorteile, welche die Belagerer davongetragen, vereitelte die Erfahrung des alten Grafen Dahlberg alle ihre Anstrengungen und der König von Polen verzweifelte daran die Stadt zu erobern. Endlich ergriff er die Gelegenheit, um die Belagerung mit Ehren aufzuheben. Riga war voll Waren, die den Holländern gehörten. Die Generalstaaten instruierten ihren Gesandten bei König August dahin, ihm Vorstellungen deshalb zu machen. Der König von Polen ließ sich nicht lange bitten. Er willigte ein, lieber die Belagerung aufzuheben als seinen Verbündeten den geringsten Schaden zuzufügen; und diese waren durchaus nicht über dieses Übermaß von Gefälligkeit erstaunt, da sie die wahre Ursache derselben wohl kannten.

Um seinen ersten Feldzug abzuschließen, brauchte also Karl XII. nur noch gegen seinen Nebenbuhler auf der Bahn des Ruhms, Peter Alexjewitsch zu marschieren. Er war gegen diesen um so mehr erbittert, als sich in Stockholm noch drei moskowitische Gesandte befanden, welche kaum erst die Erneuerung eines unverbrüchlichen Friedens beschworen hatten. Er, der der strengsten Rechtlichkeit huldigte, konnte nicht begreifen, wie ein Gesetzgeber wie der Zar mit einem so heiligen Akte sein Spiel treiben konnte. Der junge Fürst war in seinem Ehrgefühl der Ansicht, Könige dürften keine andere Moral haben als Privatleute. Der Kaiser von Russland hatte inzwischen ein Manifest erscheinen lassen, welches er besser für sich behalten hätte. Er führte darin als Grund für seine Kriegserklärung an: man habe ihm nicht die gebührenden Ehren erwiesen, als er inkognito durch Riga gekommen sei; auch habe man seine Gesandten die Lebensmittel zu teuer bezahlen lassen. Das waren die Beschwerden, wegen deren er Ingermanland durch achtzigtausend Mann verheeren ließ.

Am 1. Oktober, also zu einer Zeit, die sich in diesem Klima rauher anlässt als der Januar in Paris, erschien Peter an der Spitze dieses gewaltigen Heeres vor Narwa. Der Zar, der zuweilen vierhundert Wegstunden mit der Pferdepost zurücklegte, um ein Bergwerk oder einen Kanal zu visitieren, schonte seine Truppen ebensowenig als sich selbst. Er wusste überdies, dass die Schweden seit den Zeiten Gustav Adolfs den Krieg mitten im Winter ebenso eifrig fortführten wie im Sommer; er wollte daher auch seine Russen daran gewöhnen, keine Jahreszeit zu kennen, um sie dereinst den Schweden ebenbürtig zu machen. Zu einer Zeit also, wo in dem gemäßigteren Klima Schnee und Eis die Völker zwingen den Krieg zu unterbrechen, belagerte Zar Peter Narwa, welches 30 Grad vom Pole entfernt liegt, und Karl XII. rückte zum Entsatz der Festung heran. Kaum war der Zar vor dem Platz angelangt, als er sich beeilte, was er auf seinen Reisen gelernt hatte, hier ins Werk zu setzen. Er steckte ein Lager ab, ließ es nach allen Richtungen befestigen, von Stelle zu Stelle Redouten errichten und die Trancheen eröffnen. Er hatte das Oberkommando seiner Armee dem Herzog von Croy, einem geschickten deutschen General übertragen, der aber von den russischen Offizieren damals noch nicht gehörig unterstützt wurde. Er selbst nahm bei seinen Truppen nur den Rang eines Leutnants ein. Er wollte damit seinem ungeschlachten Adel, der ohne Kriegserfahrung und Ordnung nur schlecht bewaffnete Sklaven zu führen verstand, ein Beispiel militärischen Gehorsams geben. Es war indessen nichts so Wunderbares, dass der, welcher zu Amsterdam Zimmermann geworden war, um zu einer Flotte zu kommen, vor Narwa als Leutnant auftrat, um seine Völker die Kriegskunst zu lehren. Die Russen sind kräftig, unermüdlich und vielleicht ebenso mutig wie die Schweden; aber erst im Laufe der Zeit werden die Truppen an den Krieg gewöhnt und nur die Disziplin macht sie unüberwindlich. Die einzigen Regimenter, von denen sich etwas hoffen ließ, waren diejenigen, welche von deutschen Offizieren befehligt wurden; das waren aber nur wenige. Der Rest bestand aus Barbaren, die man aus den Wäldern geholt hatte; sie waren noch mit Fellen wilder Tiere bedeckt und zum Teil mit Bogen und Keule bewaffnet. Nur wenige besaßen Gewehre; keiner hatte jemals eine regelmäßige Belagerung gesehen. In der ganzen Armee befand sich kein guter Artillerist. Die hundertfünfzig Kanonen, welche das kleine Narwa leicht hätten einäschern können, brachten kaum eine Bresche zustande, während die Artillerie der Festung alle Augenblicke ganze Reihen in den Trancheen niederwarf. Narwa war fast ohne Festungswerke; der Baron von Horn, der in dem Platz kommandierte, hatte nicht tausend Mann reguläre Truppen. Gleichwohl vermochte jenes zahlreiche Heer die Festung in sechs Wochen nicht zu nehmen.

Es war bereits der 15. November, als der Zar erfuhr, dass der König von Schweden auf zweihundert Transportschiffen das Meer durchsegelt habe und zum Entsatz von Narwa heranrücke. Die Schweden waren nur zwanzigtausend Mann stark, aber der Zar besaß lediglich den Vorteil der Mehrzahl. Weit entfernt daher seinen Feind zu verachten, bot er alle Mittel der Kunst auf, um ihn zu überwältigen. Nicht zufrieden mit seinen achtzigtausend Mann, traf er Anstalten, um dem Feinde noch eine zweite Armee entgegenzustellen und ihn bei jedem Schritt aufzuhalten. Bereits hatte er dreißigtausend Mann von Pleskow heranbeordert, die sich in Eilmärschen näherten. Dann tat er einen Schritt, der ihm die Verachtung der Welt zugezogen hätte, wenn dies bei einem Gesetzgeber, der so Großes geleistet, möglich wäre. Er verließ sein Lager, wo seine Gegenwart so notwendig war, um dieses neue Truppenkorps, welches recht gut ohne ihn anlangen konnte, heranzuholen, und wälzte hierdurch den Verdacht auf sich, dass er sich gefürchtet habe, in einem verschanzten Lager einem jungen unerfahrenen Fürsten Widerstand zu leisten, der ihn anzugreifen kam.

Wie dem sei, er wollte jedenfalls Karl XII. zwischen zwei Feuer nehmen. Damit nicht genug, entsandte er dreißigtausend Mann aus dem Lager von Narwa, um sich auf eine Wegstunde vor der Festung dem Schwedenkönig in den Weg zu stellen; zwanzigtausend Strelitzen standen auf dem gleichen Wege noch weiter vorwärts und fünftausend Mann bildeten die Vorhut. Man musste sich also Bahn durch alle diese Truppen brechen, ehe man das Lager erreichte, welches durch einen Wall und einen doppelten Graben geschützt war. Der König von Schweden hatte bei Pernau im Meerbusen von Riga etwa sechzehntausend Mann Fußvolk und etwas über viertausend Reiter ans Land gesetzt. Von Pernau trat er sodann mit seiner Reiterei und nur viertausend Mann Infanterie den Eilmarsch auf Reval an.Nach anderen waren es fünftausend Mann Infanterie, dreitausenddreihundert Reiter und siebenunddreißig Geschütze. Er marschierte unbeirrt vorwärts, ohne den Rest seiner Truppen abzuwarten. Bald stand er mit seinen achttausend Mann vor den feindlichen Vorposten, und zögerte keinen Augenblick, diese Korps nacheinander anzugreifen, ohne ihnen Zeit zu lassen darüber klar zu werden, mit welch geringer Zahl sie es zu tun hatten. Als daher die Russen die Schweden anrücken sahen, glaubten sie der ganzen Armee gegenüber zu stehen. Die fünftausend Mann der Vorhut, welche in einem Felspasse (bei Pyhajokki) standen, wo hundert entschlossene Männer eine ganze Armee hätten aufhalten können, entflohen beim ersten Erscheinen der Schweden. Als die zwanzigtausend Mann hinter ihnen ihre Kameraden fliehen sahen, wurden sie von einer wahren Panik erfasst und trugen die Verwirrung bis in das Lager. Alle vorgeschobenen Posten wurden in zwei Tagen genommen; und was unter anderen Umständen drei Siege gekostet hätte, verzögerte den Marsch des Königs nicht um eine Stunde. Endlich erschien er mit seinen achttausend von dem langen Marsche ermüdeten Soldaten vor dem durch hundertfünfzig Kanonen verteidigten Lager der achtzigtausend Russen. Kaum hatten sich seine Truppen etwas ausgeruht, als er auch, ohne lange zu überlegen, den Befehl zum Angriff gab.

Zwei Raketen und der Ruf: »Mit Gottes Hilfe!« in deutscher Sprache gaben das Signal. Als ein höherer Offizier dem König die Größe der Gefahr vor Augen hielt, rief er: »Wie! Ihr zweifelt noch, dass ich mit meinen achttausend tapfern Schweden diese achtzigtausend Moskowiter über den Haufen werfen werde?« – Einen Augenblick später fiel ihm bei, dass in diesen Worten einige Prahlerei gefunden werden könne, er eilte daher jenem Offizier nach und fuhr fort: »Seid Ihr denn nicht auch meiner Ansicht? Habe ich nicht zwei Vorteile vor dem Feinde voraus? Einmal den, dass seine Reiterei ihm hier nichts nützen kann und dann, dass seine Stellung eine so beengte ist, dass seine große Zahl ihm nur unbequem sein muss? So bin ich ja eigentlich stärker als er.« – Der Offizier hütete sich, eine andere Ansicht auszusprechen und so schritt der König am Mittag des 30. Novembers 1700 zum Angriff auf die Russen.

Sobald die Artillerie der Schweden eine Bresche in die Schanzen gelegt hatte, rückten sie mit aufgepflanztem Bajonett vor, wobei ein heftiges Schneegestöber, das ihnen in den Rücken wehte, dem Feinde ins Gesicht schlug. Eine halbe Stunde lang ließen sich die Russen niedermachen, ohne ihre Gräben zu verlassen. Der König griff den rechten Flügel des Lagers an, wo sich das Hauptquartier des Zaren befand, dem er zu begegnen hoffte, da er nicht wusste, dass der Kaiser selbst fort war, um jene dreißigtausend Mann Verstärkung herbeizuholen. Schon bei den ersten Salven erhielt der König eine Kugel gegen den Hals; es war jedoch eine matte Kugel, die sich in den Falten seines schwarzen Halstuches fing und ihm weiter keinen Schaden tat. Sein Pferd wurde unter ihm getötet. Herr von Sparre erzählte mir, der König sei mit Leichtigkeit auf ein anderes Pferd gesprungen und habe gerufen: »Diese Kerls lassen mich meine Reitübungen machen!« – Dann habe er fortgefahren zu kämpfen und seine Befehle mit der gleichen Geistesgegenwart zu erteilen.

Nach einem dreistündigen Kampfe waren die Schanzen auf allen Seiten durchbrochen. Der König verfolgte den rechten Flügel des Feindes mit seinem linken – wenn man die viertausend Mann, die hier vierzigtausend vor sich herjagten, so nennen kann – bis zum Narwafluß.

Die Brücke brach unter den Flüchtlingen; in einem Nu lag der Fluss voll Toter. Die übrigen kehrten in Verzweiflung nach ihrem Lager zurück, ohne zu wissen, wohin sie gerieten. Sie stießen auf einige Baracken, hinter welchen sie sich noch eine Zeitlang verteidigten, weil sie nicht mehr entwischen konnten. Endlich aber begaben sich die Generale Dolgoruki, Golowkin und Fedorowitsch zum König und legten ihm ihre Degen zu Füßen. Während man sie ihm vorstellte, erschien auch der Obergeneral Herzog von Croy und ergab sich mit dreißig höheren Offizieren.

Karl empfing diese hohen Gefangenen mit einer so gewandten Artigkeit und einer so leutseligen Miene, wie wenn er ihnen an seinem Hofe die festlichen Honneurs machte. Er wollte nur die Generale bei sich behalten. Alle Subalternoffiziere und Soldaten wurden entwaffnet an den Narwafluß geführt, wo sie auf Booten übergesetzt und nach Hause entlassen wurden. Inzwischen kam die Nacht heran, der linke Flügel der Russen schlug sich noch immer. Die Schweden hatten nur sechshundert Mann verloren; achtzehntausend Moskowiter waren in ihren Schanzen geblieben, eine große Anzahl war ertrunken, viele hatten den Fluss als Flüchtlinge passiert. Aber noch immer standen ihrer genug im Lager, um die Schweden bis auf den letzten Mann auszurotten. Allein es ist ja nicht die Zahl der Toten, wonach sich der Verlust einer Schlacht bemisst, sondern der Schrecken der Überlebenden. Der König benutzte den Rest des Tags, um sich der feindlichen Artillerie zu bemächtigen. Dann nahm er eine vorteilhafte Stellung zwischen dem Lager und der Stadt ein. Dort schlief er in seinen Mantel eingehüllt einige Stunden auf der bloßen Erde. Mit Tagesanbruch wollte er dann über den linken Flügel des Feindes herfallen, der noch nicht ganz gebrochen war. Aber um zwei Uhr morgens schickte der General Bede, der diesen Flügel kommandierte und der gehört hatte, wie gnädig der König die anderen Generale aufgenommen und wie er alle Subalternoffiziere und Soldaten heimgeschickt hatte – zu ihm und ließ ihn bitten, ihm die gleiche Gnade zu gewähren.

Der Sieger ließ ihm sagen, er möge nur an der Spitze seiner Truppen herankommen und die Waffen und Fahnen vor ihm niederlegen. Bald darauf erschien dieser General mit seinen Russen, welche sich auf etwa dreißigtausend Mann beliefen. Sie marschierten mit entblößtem Haupte, Soldaten und Offiziere, durch die Spaliere von nicht ganz siebentausend Schweden. Als die Soldaten an dem König vorbeikamen, streckten sie ihre Gewehre und Degen; die Offiziere legten ihm die Feldzeichen und Fahnen zu Füßen. Er ließ diese ganze Masse über den Fluss zurückkehren, ohne einen einzigen Gefangenen zu behalten. Hätte er sie festgehalten, so würde die Zahl der Gefangenen wenigstens fünfmal größer als die der Sieger gewesen sein. Begleitet von dem Herzog von Croy und den anderen russischen Generalen hielt nun Karl seinen siegreichen Einzug in Narwa. Er ließ jenen ihre Degen wiedergeben und als er erfuhr, dass sie ohne Geld waren und die Kaufleute von Narwa ihnen nichts mehr borgen wollten, schickte er dem Herzog von Croy tausend Dukaten und jedem General fünfhundert, so dass diese Offiziere außer sich vor Bewunderung über eine Behandlung gerieten, von der sie keine Idee gehabt hatten. In Narwa wurde sofort ein Siegesbericht aufgesetzt, der nach Stockholm und an die Verbündeten Schwedens geschickt werden sollte; doch strich der König eigenhändig durch, was darin zu Vorteilhaftes für ihn und zu Kränkendes für den Zaren gesagt war. Seine Bescheidenheit konnte indessen nicht verhindern, dass man in Stockholm mehrere Medaillen schlug, um das Andenken an diese Ereignisse zu verewigen. Unter anderem erschien eine Medaille, die auf der Vorderseite den König auf einem Piedestal darstellte, an welches ein Russe, ein Däne und ein Pole gefesselt war; auf der Rückseite sah man einen Herkules mit seiner Keule, der auf einen Cerberus trat, mit der Umschrift: Tres uno contudit ictu.

Unter den am Tage von Narwa gemachten Gefangenen befand sich auch einer, der ein auffallendes Beispiel von dem gewaltigen Wechsel menschlicher Geschicke bot. Es war der älteste Sohn und Erbe des Königs von Georgien, Zarafis Artschelu. Zarafis bedeutet bei allen Tataren wie auch in Russland soviel als Prinz oder Zarensohn; denn Zar hieß bei den alten Skythen, von denen alle diese Völker abstammen, so viel wie König. Es kommt also nicht von den römischen Zäsaren her, die diesen Barbaren noch lange unbekannt blieben. Sein Vater Mikelleski, der Zar und Beherrscher der schönen Ländergebiete zwischen dem Araratgebirge und der Ostküste des Schwarzen Meeres, war im Jahre 1688 von den eigenen Untertanen aus seinem Reiche vertrieben worden und hatte sich lieber dem Kaiser von Russland in die Arme werfen, als zu den Türken seine Zuflucht nehmen wollen. Der neunzehnjährige Sohn dieses Königs wollte Peter den Großen auf seinem Kriegszug gegen die Schweden begleiten und wurde nun von einigen finnischen Soldaten gefangen genommen, die ihn bereits ausgeplündert hatten und im Begriff standen ihn niederzumachen. Der Graf Rehnsköld entriss ihn ihren Händen, ließ ihm einen Rock geben und stellte ihn seinem Gebieter vor. Karl schickte ihn nach Stockholm, wo dieser unglückliche Prinz einige Jahre später starb. Als der König ihn fortgehen sah, konnte er nicht umhin vor seinen Offizieren eine natürliche Betrachtung über das merkwürdige Schicksal dieses asiatischen Prinzen anzustellen, der am Fuße des Kaukasus geboren war und nun als Gefangener in die Eisfelder Schwedens wanderen musste. »Das ist gerade,« sprach er, »wie wenn ich eines Tages als Gefangener unter den Tataren der Krim säße!« – Diese Worte wurden damals nicht beachtet; später aber, als das Schicksal sie zu einer Prophezeiung gemacht hatte, erinnerte sich ihrer mancher nur zu wohl.

Inzwischen rückte der Zar mit seinen vierzigtausend Russen in Eilmärschen heran, um seinen Feind von allen Seiten einzuschließen. Auf halbem Wege erhielt er aber die Meldung von der Schlacht bei Narwa und der Zerstreuung seines ganzen Lagers. Er gab es nun auf, mit seinen vierzigtausend Mann ohne Erfahrung und ohne Disziplin einen Sieger anzugreifen, der eben mit achtzigtausend in einem verschanzten Lager fertig geworden war. Er kehrte um, hörte aber trotzdem nicht auf an der Disziplinierung seiner Truppen zu arbeiten, während er zugleich seine Untertanen zivilisierte. »Ich weiß wohl,« sprach er, »dass die Schweden uns noch oft schlagen werden; am Ende aber werden sie uns lehren, wie man sie schlägt.« – Seine Hauptstadt Moskau war voll Schrecken und Bestürzung bei der Nachricht von dieser Niederlage. Der Stolz und die Unwissenheit dieses Volkes war so groß, dass es sich von einer übermenschlichen Macht überwunden glaubte und die Schweden für Zauberer hielt. Diese Ansicht war so allgemein, dass man deshalb ein öffentliches Gebet zum heiligen Nikolaus, dem Schutzpatron Russlands, anordnete. Dieses Gebet ist zu eigentümlich, um nicht hier angeführt zu werden. Es lautete folgendermaßen: »O du, der du unser beständiger Tröster bist in allen unseren Nöten, großer heiliger Nikolaus, du großmächtiger! Durch welches Versehen bei unsern Opfern, bei unseren Kniebeugungen, Verneigungen und Gnadentaten haben wir dich beleidigt, dass du uns so verlassen hast? Wir haben deinen Beistand angerufen gegen diese furchtbaren, frechen, wütenden, schrecklichen und unbezwinglichen Zerstörer, als sie uns wie Löwen und Bären, denen man ihre Jungen geraubt, angegriffen, erschreckt, verwundet und zu Tausenden getötet haben, uns, die wir dein Volk sind. Da das unmöglich hat geschehen können ohne Zauberei und Hexerei, so bitten wir dich flehentlich, oh großer heiliger Nikolaus, sei du unser Kämpe und Fahnenträger, befreie uns von dieser Zauberschar, jage sie weit aus unseren Grenzen und gib ihnen den Lohn, der ihnen gebührt.«

Während die Russen dem heiligen Nikolaus ihre Niederlage klagten, ließ Karl XII. Gott danken und bereitete sich zu neuen Siegen vor. Der König von Polen konnte sich denken, dass sein Feind, der die Dänen und Russen besiegt, nunmehr über ihn herfallen würde. Er verband sich daher enger als je mit dem Zaren. Diese beiden Fürsten verabredeten eine Zusammenkunft, um ihre gemeinsamen Maßregeln zu besprechen. Sie sahen sich zu Birsen, einer kleinen Stadt in Litauen, ohne alle jene Förmlichkeiten, welche nur geeignet sind den Gang der Geschäfte zu hemmen, und die überdies weder zu ihrer Lage noch zu ihrer Stimmung gepasst hätten. Die nordischen Fürsten sehen sich überhaupt mit einer Familiarität, die im übrigen Europa noch nicht eingeführt ist. Peter und August verbrachten vierzehn Tage miteinander unter Vergnügungen, die bis zum Übermaß gingen; denn so sehr der Zar an der Reformierung seines Volkes arbeitete, so vermochte er doch niemals seinen eigenen gefährlichen Hang zur Ausschweifung zu zähmen.

Der König von Polen machte sich verbindlich, dem Zaren fünfzigtausend Mann deutscher Truppen zu stellen, die man bei verschiedenen Fürsten kaufen und die der Zar besolden würde. Dieser sollte seinerseits fünfzigtausend Russen nach Polen schicken, um dort die Kriegskunst zu erlernen; auch versprach der Zar dem König August drei Millionen Reichstaler in zwei Jahren zu zahlen. Wenn dieser Vertrag zur Ausführung kam, musste er für den König von Schweden verhängnisvoll werden, denn es war dies allerdings ein rasches und sicheres Mittel, um die Russen kriegstüchtig zu machen. Es wären damit vielleicht auch die Ketten für einen Teil von Europa geschmiedet worden.

Aber Karl XII. beeilte sich, den König von Polen um die Früchte dieses Vertrags zu bringen. Nachdem er den Winter in der Nähe von Narwa zugebracht, erschien er in Livland und zwar vor derselben Stadt Riga, welche König August vergebens belagert hatte. Die sächsischen Truppen standen längs der Düna, die hier sehr breit ist. Es handelte sich darum, Karl, der auf dem anderen Flussufer angelangt war, den Übergang streitig zu machen. Die Sachsen waren gerade nicht von ihrem Fürsten befehligt, der krank lag, sondern von dem Marschall Stenau, der die Geschäfte des Obergenerals versah. Unter ihm kommandierten Prinz Ferdinand, Herzog von Kurland, und jener nämliche Patkul, der sein Vaterland mit dem Degen in der Hand gegen Karl XII. verteidigte, nachdem er dessen Rechte gegenüber von Karl XI. mit der Feder gewahrt hatte. Der König von Schweden hatte große Kähne nach einer neuen Erfindung erbauen lassen; die Borde derselben waren höher als gewöhnlich und ließen sich wie Zugbrücken heben und senken. Wenn man sie hob, deckten sie die Truppen, welche sie trugen, senkte man sie, so dienten sie als Brücken zur Ausschiffung. Noch einen anderen Kunstgriff wendete er an. Da er bemerkt hatte, dass der Wind von Norden, wo er stand, nach Süden wehte, wo seine Feinde lagerten, ließ er eine Menge nassen Strohes anzünden, dessen dicker Rauch sich über das Flussufer verbreitete und den Sachsen seine Truppen und deren Operationen verbarg. Unter dem Schutz dieser Rauchwolken ließ Karl *(am 9. Juli 1701)* Schiffe vorrücken, die ebenfalls mit rauchendem Stroh gefüllt waren, so dass die Rauchwolken sich immer weiter verbreiteten und vom Wind seinen Feinden in das Gesicht getrieben, diese in die Unmöglichkeit versetzten zu sehen, ob der König überging oder nicht. Er leitete selbst die Ausführung dieser Kriegslist. Als er sich bereits mitten im Flusse befand, sagte er zu dem General Rehnsköld: »Nun, ich hoffe, die Düna wird nicht schlimmer sein, als das Meer bei Kopenhagen. Glaubt mir, General, wir werden sie schlagen.« – In einer Viertelstunde befand er sich am anderen Ufer und war sehr böse, dass er erst als der Vierte ans Land sprang. Alsbald ließ er seine Artillerie ausladen und formierte seine Schlachtlinie, ohne dass die vom Rauch geblendeten Feinde einen anderen Widerstand zu leisten vermochten als dass sie einige Schüsse aufs Geratewohl abfeuerten.

Nachdem der Wind den Rauch zerstreut hatte, sahen die Sachsen den Schwedenkönig im Anmarsch gegen sie.

Der Marschall Stenau verlor übrigens keinen Augenblick; kaum erblickte er die Schweden, als er sich mit dem besten Teil seiner Reiterei auf sie stürzte. Der heftige Stoß dieser Truppe, der die Schweden in dem Augenblick traf, als sie ihre Bataillone bildeten, brachte sie in Unordnung. Ihre Reihen wurden durchbrochen und sie bis in den Fluss getrieben. Der König von Schweden sammelte sie sofort mitten im Wasser so ruhig, als wenn er eine Revue abhielt.

Nun rückten seine Soldaten in geschlossenen Gliedern wieder vor, drückten den Marschall Stenau zurück und marschierten in der Ebene auf. Stenau sah, dass das Vorgehen des Schwedenkönigs seine Truppen überrascht hatte; als geschickter General führte er sie daher in eine Stellung zurück, wo er durch einen Sumpf und einen Wald gedeckt war, in welchem seine Artillerie stand. Die Vorteile des Terrains und die Zeit, welche die Sachsen dadurch erhielten, um von ihrer ersten Überraschung zurückzukommen, gaben ihnen ihren Mut zurück. Karl zögerte nicht sie anzugreifen; er war fünfzehntausend Mann stark, Stenau und der Herzog von Kurland hatten zwölftausend, besaßen aber als ganze Artillerie nur eine eiserne Kanone ohne Lafette. Das Gefecht war heftig und blutig, zwei Pferde wurden dem Herzog unter dem Leibe getötet, dreimal drang er bis mitten in die königliche Garde, endlich aber warf ihn ein Kolbenschlag vom Pferde und nun verbreitete sich Unordnung in seinem Heer, das den Schweden den Sieg nicht mehr streitig machte. Kaum vermochten ihn seine Kürassiere zerquetscht und halbtot aus der Mitte des Getümmels und unter den Pferden hervorzuziehen, die ihn mit ihren Hufen bearbeiteten.

Nach diesem Siege eilte der Schwedenkönig nach Mitau, der Hauptstadt Kurlands. Alle Städte dieses Herzogtums ergaben sich ihm auf Gnade oder Ungnade; es war mehr eine Promenade als eine Eroberung. Unaufhaltsam rückte er bis Litauen und unterwarf sich unterwegs alles. Es war eine schmeichelhafte Genugtuung für ihn, als Sieger in jene selbe Stadt Birsen einzuziehen, wo sich der König von Polen und der Zar wenige Monate vorher zu seinem Untergang verschworen hatten.

An diesem Orte war es, wo er den Plan fasste, den König von Polen durch die Polen selbst entthronen zu lassen. Als er dort eines Tags bei Tafel saß, wo er seine gewöhnliche große Nüchternheit beobachtete und ganz von seinem Plane in Anspruch genommen in tiefem Schweigen verharrte, sagte ein deutscher Oberst, der dem Essen anwohnte, so laut, dass man es hören konnte: die Mahlzeiten, die der Zar und der König von Polen hier abgehalten, seien doch ein wenig anders gewesen als die Seiner Majestät. »Ja,« erwiderte der König, indem er sich erhob, »aber ich werde sie um so leichter in ihrer Verdauung stören.« – In der Tat zögerte er nicht, den Plan, den er sich ausgedacht, ins Werk zu setzen, wobei er diesmal etwas Politik mit der Macht seiner Waffen mischte.

Polen, ein Teil des alten Sarmatenlandes, ist etwas größer als Frankreich, aber weniger bevölkert als dieses, jedoch mehr als Schweden. Das Volk ist erst seit etwa siebenhundertfünfzig Jahren christlich. Es ist merkwürdig, dass die Sprache der Römer, die doch nie bis in diese Regionen gedrungen sind, heutzutage allgemein nur noch in Polen gesprochen wird; alles spricht hier lateinisch, sogar die Diener. Dieses große Land ist sehr fruchtbar, aber das Volk um so weniger gewerbtätig. Die Handwerker und Kaufleute, die man in Polen sieht, sind Schotten, Franzosen und besonders Juden. Es gibt hier gegen dreihundert Synagogen; wenn sich die Israeliten noch weiter vermehren, wird man sie einmal aus dem Lande jagen, wie man sie aus Spanien verjagt hat. Sie kaufen zu niedrigen Preisen die Landesprodukte, Korn und Vieh, verhandeln sie in Danzig und in Deutschland überhaupt, und verkaufen dann an den polnischen Adel diejenigen Luxusartikel, welche dieser besonders liebt, zu teuern Preisen. So bleibt dieses von den schönsten Flüssen bewässerte, weiden- und salzreiche, weithin mit Getreide bedeckte Land trotz seinem Überfluss arm, weil das Volk leibeigen und der Adel hochmütig und faul ist.

Die Regierung Polens gibt noch ein treues Bild von dem alten keltischen und gotischen Herrschertum, das überall sonst gemildert und abgeändert wurde. Polen ist das einzige Land, das noch Republik heißt, obschon es die königliche Würde besitzt. Jeder Edelmann hat hier das Recht bei der Königswahl seine Stimme abzugeben und kann selbst König werden. Dieses schönste aller Rechte ist mit dem größten Unfug verbunden: der Thron ist nämlich fast immer käuflich, und da ein Pole selten reich genug ist, um ihn kaufen zu können, wird er häufig an Fremde verhandelt. Adel und Geistlichkeit verteidigen ihre Freiheit gegen den König und nehmen sie dem übrigen Teil der Nation. Das Volk selbst ist leibeigen; so will das menschliche Geschick, dass überall auf die eine oder andere Art die große Mehrzahl von einer kleinen Minderheit unterjocht wird! Hier säet der Bauer nicht für sich, sondern für den Edelmann, dem er, sein Ackerfeld und die Arbeit seiner Hände gehört und der ihn verkaufen, ja sogar umbringen kann wie sein Vieh. Wer dagegen Edelmann ist, hängt nur von sich selbst ab. Um ihn wegen eines Kriminalverbrechens zu richten, bedarf es einer vollständigen Versammlung der Nation; man kann ihn erst verhaften, wenn er verurteilt ist; er wird deshalb auch fast nie bestraft. Es gibt hier viele arme Edelleute, die bei den Mächtigeren in Dienst treten und einen Sold erhalten, wofür sie die geringsten Arbeiten versehen. Dennoch wollen sie lieber ihresgleichen dienen, als sich durch den Handel bereichern; und während sie die Pferde ihrer Herren putzen, beehren sie sich mit den Titeln: Königswähler und Tyrannenvernichter.

Wer einen polnischen König im Prunk seiner Königswürde sieht, muss ihn für den unumschränktesten Fürsten in Europa halten; er ist jedoch gerade das Gegenteil. Die Polen schließen mit ihm den Vertrag wirklich ab, den man bei anderen Völkern als zwischen dem Herrscher und seinen Untertanen bestehend annimmt. Bei seiner Krönung und durch seinen Eid auf die pacta conventa entbindet der König von Polen seine Untertanen des Eides der Treue für den Fall, dass er die Gesetze der Republik verletzen sollte.

Er ernennt alle Beamten und überträgt alle Ehrenstellen und Auszeichnungen. Nichts ist in Polen erblich als der Grund und Boden, und der Adel. Der Sohn eines Palatin hat ebensowenig ein Recht auf die Würde seines Vaters wie der eines Königs; aber es besteht der große Unterschied zwischen dem König und der Republik, dass jener kein Amt wieder nehmen kann, das er einmal verliehen hat, dass diese aber das Recht hat, ihm die Krone zu nehmen, wenn er die Staatsgesetze übertritt.

Der auf seine Freiheit so eifersüchtige Adel verkauft gleichwohl oft seine Stimme, selten aber seine Neigung. Kaum haben sie einen König erwählt, so fürchten sie seinen Ehrgeiz und setzen ihm ihre Kabalen entgegen. Die Großen, die der König ernannt hat und die er nicht wieder absetzen kann, werden oft seine Feinde, statt seine Geschöpfe zu bleiben. Diejenigen, welche dem Hof anhangen, werden ein Gegenstand des Hasses für den übrigen Adel. Hieraus entstehen immer zwei Parteien, ein unvermeidliches, ja notwendiges Übel in Ländern, wo man Könige haben und doch die Freiheit bewahren will.

Alles was die Nation betrifft wird durch das Parlament, hier Reichstag genannt, geregelt. Diese Reichstagsversammlungen werden aus dem Senat und einer Anzahl Edelleute gebildet. Senatoren sind die Palatine und die Bischöfe; die zweite Klasse besteht aus den Abgeordneten der besonderen Palatinallandtage. Bei diesen großen Versammlungen präsidiert der Erzbischof von Gnesen, der Primas von Polen und Reichsvikar während eines Interregnums, die erste Person im Staat nach dem König. Es gibt selten mehr als diesen Kardinal in Polen, weil der römische Purpur keinerlei Vorrecht im Senat verleiht und ein Bischof-Kardinal genötigt wäre, entweder nach seinem Rang als Senator dort zu sitzen oder auf die soliden Rechte der Würde, die er in seinem Vaterlande bekleidet, zu verzichten, um die Ansprüche eines Fremden aufrecht zu erhalten.

Diese Reichstage müssen nach den Gesetzen des Königreichs abwechselungsweise in Polen und Litauen abgehalten werden. Die Deputierten machen dort nicht selten ihre Angelegenheiten mit dem Säbel in der Hand aus wie die alten Sarmaten, von denen sie abstammen, bisweilen auch in vollster Trunkenheit, welches Laster die Sarmaten nicht kannten. Jeder zu diesen Reichstagen abgeordnete Edelmann genießt das Recht, welches in Rom die Volkstribunen besaßen: gegen die Gesetze des Senats Einsprache zu tun. Ein einziger Edelmann, welcher sagt: »Ich protestiere!« – hemmt mit diesem einen Worte den einstimmigen Beschluss aller übrigen; und wenn er den Ort, wo der Reichstag abgehalten wird, verlässt, muss dieser ebenfalls auseinander gehen.

Man pflegt den Verwirrungen, welche aus diesem Gesetz entspringen, ein noch gefährlicheres Gegengift entgegenzusetzen. Polen ist nämlich selten ohne zwei Parteien. Da hierdurch aber die Einstimmigkeit bei den Reichstagen unmöglich wird, bildet jede Partei ihre Konföderation, in welcher durch Stimmenmehrheit entschieden wird, ohne dass man auf die Einsprache der Minderheit achtet. Diese Versammlungen, welche eigentlich ungesetzlich aber durch die Sitte berechtigt sind, werden im Namen des Königs abgehalten, obschon sie oft seinem Willen und seinen Interessen entgegen sind; ungefähr wie die Liga in Frankreich sich des Namens Heinrichs III. bediente, um diesen König zu unterdrücken, und wie das englische Parlament, welches Karl I. auf dem Schafott sterben ließ, damit begann, dass es den Namen dieses Fürsten an die Spitze aller Beschlüsse setzte, die es zu seiner Vernichtung fasste. Wenn dann die Unruhen beendigt sind, ist es Sache des allgemeinen Reichstages, die Akte dieser Konföderationen zu bestätigen oder zu kassieren. Auch kann ein Reichstag alles, was der vorgehende geschaffen hat, wieder umstoßen, nach denselben Vernunftgründen, wie in einem monarchischen Staate ein König die Gesetze seines Vorgängers, ja sogar seine eigenen wieder aufheben kann. Der Adel, welcher die Gesetze der Republik macht, bildet auch ihre bewaffnete Macht. Bei großen Anlässen steigt er zu Pferde und kann eine Armee von über hunderttausend Mann bilden. Dieses große Heer, Pospolite geheißen, bewegt sich schwerfällig und lässt sich nicht leicht leiten. Die

Schwierigkeit, Lebensmittel und Futter für dasselbe zu beschaffen, gestattet nicht, dass es lange beisammen bleibe. Ihm fehlt die Mannszucht, der Gehorsam, die militärische Erfahrung; aber die Liebe zur Freiheit, die es belebt, macht es immer furchtbar.

Man kann dies Volk besiegen, auseinander sprengen, es sogar eine Zeitlang in Knechtschaft halten, aber bald schüttelt es das Joch wieder ab. Die Polen vergleichen sich selbst mit dem Schilfrohr, das der Sturm niederbeugt, das sich aber sofort wieder erhebt, wenn der Windstoß vorüber ist. Aus diesem Grunde haben sie auch keine festen Kriegsplätze; sie wollen selbst die einzigen Wälle ihres Freistaats sein. Sie dulden nicht, dass ihr König Festungen baue, weil sie fürchten, dass er sich ihrer weniger bedienen würde, um das Land zu schützen, als um es zu unterdrücken. Das Land ist somit ganz offen, mit Ausnahme von zwei bis drei Grenzfestungen. Wenn sie daher bei ihren Bürger- oder sonstigen Kriegen einen Ort festhalten wollen, so müssen sie in aller Eile Erdschanzen anlegen, alte halbverfallene Mauern wieder herstellen, fast ausgefüllte Gräben wieder abstechen, und gewöhnlich wird die Stadt genommen, ehe die Verschanzung beendigt ist.

Die Pospolite ist zur Landesverteidigung nicht immer parat; sie rückt erst auf Befehl des Reichstags oder in Zeiten der Gefahr auf das einfache Aufgebot des Königs ins Feld.

Die gewöhnliche Bewachung Polens geschieht dagegen durch ein stehendes Heer, welches auf Kosten der Republik erhalten wird. Es besteht aus zwei Korps unter zwei verschiedenen Obergeneralen. Das erste Korps, sechsunddreißigtausend Mann stark, rekrutiert sich in Polen, das zweite, zwölftausend Mann, in Litauen. Die beiden Obergenerale sind unabhängig voneinander; obschon vom König ernannt, sind sie doch nur der Republik verantwortlich und üben die höchste Gewalt über ihre Truppen. Die Obersten sind die unumschränkten Herren ihrer Regimenter; sie haben für den Unterhalt derselben zu sorgen, so gut sie können, und ihnen den Sold auszuzahlen. Da sie aber selbst selten bezahlt werden, verwüsten sie das Land und richten die Bauern zugrunde, um ihre und ihrer Soldaten Habsucht zu befriedigen. Die polnischen Herren erscheinen in diesen Feldlagern mit größerer Pracht als in den Städten; ihre Zelte sind schöner als ihre Häuser. Die Reiterei, die zwei Drittel der Armee bildet, besteht fast nur aus Edelleuten; sie zeichnet sich durch die Schönheit der Pferde und den Reichtum der Gewänder und Geschirre aus.

Die Gendarmen insbesondere, die in Husaren und Panzerreiter zerfallen, sind stets von mehreren Dienern begleitet, die ihre Handpferde führen. Diese letzteren haben Zäume mit silbernen Plättchen und silbernen Nägeln, gestickte Sättel und Sattelkissen, vergoldete und manchmal massiv silberne Bügel und große hängende Schabracken nach Art der Türken, deren Pracht die Polen nach Möglichkeit nachahmen.

So geputzt und prächtig diese Reiterei ist, so verkommen, schlecht gekleidet und schlecht bewaffnet war damals die Infanterie. Sie hatte weder Uniformen noch sonst etwas Gleichartiges in ihrer Ausrüstung. So war es wenigstens ums Jahr 1710. Aber dieses Fußvolk, welches herumziehenden Tataren gleich sieht, erträgt Hunger, Kälte, Strapazen, kurz die ganze Last des Kriegs mit bewundernswürdiger Ausdauer. In diesen polnischen Soldaten erkennt man noch den Charakter der alten Sarmaten, ihrer Vorfahren; ebensowenig Mannszucht, die gleiche Wut beim Angriff, die gleiche Geneigtheit zu fliehen und wieder in den Kampf zurückzukehren, die gleiche Mordlust, wenn sie Sieger sind.

Der König von Polen hatte sich anfangs mit dem Gedanken geschmeichelt, dass diese beiden Armeen zu seinen Gunsten kämpfen, dass die polnische Pospolite sich auf sein Gebot waffnen, und dass alle diese Streitkräfte, vereint mit den Sachsen, seinen Untertanen, und den Russen, seinen Verbündeten, eine Masse bilden würden, vor welcher die kleine Zahl der Schweden gar nicht wagen könnte sich zu zeigen. Allein plötzlich sah er sich gerade, weil er sich so viel Mühe gab, alle diese Streitmittel zusammen zu bringen, ihrer sämtlich beraubt.

Von seinen Erbländern her an die unumschränkte Gewalt gewöhnt, glaubte er vielleicht zu sehr die Polen wie die Sachsen regieren zu können. Schon mit Beginn seiner Regierung machte er Unzufriedene; gleich seine ersten Maßnahmen reizten die Partei, welche sich seiner Wahl entgegen gestellt hatte, und entfremdete ihm fast alle übrigen. Polen murrte, als es seine Städte mit sächsischen Garnisonen belegt, seine Grenzen mit fremden Truppen besetzt sah. Diese Nation, die weit eifersüchtiger über die Erhaltung ihrer Freiheit wacht, als sie sich beeilt ihre Nachbarn mit Krieg zu überziehen, sah den Krieg des Königs August gegen Schweden und den Einfall in Livland keineswegs als ein ihrer Republik vorteilhaftes Unternehmen an. Ein freies Volk ist schwer über seine wahren Interessen zu täuschen. Die Polen fühlten, dass wenn dieser ohne ihre Zustimmung unternommene Krieg unglücklich ausfiel, ihr von allen Seiten offenes Land dem Schwedenkönig zur Beute fallen würde; dass aber, wenn er glücklich endete, sie durch ihren König selbst unterjocht werden würden, der dann als Herr von Livland und Sachsen Polen zwischen diese beiden Länder einklammern würde. In die Alternative versetzt, von ihrem erwählten König zu Sklaven gemacht oder von dem mit Recht aufgebrachten Karl XII. ruiniert zu werden, erhoben sie ein einstimmiges Geschrei gegen diesen Krieg, dessen Spitze sie mehr gegen sich als gegen Schweden gekehrt glaubten. Sie sahen in den Sachsen und Russen nur die Werkzeuge ihrer Knechtung. Als sie dann hörten, wie der König von Schweden alles vor sich niedergeworfen habe, was sich ihm entgegenstellte, und mit einer siegreichen Armee nach dem Herzen Litauens vordringe, sprachen sie sich gegen ihren Fürsten mit um so größerer Freiheit aus, je unglücklicher er war.

Litauen war damals in zwei Parteien geteilt, in die der Fürsten Sapieha und die Partei Oginski. Diese Familien hatten mit Privathändeln angefangen, die bald in Bürgerkrieg übergingen. Der König von Schweden schloss sich an die Fürsten Sapieha an, und Oginski, von den Sachsen schlecht unterstützt, sah seine Partei nahezu vernichtet. Die litauische Armee, welche diese inneren Wirren und der Mangel an Geld ohnedem zu einem Minimum herabgebracht hatten, wurde durch den Sieger zerstreut. Die wenigen, welche es mit dem König von Polen hielten, irrten in Trupps von Flüchtlingen durch das Land und fristeten durch Plünderung ihr Dasein. August sah in Litauen seine Partei ohnmächtig, seine Untertanen gegen ihn aufgebracht und eine feindliche Armee, die ein junger beleidigter, siegreicher und unversöhnlicher König führte.

In Polen war allerdings eine Armee vorhanden; statt aber sechsunddreißigtauscnd Mann stark zu sein, wie das Gesetz vorschrieb, zählte sie nur achtzehntausend. Sie war nicht nur schlecht bezahlt und bewaffnet, sondern ihre Generale waren auch noch nicht mit sich im reinen, welche Partei sie ergreifen sollten. Noch konnte der König den Adel aufbieten ihm zu folgen, aber er wagte es nicht, sich einer Weigerung auszusetzen, die sofort seine Schwäche aufgedeckt und somit dieselbe noch vergrößert hätte.

In diesem Zustand der Unsicherheit und Verwirrung verlangten alle Palatinate, dass der König den Reichstag berufe; wie in England in schwierigen Zeiten alle Körperschaften des Staats Adressen an den König richten, worin sie ihn bitten, das Parlament zusammen zu rufen. August hätte zwar eine Armee nötiger gehabt als einen Reichstag wo man die Handlungen der Könige wiegt. Er konnte jedoch nicht umhin ihn zu berufen, um es nicht ganz mit der Nation zu verderben. Der Reichstag wurde also auf den 2. Dezember 1701 nach Warschau berufen. August bemerkte hier bald, dass Karl XII. wenigstens ebensoviel Freunde in dieser Versammlung habe als er selbst. Diejenigen, welche es mit den Sapiehas hielten, die Lubomirski und ihre Freunde, der Schatzmeister der Krone Palatin Leczinski, der dem König August sein Vermögen verdankte, und besonders die Parteigenossen der Prinzen Sobieski waren alle im geheimen für den König von Schweden gewonnen.

Der bedeutendste dieser Parteigänger und der gefährlichste Feind des Königs von Polen war der Kardinal Radziejowski, Erzbischof von Gnesen, Primas des Königreichs und Präsident des Reichstags. Es war dies ein äußerst ränkevoller, im Finstern arbeitender Mann, den eine ehrgeizige Frau, von den Schweden Madame la Cardinale genannt, beherrschte, und unaufhörlich zu Intrigen und Parteiumtrieben aufhetzte. Der Vorgänger Augusts, der König Johann Sobieski, hatte ihn erst zum Bischof von Wermland und Vizekanzler des Reichs gemacht. Radziejowski, der damals erst Bischof war, erhielt den Kardinalshut durch die Bemühungen desselben Königs. Diese Würde eröffnete ihm bald den Weg zum Primat. Indem er so in seiner Person alles vereinigte, was den Menschen imponiert, durfte er sich ungestraft viel erlauben.

Er bot seinen Einfluss auf, um nach dem Tode des Königs Johann den Prinzen Jakob Sobieski auf den Thron zu bringen; aber der schwere Hass, den der Vater trotz seiner Heldengröße sich zugezogen hatte, brachte den Sohn um die Nachfolge. Der Kardinal Primas verband sich nun mit dem französischen Gesandten Abbé von Polignac, um dem Prinzen von Conti die Krone zuzuwenden und dieser wurde auch wirklich gewählt. Aber schließlich triumphierte Sachsens Geld und Heeresmacht über seine Bemühungen. Radziejowski ließ sich nun zu der Partei, die den Kurfürsten von Sachsen krönte, herüberziehen, passte aber mit Ungeduld auf eine Gelegenheit, wo er die Nation mit ihrem neuen König entzweien konnte.

Die Siege Karls XII., der den Prinzen Jakob Sobieski begünstigte, der Bürgerkrieg in Litauen, die allgemeine Erhebung aller Geister wider den König August überzeugten den Kardinal Primas, dass die Zeit gekommen sei, wo er August von Sachsen wieder heimschicken und dem Sohn des Königs Johann den Weg zum Throne bahnen könne. Dieser Prinz, früher der unschuldige Gegenstand des Hasses der Polen, wurde in dem Maße ihr Schoßkind, als sich der Hass auf den König August warf; doch wagte er es noch nicht, den Gedanken an einen so großen Umsturz der Dinge zu fassen, den übrigens der Kardinal bereits in aller Stille vorbereitete.

Anfangs tat Radziejowski zwar, als wollte er den König wieder mit der Republik aussöhnen. Er ließ Schreiben herumgehen, die scheinbar von dem Geiste der Versöhnlichkeit und christlichen Liebe diktiert waren, ein abgenutzter und wohlbekannter Köder, an dem aber die Menschen gleichwohl stets von neuem anbeißen. Er schrieb einen rührenden Brief an den Schwedenkönig, worin er diesen beschwor, im Namen dessen, den alle Christen in gleicher Liebe anbeten, Polen und seinem Könige den Frieden wieder zu geben. Karl XII. gab eine Antwort, die mehr auf die wirklichen Absichten des Königs als auf dessen Worte gemünzt war. Er verblieb übrigens mit seiner siegreichen Armee im Großherzogtum Litauen und erklärte, er wolle den polnischen Reichstag nicht stören; er führe mit August und den Sachsen Krieg, nicht mit den Polen; weit entfernt die Republik anzugreifen, sei er vielmehr gewillt, sie von ihrem Unterdrücker zu befreien. Brief und Antwort waren natürlich für das große Publikum bestimmt. Unterhändler, welche beständig zwischen dem Kardinal und dem Grafen Piper hin und her gingen, und geheime Versammlungen bei diesem Prälaten, waren die Triebfedern, die den Reichstag in Bewegung setzten. Derselbe stellte den Antrag, eine Gesandtschaft an Karl XII. zu schicken und verlangte einstimmig vom König, dass er die Russen nicht mehr an die Landesgrenzen berufen, seine sächsischen Truppen aber heimschicken solle.

Das Missgeschick Augusts hatte bereits zustande gebracht, was der Reichstag von ihm verlangte. Das im geheimen zu Birsen mit den Russen abgeschlossene Bündnis war gerade so hinfällig geworden, als es anfangs furchtbar ausgesehen hatte. August war durchaus nicht imstande, dem Zaren die fünfzigtausend Deutsche zu schicken, die er im deutschen Reiche aufzubringen versprochen hatte. Der Zar, seinerseits ein gefährlicher Nachbar Polens, beeilte sich durchaus nicht, mit seiner ganzen Macht einem geteilten Lande beizuspringen, von dem er selbst einmal etwas zu erbeuten hoffte. Er begnügte sich zwanzigtausend Russen nach Litauen zu schicken, die dort schlimmer hausten als die Schweden. Sie flohen zwar überall vor dem Sieger, verheerten aber dabei die Ländereien der Polen und kehrten endlich, als sie nichts mehr zu plündern fanden, von den schwedischen Generalen verfolgt, truppweise in ihre Heimat zurück. Die Trümmer der bei Riga geschlagenen sächsischen Armee schickte König August nach Sachsen, um dort zu überwintern und sich neu zu rekrutieren. Durch dieses ihm abgenötigte Opfer hoffte er die aufgebrachte polnische Nation wieder zu sich zurück zu führen.

An die Stelle des Kriegs traten nun die Intrigen. Der Reichstag war beinah in ebensoviel Parteien geteilt, als es Palatine gab. An dem einen Tage hatten die Interessen des Königs August die Oberhand, am anderen Tage wurden sie mit Füßen getreten. Alle Welt schrie nach Freiheit und Recht, aber man hatte keine Idee davon, was es heiße frei und gerecht zu sein. Man verlor die Zeit mit geheimen Kabalen und öffentlichen Reden. Der Reichstag wusste in der Tat nicht, was er wollte oder sollte. Große Versammlungen haben zur Zeit bürgerlicher Unruhen beinahe noch nie richtige Beschlüsse gefasst, weil die Parteimänner dabei in der Regel frech auftreten und die rechtschaffenen Leute zu schüchtern sind. Am 17. Februar 1702 löste sich der Reichstag nach dreimonatlichen Kabalen und Schwankungen in Tumult auf. Die Senatoren, das heißt die Palatine und Bischöfe, blieben in Warschau. Der polnische Senat hat das Recht provisorische Gesetze zu erlassen, welche die Reichstage selten für ungültig erklären; dieser weniger zahlreiche und geschäftsgewandtere Körper war weniger lärmend und beschloss schneller.

Er beschloss, dass man die im Reichstag in Vorschlag gebrachte Gesandtschaft an den König von Schweden schicken und dass die Pospolite aufgeboten werden und sich für alle Fälle bereit halten solle. Dann erließ er verschiedene Verordnungen, um den Unruhen in Litauen zu steuern, noch mehr aber um die Autorität des Königs abzuschwächen, die übrigens jedenfalls weniger zu fürchten war als die Karls.

Unter diesen Umständen wollte August lieber von seinem Besieger als von seinen Untertanen harte Bedingungen annehmen. Er beschloss, den Schwedenkönig um Frieden zu bitten und einen geheimen Vertrag mit ihm abzuschließen. Diese Absicht musste er natürlich vor dem Senat verbergen, den er als einen noch weit schwieriger zu behandelnden Feind zu betrachten hatte. Die Sache war eine delikate; er verließ sich hierin aber ganz auf die Gräfin Königsmark, eine sehr vornehme Schwedin, mit der er damals in vertrautem Verhältnisse stand. Der Bruder dieser Dame ist durch seinen unglücklichen Tod bekannt geworden, ihr Sohn aber hat die französischen Heere mit Glück und Ruhm geführt.Graf Philipp von Königsmark, der Bruder Auroras, war der Geliebte der Prinzessin Sophie Dorothea von Braunschweig-Lüneburg-Celle. Er war im Begriff sie zu entführen, als er eines Abends durch vier Meuchelmörder angegriffen wurde, die ihn durchbohrten und seinen Leichnam in eine Kloake warfen. – Ihr Sohn Moritz von Sachsen war Marschall von Frankreich und gewann im Jahre 1745 die Schlacht von Fontenoi.

Diese durch ihren Geist und ihre Schönheit gleich hervorragende Frau war mehr als irgend ein Minister befähigt eine Unterhandlung zu führen. Da sie überdies Güter in den Staaten Karls XII. besaß und längere Zeit an seinem Hofe verweilt hatte, fehlte es ihr nicht an einem annehmbaren Vorwand, um bei diesem Fürsten vorzusprechen. Sie erschien also im schwedischen Lager in Litauen und wendete sich zunächst an den Grafen Piper, der ihr allzu schnell eine Audienz bei seinem Herrn zusagte. Unter den vielen Talenten, welche die Gräfin zu einer der liebenswürdigsten Damen in Europa machte, gehörte auch das große Geschick, womit sie die Sprachen verschiedener Länder, die sie nie besucht hatte, mit ebensoviel Feinheit sprach, als ob sie dort geboren wäre; es machte ihr sogar manchmal Vergnügen französische Verse zu dichten, die man für Produkte einer in Versailles Geborenen hätte nehmen können. Auch auf Karl XII. verfasste sie ein Gedicht, das die Geschichte nicht vergessen darf. Sie führte darin die Götter der Fabelwelt auf, welche die verschiedenen Tugenden Karls rühmten. Das Gedicht schloss mit den Worten:

Kurz jeder Gott, laut singend seinen Ruhm,
Hob ihn in der Erinnrung Heiligtum
Auf den erhabensten, den ersten Ort,
Nur Venus schwieg und Bacchus sprach kein Wort.

Aber all dieser Geist, diese Liebenswürdigkeit waren bei einem Manne wie der König von Schweden war, verloren. Er weigerte sich beharrlich sie zu sehen. Sie fasste nun den Entschluss, ihm bei seinen häufigen Spazierritten in den Weg zu treten. Wirklich begegnete sie ihm eines Tages auf einem schmalen Wege, und stieg aus dem Wagen, sobald sie seiner gewahr wurde. Allein der König grüßte sie, ohne ein Wort an sie zu richten, wendete sein Pferd und kehrte auf der Stelle um, so dass die Gräfin von ihrer Reise nur die Genugtuung mit nach Hause nehmen konnte, dass sie glauben durfte, der Schwedenkönig fürchte niemand als sie.

Der König von Polen musste sich also dem Senat in die Arme werfen. Er ließ ihm durch den Palatin von Marienburg zwei Vorschläge machen: man solle ihm die Armee der Republik überlassen, dann wolle er derselben aus seiner eigenen Tasche zwei Vierteljahre Sold zum voraus bezahlen, oder man solle ihm gestatten zwölftausend Sachsen nach Polen kommen zu lassen. Der Kardinal Primas gab ihm eine Antwort, die ebenso hart war wie die Abweisung des Schwedenkönigs. Er erwiderte dem Palatin von Marienburg im Namen der Versammlung: man habe beschlossen eine Gesandtschaft an Karl XII. zu schicken und er möchte dem König nicht raten, die Sachsen kommen zu lassen.

In dieser Not wollte der König wenigstens den Schein der königlichen Würde bewahren. Er schickte daher einen seiner Kammerherren zu Karl, um anzufragen, wo und wie Seine schwedische Majestät die Gesandtschaft seines Königs und Herrn und der Republik empfangen wollte. Leider hatte man vergessen, bei den Schweden um einen Geleitschein für diesen Kammerherrn zu bitten. Der König von Schweden ließ ihn daher ins Gefängnis stecken, statt ihm Audienz zu gewähren, und sprach sich dahin aus, eine Gesandtschaft der Republik wolle er annehmen, nicht aber eine des Königs August. Eine solche Verletzung des Völkerrechts konnte nur das Recht des Stärkeren gestatten.

Karl ließ nun Garnisonen in einigen Städten Litauens und rückte selbst bis über Grodno hinaus, einer in Europa durch die dort abgehaltenen Reichstage bekannten, jedoch schlecht gebauten und noch schlechter befestigten Stadt.

Einige Meilen jenseits Grodno stieß er auf die Gesandtschaft der Republik: sie war aus fünf Senatoren gebildet. Diese wollten zuerst ein Zeremoniell regeln, auf das sich der König nicht verstand; sie verlangten, dass die Republik als eine durchlauchtige behandelt werde, und dass man ihnen die Wagen des Königs und seiner Senatoren entgegenschicke. Er ließ ihnen sagen, die Republik würde als eine erlauchte, nicht aber als eine durchlauchtige angeredet werden, der König bediene sich nie eines Wagens, er habe viele Offiziere um sich, aber keine Senatoren, man werde ihnen einen Generalleutnant entgegenschicken und sie sollten nur auf ihren eigenen Pferden kommen.

Karl XII. empfing sie in seinem Zelte mit Entfaltung einiges militärischen Pompes. Ihre Rede war voll Zurückhaltung und Dunkel. Man merkte, dass sie Karl XII. fürchteten, August nicht liebten, sich aber doch schämten, auf Befehl eines Fremden dem König, den sie erwählt hatten, die Krone wieder zu nehmen. So wurde nichts fest beschlossen und Karl XII. machte ihnen endlich bemerklich, dass er in Warschau seinen Entschluss fassen würde.

Seinem Marsch ging ein Manifest voraus, womit der Kardinal und dessen Partei in acht Tagen Polen überschwemmten. Karl lud in diesem Schreiben alle Polen ein, ihre Rachegelüste dem seinigen anzuschließen, und wollte ihnen begreiflich machen, dass ihre Interessen und die seinigen ganz die gleichen wären. Zwar gingen diese in der Tat weit auseinander, aber das durch eine große Partei, durch die Verwirrung des Senats und das Herannahen des Siegers unterstützte Manifest machte dennoch einen tiefen Eindruck. Man musste Karl als Protektor anerkennen, weil er es einmal sein wollte, und man noch froh, sein musste, dass er sich mit diesem Titel begnügte.

Die August feindlichen Senatoren verbreiteten jenes Schreiben unter seinen Augen. Die wenigen, die ihm getreu blieben, verharrten in Schweigen. Als man endlich erfuhr, dass Karl in Eilmärschen heranrücke, schickten sich alle voll Verwirrung zur Flucht an. Der Kardinal war unter den ersten, die Warschau verließen. Die meisten eilten auf ihre Güter, um dort die Entwicklung der Dinge abzuwarten oder auch um ihre Freunde aufzubieten. Beim König blieb nur der Gesandte des römischen Kaisers, der des Zaren, der päpstliche Nuntius, sowie einige Bischöfe und Palatine, die sein Geschick zu dem ihrigen gemacht hatten. Man musste fort und doch war noch kein Beschluss zugunsten Augusts gefasst. Man beeilte sich vor dem Auseinandergehen noch einmal mit den wenigen Senatoren, welche noch den Senat bildeten, eine Sitzung abzuhalten. So eifrig diese Herren aber in seinem Dienste waren, so waren sie schließlich doch Polen. Sie empfanden alle eine so große Abneigung vor den sächsischen Truppen, dass sie es nicht wagten, ihm die Vollmacht zu erteilen, mehr als sechstausend Mann zu seinem Schutze heranzuziehen. Überdies bestimmten sie, dass diese sechstausend Mann von dem polnischen Obergeneral kommandiert und gleich nach Abschluss des Friedens wieder nach Hause geschickt werden sollten. Die Armeen der Republik dagegen stellten sie ihm zur Verfügung. Nach diesem Erfolg verließ der König Warschau, zu schwach gegen seine Feinde und keineswegs erbaut von der eigenen Partei. Alsbald erließ er seine Befehle zur Versammlung der Pospolite und der Armeen, die fast nur noch dem Namen nach bestanden. Von Litauen, wo die Schweden standen, hatte er nichts zu erwarten. Der schwachen polnischen Armee fehlte es an Waffen, an Vorräten und am guten Willen. Der größte Teil des eingeschüchterten, unentschlossen oder gar übelwollenden Adels blieb auf seinen Gütern. Vergebens befahl der König, von den Staatsgesetzen hierzu ermächtigt, bei Todesstrafe allen Edelleuten, dass sie zu Pferde steigen und ihm folgen sollten. Es war nachgerade zweifelhaft geworden, ob man ihm zu gehorchen habe. Seine größte Macht bestand in den Truppen seines Kurfürstentums, wo die unumschränkte Regierungsform keinen Ungehorsam aufkommen ließ. Bereits hatte er im geheimen zwölftausend Sachsen heranbefohlen, die sich in Eilmärschen näherten. Er ließ noch weitere achttausend nachkommen, welche er dem Kaiser gegen Frankreich versprochen hatte und die er nun in seiner Not zurückrufen musste. Die Herbeiziehung so vieler Sachsen nach Polen hieß aber alle Geister gegen ihn aufbringen und verletzte das von seiner eigenen Partei erlassene Gesetz, welches ihm nur sechstausend gestattete. Allein er wusste wohl, dass, wenn er Sieger bliebe, man es nicht wagen würde, sich zu beklagen, dass man es ihm aber, wenn er besiegt würde, niemals verzeihen würde, auch nur sechstausend herangeholt zu haben. Während seine Truppen regimenterweise anlangten und er selbst von Palatinat zu Palatinat eilte, um den ihm treu gebliebenen Adel zu sammeln, kam der König von Schweden am 5. Mai 1702 vor Warschau an. Bei der ersten Aufforderung wurden ihm die Tore geöffnet. Er schickte die polnische Garnison nach Hause,Warschau war nicht befestigt und hatte keine Garnison. Poniatowski. löste die Bürgermiliz auf, stellte überall Wachen aus und befahl den Einwohnern ihre sämtlichen Waffen abzuliefern. Da es ihm aber genügte, sie entwaffnet zu wissen, und er sie nicht aufreizen wollte, legte er ihnen nur eine Kontribution von hunderttausend Frank auf. Der König August sammelte inzwischen seine Streitkräfte zu Krakau und war sehr erstaunt den Kardinal Primas hier anlangen zu sehen.Der Kardinal blieb in seiner Residenz zu Bowicz und ging nicht nach Krakau. Poniatowski. Dieser Herr wollte offenbar die Würde seines Charakters bis zum letzten Augenblick aufrecht erhalten und seinen König mit allen Zeichen der äußeren Ehrerbietung fortjagen. Er gab zu verstehen, dass der König von Schweden zu einem vernünftigen Ausgleich bereit scheine und bat demütigst um die Erlaubnis, ihn zu diesem Behuf aufsuchen zu dürfen. Der König August gestattete ihm, was er nicht hindern konnte, das heißt die Freiheit ihm zu schaden.

Der Kardinal Primas eilte alsbald zum König von Schweden, dem er sich noch nicht vorzustellen gewagt hatte. Er sah diesen Fürsten in Praga, der Vorstadt von Warschau, aber ohne die Zeremonien, die man bei den Gesandten der Republik für nötig gehalten hatte. Er traf

Karl in einem Rock von grobem blauen Tuch mit kupfernen vergoldeten Knöpfen, schweren Stiefeln, Handschuhen von Büffelleder, die bis zum Ellbogen gingen, in einem Zimmer ohne Tapeten, wo sich zugleich sein Schwager, der Herzog von Holstein, der Graf Piper sein erster Minister, und mehrere Stabsoffiziere befanden. Der König ging dem Kardinal einige Schritte entgegen; sie hatten stehend eine eine Viertelstunde lange Unterredung, die Karl mit den lauten Worten schloss: »Ich werde den Polen nicht eher den Frieden gewähren, bis sie einen anderen König gewählt haben.« –

Der Kardinal hatte diese Erklärung erwartet und teilte sie nun sofort allen Palatinen mit, wobei er aussprach, wie sehr ihm diese Entscheidung unangenehm sei, wie es aber die Not, in der man sich befinde, erheische, dem Sieger gefällig zu sein.

Als der König von Polen dies erfuhr, sah er wohl ein, dass er nun seinen Thron durch eine Schlacht erhalten oder verlieren müsse. Um diese große Entscheidung herbeizuführen, bot er alle seine Hilfsmittel auf. Seine sämtlichen sächsischen Truppen waren von den Grenzen Sachsens herangekommen; der Adel des Palatinats Krakau, wo er sich eben befand, erschien in Masse und bot ihm seine Dienste an. Er sprach selbst allen seinen Edelleuten zu und mahnte sie an ihren Eid; sie versprachen den letzten Blutstropfen für ihn zu vergießen. Durch ihren Beistand und die Truppen, die den Namen Armee der Krone trugen, verstärkt, ging er zum erstenmal in Person dem König von Schweden entgegen. Er traf ihn bald auf seinem Marsche gegen Krakau.

Am 13. Juli 1702 stießen die beiden Könige auf einer weiten Ebene bei Clissau (Clissow) zwischen Warschau und Krakau aufeinander. August hatte gegen vierundzwanzigtausend Mann, Karl XII. nur zwölftausend. Die Schlacht wurde durch das Feuer der Artillerie eröffnet. Bei der ersten Salve der Sachsen erhielt der Herzog von

Holstein, ein junger, mutiger und sehr wackerer Prinz, der die schwedische Reiterei befehligte, eine Kanonenkugel in den Leib. Der König fragte, ob er tot sei; man bejahte es, worauf er nichts erwiderte. Aber einige Tränen stürzten aus seinen Augen und er bedeckte einen Augenblick das Gesicht mit beiden Händen. Dann aber stieß er seinem Ross die Sporen in die Flanken und stürzte sich an der Spitze seiner Garde mitten in die Feinde.

Der König von Polen tat, was man von einem Fürsten erwarten konnte, der um seine Krone kämpfte. Dreimal führte er selbst seine Truppen zum Angriff vor, aber er focht nur mit seinen Sachsen. Die Polen, welche seinen rechten Flügel bildeten, waren schon zu Anfang des Gefechts entflohen, die einen aus Schreck, die anderen aus bösem Willen. Die Persönlichkeit Karls XII. schlug durch. Er trug einen vollständigen Sieg davon. Das feindliche Lager, die Fahnen, die Artillerie und die Kriegskasse Augusts fielen in seine Hände. Er hielt sich nicht lange auf dem Schlachtfelde auf. Er blieb acht Tage auf dem Schlachtfeld und ließ alle Verwundeten nach dem Schloß Pinczow, eine Wegstunde davon, bringen. Dann erst ging er nach Krakau, wo er sich das Bein brach. Poniotowski. sondern marschierte direkt auf Krakau los und verfolgte den fliehenden König von Polen.

Die Bürger von Krakau hatten die Kühnheit, vor dem Sieger ihre Tore zu schließen. Er ließ sie aufbrechen. Die Garnison wagte keinen Schuss, man jagte sie mit Stock und Peitsche bis in das Schloss, wo der König mit ihr eintrat. Nur ein Artillerieoffizier wagte es, Miene zum Abfeuern einer Kanone zu machen, aber der König sprang auf ihn zu und entriss ihm die Lunte. Der Kommandant warf sich dem König zu Füßen. Drei schwedische Regimenter wurden bei den Bürgern einquartiert und die Stadt zu einer Kontribution von hunderttausend Reichstalern verurteilt. Als der Graf von Steinbock, der zum Gouverneur der Stadt ernannt worden war, hörte, dass man in den Gräbern der polnischen

Könige, welche sich zu Krakau in der Kirche St. Nikolaus befinden, Schätze verborgen habe, ließ er dieselben öffnen. Man fand jedoch nur Gold- und Silberschmuck, der den Kirchen gehörte. Ein Teil wurde weggenommen und Karl XII. schickte selbst einen goldenen Kelch an eine Kirche in Schweden, was die polnischen Katholiken sehr gegen ihn aufgebracht haben würde, wenn gegen den Schrecken seiner Waffen irgend etwas hätte aufkommen können.

Karl verließ Krakau mit dem Entschluss, den König August aufs äußerste zu verfolgen. Aber wenige Meilen vor der Stadt stürzte sein Pferd und er brach das Bein. Er musste sich nach Krakau zurücktragen lassen, wo er sich sechs Wochen in den Händen der Chirurgen befand. Durch diesen Zwischenfall gewann August Zeit sich zu erholen. Er ließ in Polen und im deutschen Reich das Gerücht verbreiten, Karl XII. sei infolge seines Sturzes gestorben. Diese falsche Nachricht wurde eine Zeitlang geglaubt und rief überall Bestürzung und Unsicherheit hervor. In diesem Zwischenraum versammelte der König August zu Marienburg und später zu Lublin alle bereits nach Sandomir berufenen Stände des Reichs. Der Zusammenfluss war groß, nur wenige Palatinate weigerten sich, die Versammlung zu beschicken. August gewann fast alle Herzen wieder durch Geschenke, durch Versprechungen und durch jene Leutseligkeit, die den unumschränkten Herrschern so notwendig ist, um sich Liebe zu erwerben, und den Wahlkönigen, um sich auf dem Throne zu erhalten.*(Hier ist ein zur Aufklärung dieser Geschichte notwendiger Umstand ausgelassen worden. Diejenigen Abgeordneten Großpolens, welche man im Verdacht hatte, dass sie Anhänger des Schwedenkönigs seien, wurden auf dem Reichstag von Lublin nicht zur Ausübung ihres Amtes zugelassen. Auf dem Nachlandtage, einer Versammlung, die in der Regel nach dem Reichstag abgehalten wird, schrien sie über die hierdurch den Palatinaten zugefügte Schmach und die der Freiheit geschehene Kränkung. Von den Schweden noch aufgehetzt und unterstützt, schlossen sie dann eine Konföderation, welche zwar die Erhaltung des Königs August auf dem Throne, aber salvis juribus pactorum conventorum aussprach, eine der Deutung sehr unterworfene Klausel und von zweifelhaftem Sinne, wenn der König sie beobachtet hätte. Diese Konföderation forderte andere Palatinate auf, sich denen von Großpolen anzuschließen und ging dann nach Warschau, wo dann in der von dem Kardinal berufenen Versammlung die Exvinkulation (Loslösung) von dem dem König von Polen schuldigen Gehorsam verkündet wurde. Poniatowski.)*

Der Reichstag wurde sehr bald über die Unrichtigkeit der Nachricht vom Tode des Königs von Schweden enttäuscht; aber dieser große Körper hatte nun einmal seinen Anstoß erhalten und so ließ er sich in der erhaltenen Richtung forttreiben: sämtliche Mitglieder schwuren, ihrem Souverän getreu bleiben zu wollen. So sehr sind derartige Versammlungen der Wandlung unterworfen. Selbst der Kardinal Primas tat, als ob er noch zu König August halte und erschien auf dem Reichstag zu Lublin. Er küsste dem König die Hand und weigerte sich nicht den Eid zu leisten wie die übrigen. Dieser Eid bestand darin, dass man schwur, nichts gegen den König August unternommen zu haben und nichts gegen ihn ferner unternehmen zu wollen. Der König dispensierte den Kardinal von dem ersten Teil des Schwurs, so dass der Prälat nur die zweite Hälfte unter Erröten beschwor. Das Resultat dieses Reichstages war der Beschluss, eine Armee von fünfzigtausend Mann auf Kosten der Republik und für den Dienst des Königs aufzustellen; den Schweden sechs Wochen Bedenkzeit zu geben, damit sie innerhalb dieser Frist sich erklären möchten, ob sie Krieg oder Frieden wollten, und den Fürsten Sapieha, den ersten Urhebern der Unruhen in Litauen, eine gleiche Frist zu gewähren, um den König von Polen um Verzeihung und Gnade zu bitten.

Allein noch während dieser Verhandlungen war Karl von seiner Verletzung genesen und warf schon wieder alles vor sich nieder. Unerschütterlich in seiner Absicht die Polen zu zwingen, ihren König selbst zu entthronen, ließ er durch die Intrigen des Kardinal Primas eine neue Versammlung nach Warschau berufen, welche ein Gegengewicht gegen die Lubliner sein sollte. Seine Generale machten ihn darauf aufmerksam, dass diese Angelegenheit sich in die Länge ziehen und über lauter Aufschieben und Verzögerungen einschlafen könnte; dass während dieser Zeit die Russen sich täglich mehr an seinen in Livland und Ingermanland verbliebenen Truppen an den Krieg gewöhnen würden; dass die Gefechte, welche in diesen Provinzen zwischen Schweden und Russen stattfänden, nicht immer zugunsten der ersteren ausfielen und dass seine Gegenwart vielleicht bald dort nötig sein werde. Aber Karl, in seinen Entwürfen ebenso unerschütterlich wie feurig in seinen Handlungen, erwiderte ihnen: »Und wenn ich fünfzig Jahre hier bleiben müsste, würde ich nicht früher fortgehen, als bis ich den König von Polen entthront habe.«

Er ließ nun die Warschauer Versammlung in Reden und Briefen die Lubliner bekämpfen. Sie musste ihr Verfahren durch die Gesetze des Landes zu rechtfertigen suchen, die ja immer zweideutig sind, die jede Partei nach ihrem Belieben auslegt und die der Erfolg allein unbestreitbar macht. Er selbst verstärkte erst seine siegreichen Truppen durch sechstausend Reiter und achttausend Mann Infanterie, die ihm aus Schweden zukamen und marschierte damit gegen die Überbleibsel der sächsischen Armee, die er bei Clissau geschlagen und die, während er an seinem Sturze zu Bette lag, Zeit gehabt hatte sich zu erholen und zu verstärken. Aber diese Armee wich ihm aus und zog sich in nordwestlicher Richtung von Warschau gegen Preußen zurück. Der Bug lag zwischen ihm und seinen Feinden. Karl schwamm an der Spitze seiner Reiterei hinüber, während die Infanterie eine Fuhrt weiter oben aufsuchte. Dies geschah am 1. Mai 1703. Er erreichte die Sachsen an einem Ort mit Namen Pulseth. General

Stenau kommandierte das noch zehntausend Mann starke sächsische Korps. Auch der Schwedenkönig hatte auf seinem Geschwindmarsch nicht mehr mitgebracht, da er überzeugt war, dass auch eine geringere Zahl genügen würde. Der Schrecken vor seinen Waffen war auch in der Tat so groß, dass die Hälfte der sächsischen Armee bei seinem Anmarsch davonlief, ohne einen Kampf anzunehmen. General Stenau hielt einen Augenblick mit zwei Regimentern stand; bald aber sah auch er sich in die allgemeine Flucht seiner Armee mit hineingezogen, die sich zerstreute, ohne eigentlich geschlagen zu sein. Die Schweden machten kaum tausend Gefangene und töteten nicht ganz sechshundert Mann, wobei ihnen die Verfolgung mehr Mühe machte als die Besiegung.

Mit den Trümmern seiner nach allen Richtungen geschlagenen Truppen zog sich August eilig nach Thorn, einer alten an der Weichsel gelegenen Stadt des Königreichs Preußen zurück, die unter der Protektion des Königs von Polen stand. Karl machte alsbald Anstalten sie zu belagern. Nun glaubte sich König August auch hier nicht mehr sicher und flüchtete sich nach solchen Orten Polens, wo er noch einige Soldaten sammeln konnte und wo die Schweden auf ihren Streifzügen noch nicht hingekommen waren. Inzwischen hatte Karl bei seinem raschen Marsche, wobei er die Flüsse durchschwommen und die Infanterie auf der Croupe hinter seinen Reitern mitgenommen hatte, noch keine Geschütze bis vor Thorn bringen können. Er musste daher warten, bis von Schweden aus zur See welche zugeführt wurden.

Einstweilen bezog er einige Meilen von der Stadt eine Stellung, rückte aber doch oft nur allzu nahe an die Wälle, um zu rekognoszieren. Bei diesen gefährlichen Gängen war ihm das einfache Kleid, das er beständig trug, von einem größeren Nutzen als er geahnt hatte. Er fiel infolge hiervon nicht auf und wurde von den Feinden nicht aufs Korn genommen, die sonst sicher nach ihm geschossen hätten. Einmal hatte er sich in Begleitung eines seiner Generale namens Lieven, der eine mit Gold gestickte blaue Uniform trug, der Festung so sehr genähert, dass er fürchtete, der General könnte bemerkt werden. Er befahl ihm daher in einer Regung von Hochherzigkeit sich hinter ihn zu stellen. Dabei dachte er nicht daran, dass er sein eigenes Leben einer offenbaren Gefahr aussetze, um das eines seiner Untertanen zu retten. Lieven, der zu spät einsah, dass er einen Fehler begangen, als er eine so auffallende Uniform angezogen, die auch seine Umgebung der Gefahr aussetzte, fürchtete für den König selbst und zögerte zu gehorchen. Der König fasste ihn jedoch beim Arm, stellte sich vor ihn und deckte ihn. In diesem Augenblicke streckte ein Kanonenschuss von der Flanke her den General auf der nämlichen Stelle tot zur Erde, die der König kaum eben erst verlassen hatte. Der Tod dieses Offiziers, der an seiner Stelle und trotzdem er ihn hatte retten wollen, fiel, trug nicht wenig dazu bei, ihn in seinem Glauben an eine sichere Vorausbestimmung zu bestärken, den er sein Lebenlang festhielt, und der ihn zu der Überzeugung brachte, dass das Schicksal ihn so auffallend beschütze, weil es ihn zur Ausführung der außerordentlichsten Taten bestimmt habe.

Alles gelang ihm, seine Unterhandlungen und seine Waffen waren gleich glücklich. Er war in Polen gleichsam allgegenwärtig, denn sein Marschall Rehnsköld befand sich im Herzen dieses Landes mit einem großen Armeekorps; gegen dreißigtausend Schweden manövrierten unter verschiedenen Generalen an den nördlichen und östlichen Grenzen und hemmten die Anstrengungen des ganzen russischen Reichs, und Karl selbst stand am westlichen Ende Polens an der Spitze seiner Eliten.

Der König von Dänemark war durch den Vertrag von Travendahl, den er in seiner Schwäche nicht zu brechen wagte, gebunden, und verhielt sich ruhig. Dieser Monarch war zu klug, um seinen Ärger über diese Operationen des Königs von Schweden in der Nähe seiner Staaten, offen zu zeigen. Weiter gegen Südwest, zwischen Elbe und Weser erschloss das Herzogtum Bremen, das letzte Gebiet der alten schwedischen Eroberungen mit seinen starken Garnisonen unserem Kriegshelden die Pforten Sachsens und des deutschen Reichs. So war alles von der Nordsee bis zur Mündung des Dnjepr, somit in der ganzen Breite von Europa und bis an die Pforten von Moskau voll Bestürzung und in Erwartung einer vollständigen Umwälzung. Karls Schiffe, die die Ostsee beherrschten, waren damit beschäftigt, die in Polen gemachten Gefangenen nach Schweden zu führen. Schweden selbst genoss inmitten dieser gewaltigen Bewegungen der Ruhe und eines tiefen Friedens. Der Ruhm seines Königs war seine Lust, ohne dass es sich davon bedrückt fühlte, denn seine siegreichen Truppen wurden auf Kosten der Besiegten bezahlt und unterhalten.

In diesem allgemeinen stummen Respekt des Nordens vor den Waffen Karls XII. wagte es die Stadt Danzig allein, ihm zu missfallen. Vierzehn Fregatten und vierzig Transportschiffe führten dem König eine Verstärkung von sechstausend Mann nebst Geschützen und Munition für die Belagerung von Thorn zu. Diese Verstärkung musste die Weichsel herauffahren. An der Mündung dieses Flusses liegt aber die reiche und freie Stadt Danzig, die nebst Thorn und Elbing in Polen die gleichen Vorrechte genießt, wie die Reichsstädte in Deutschland. Ihre Freiheit wurde der Reihe nach von den Dänen, den Schweden und einigen deutschen Fürsten angegriffen; und sie bewahrte dieselbe nur, weil die Eifersucht dieser Mächte aufeinander sie schützte. Der Graf Steinbock, einer der schwedischen Generale, versammelte den Magistrat im Namen des Königs und verlangte freien Durchzug für die Truppen und die Munition. Mit jener Unklugheit, die man nicht selten Stärkeren gegenüber entwickelt, wagte es der Magistrat nicht, dies Verlangen abzuschlagen, aber auch nicht es ohne weiteres zu bewilligen. Nun erzwang General Steinbock mehr als er anfangs verlangt hatte; er legte sogar der Stadt eine

Kontribution von hunderttausend Talern auf, die sie für ihre unkluge Weigerung bezahlen musste. Als endlich jene Verstärkung, die Artillerie und die Munition vor Thorn angekommen war, begann am 22. September die Belagerung.

Der Gouverneur der Festung, Nobel, verteidigte sie einen Monat lang mit seinen fünftausend Mann Besatzung. Am Schluss des Monats sah er sich genötigt, sich auf Gnade oder Ungnade zu ergeben. Die Garnison wurde kriegsgefangen und nach Schweden geführt. Nobel wurde dem König ohne Waffen vorgestellt. Dieser, der nie eine Gelegenheit vorüber ließ, wo er das Verdienst an seinen Feinden ehren konnte, gab ihm eigenhändig einen Degen, machte ihm ein ansehnliches Geldgeschenk und ließ ihn auf Ehrenwort frei. Die kleine und arme Stadt aber wurde zu einer Kontribution von vierzigtausend Talern verurteilt, was für sie eine außerordentliche Buße war.

Elbing, an einem Arm der Weichsel gelegen, durch die deutschen Ritter gegründet und gleichfalls Polen zugehörig, ließ sich den Fehler der Danziger nicht zur Lehre dienen; es besann sich ebenfalls allzu lange, bis es den schwedischen Truppen den Durchmarsch gewährte. Dafür wurde es noch härter als Danzig bestraft. Karl rückte am 13. Dezember an der Spitze von viertausend Mann mit aufgepflanztem Bajonett in die Stadt. Die erschrockenen Einwohner warfen sich in den Straßen auf die Kniee und flehten um Gnade. Der König ließ sie entwaffnen, quartierte seine Soldaten bei den Bürgern ein, ließ dann den Magistrat kommen und verlangte eine Kontribution von zweimalhundertsechzigtausend Talern, die noch an demselben Tage bezahlt werden sollte. In der Stadt befanden sich zweihundert Kanonen und viertausend Zentner Pulver, deren er sich bemächtigte. Der Gewinn einer Schlacht hätte ihm nicht so viel gebracht. Alle diese Erfolge waren nur Vorläufer von der Entthronung des Königs August.

Kaum hatte der Kardinal Radziejowski seinem König geschworen, dass er nichts gegen ihn unternehmen wolle, als er sich, immer unter dem Vorwand für den Frieden wirken zu wollen, zu der Warschauer Versammlung begab. Dort sprach er nur von Eintracht und Gehorsam, aber er hatte eine Schar Soldaten mitgebracht, die er auf seinen Gütern hatte ausheben lassen. Endlich ließ er die Maske fallen und erklärte am 14. Februar 1704 im Namen der Versammlung den Kurfürst August von Sachsen für nicht mehr befähigt die polnische Krone zu tragen. Einstimmig wurde ausgesprochen, dass der Thron erledigt sei. Es lag im Willen des Königs von Schweden und somit auch des Reichstags, dem Prinzen Jakob Sobieski den Thron des Königs Johann, seines Vaters, zu verleihen. Jakob Sobieski befand sich damals zu Breslau in Schlesien, wo er mit Ungeduld die Krone erwartete, die sein Vater getragen hatte. Eines Tags befand er sich mit einem seiner Brüder, dem Prinzen Konstantin, einige Stunden von Breslau auf der Jagd, als plötzlich dreißig sächsische, im geheimen von König August abgesandte Edelleute aus einem nahen Walde hervorbrachen, die beiden Prinzen umzingelten und ohne Widerstand entführten. Man hatte Relaispferde vorbereitet, auf denen man sie sofort nach Leipzig führte wo sie in enge Gewahrnis genommen wurden. Dieser Handstreich durchkreuzte die Pläne Karls, des Kardinals und der Warschauer Versammlung.

Das Schicksal, welches auch mit gekrönten Häuptern sein Spiel treibt, brachte fast zu gleicher Zeit auch den König August der Gefangenschaft nahe. Er saß drei Stunden von Krakau bei Tische, indem er sich auf eine Feldwache verließ, welche in einiger Entfernung ausgestellt war, als plötzlich der General Rehnsköld erschien, der diese Feldwache aufgehoben hatte. August fand kaum noch Zeit, in der elften Stunde zu Pferde zu steigen. General Rehnsköld verfolgte ihn vier Tage lang, alle Augenblicke auf dem Sprunge ihn zu erwischen. Der König floh bis Sandomir; auch bis dahin eilte ihm der schwedische General nach und nur durch ein besonderes Glück entwischte ihm der König.

Während dieser ganzen Zeit behandelte die Partei des Königs August die des Kardinals als Verräter am Vaterlande und wurde von ihr ebenso behandelt. Auch die Armee der Krone zerfiel in diese beiden Parteien. August sah sich endlich gezwungen, den Beistand der Moskowiter anzunehmen und bereute nur, dass er ihn nicht schon früher erbeten hatte.

Bald eilte er nach Sachsen, wo seine Hilfsquellen erschöpft waren, bald kehrte er nach Polen zurück, wo man es nicht wagte ihm zu dienen. Andererseits regierte der siegreiche Schwedenkönig in Wahrheit ruhig in Polen.

Der Graf Piper, der ebensoviel politische Geschicklichkeit besaß, wie sein Herr Seelengröße, machte um diese Zeit Karl den Vorschlag, sich die polnische Krone selbst aufs Haupt zu setzen. Er stellte ihm vor, dass dies an der Spitze einer siegreichen Armee eine leichte Sache und dass eine mächtige Partei im eigentlichen Herzen des Königreichs ihm ja bereits unterworfen sei. Er lockte ihn mit dem Titel eines Verteidigers des evangelischen Glaubens, was dem Ehrgeiz Karls auch schmeichelte. Er sagte ihm, es sei leicht in Polen durchzusetzen, was Gustav Wasa in Schweden getan, das Luthertum einzuführen und die Ketten eines Volks zu brechen, das dem Adel und der Geistlichkeit leibeigen sei. Karl schwankte einen Augenblick; aber der Ruhm war sein Götze. Ihm opferte er sein Interesse und das Vergnügen, das er etwa empfunden hätte, dem Papste Polen zu entreißen. Er sagte dem Grafen Piper: es kitzele ihn mehr, Königreiche zu vergeben, als sie für sich zu gewinnen, und lächelnd fügte er hinzu; »Ihr hättet der Minister eines italienischen Fürsten werden sollen.« Karl stand noch bei Thorn, in jenem Teil des Königreichs Preußen, der zu Polen gehört; von hier aus behielt er im Auge, was zu Warschau geschah und hielt zugleich die benachbarten Mächte in Respekt. Der Prinz Alexander, Bruder der beiden in Schlesien aufgehobenen Sobieskis, kam hier zu ihm und flehte ihn um Rache an. Karl versprach es ihm um so lieber, als er die Rache für eine leichte Sache hielt und er sich zugleich selbst dabei mit rächen konnte. Allein in seiner Ungeduld, Polen einen König zu geben, machte er dem Prinzen Alexander den Vorschlag, den Thron zu besteigen, von dem ein eigensinniges Geschick seinen Bruder ferne hielt. Er erwartete natürlich keine abschlägige Antwort. Aber der Prinz Alexander erklärte ihm, dass nichts auf der Welt ihn veranlassen könnte, von dem Unglück seines ältesten Bruders einen Nutzen für sich zu ziehen. Der König von Schweden, der Graf Piper, alle seine Freunde und besonders der junge Palatin von Polen, Stanislaus Leczinski, drangen in ihn die Krone anzunehmen. Allein er blieb fest in seinem Vorsatz. Die benachbarten Fürsten hörten mit Staunen von dieser unerhörten Weigerung und wussten nicht, wen sie mehr bewundern sollten, den König von Schweden, der in seinem dreiundzwanzigsten Lebensjahre die Krone von Polen vergeben konnte, oder den Prinzen Alexander, der sie ausschlug.

Drittes Buch

Stanislaus Leczinski wird zum König von Polen erwählt. Tod des Kardinal Primas. Schöner Rückzug des Generals Schulenburg. Unternehmungen des Zaren. Gründung von St. Petersburg. Schlacht bei Frauenstadt. Karl rückt in Sachsen ein. Friede von Altranstädt. August entsagt der polnischen Krone und tritt sie an Stanislaus ab. General Patkul, der Bevollmächtigte des Zaren wird gerädert und gevierteilt. Karl empfängt in Sachsen die Gesandten aller Fürsten. Er geht allein nach Dresden, um August vor seinem Abgang zu sehen.

Der junge Stanislaus Leczinski wurde um diese Zeit an die Versammlung von Warschau abgeordnet, um dem König von Schweden über verschiedene Streitigkeiten, welche zur Zeit der Aufhebung des Prinzen Jakob vorgekommen waren, Bericht zu erstatten. Stanislaus besaß ein anziehendes, zugleich kühnes und mildes Äußere, ein rechtschaffenes und freimütiges Wesen, diesen größten aller äußeren Vorzüge, der den Worten mehr Gewicht verleiht als selbst Beredsamkeit. Die Klugheit, womit er über König August, die Versammlung, den Kardinal Primas und die verschiedenen Händel sprach, welche Polen zerrütteten, machte Eindruck auf Karl. Der König Stanislaus hat die Gnade gehabt mir zu erzählen, dass er in lateinischer Sprache zum König von Schweden sagte: »Wie können wir eine Königswahl treffen, da die beiden Prinzen Jakob und Konstantin Sobieski gefangen sind?« worauf Karl ihm erwidert habe: »Und wie kann man die Republik befreien, wenn man nicht eine Wahl vornimmt?« Diese Unterhaltung war die einzige Kabale, welche Stanislaus auf den Thron brachte. Karl verlängerte absichtlich die Konferenz, um den Geist des jungen Abgeordneten besser ergründen zu können. Nach der Audienz bemerkte er laut, dass er noch keinen Mann gefunden habe, der so geeignet wäre, alle Parteien zu versöhnen wie Stanislaus. Er unterrichtete sich sofort weiter über den Charakter des Palatin Leczinski. Er erfuhr, dass er ein Mann voll Tapferkeit und abgehärtet gegen alle

Strapazen sei, dass er immer auf einer Strohmatratze schlafe, von seinen Dienern keine persönliche Bedienung verlange; dass er von einer in diesem Klima seltenen Mäßigkeit, sparsam, von seinen Vasallen angebetet und vielleicht der einzige Herr in Polen sei, der zu einer Zeit, wo man nur Verbindungen aus Interesse oder zu Parteizwecken kannte, einige wirkliche Freunde habe. Diese Charakterschilderung, welche einigermaßen mit seinem eigenen Wesen im Einklang stand, reifte seinen Entschluss. Gleich nach der Konferenz sprach er laut: »Das ist ein Mann, der immer mein Freund sein wird;« und bald nahm man wahr, dass diese Worte so viel hießen als: »Das ist der Mann, den ich zum König machen werde.«

Als der Primas von Polen erfuhr, dass Karl XII. den Palatin Leczinski ungefähr so genannt hatte, wie Alexander den Abdolonymos, eilte er zu dem König von Schweden und machte den Versuch, den Beschluss desselben wankend zu machen; er wollte die Krone einem Lubomirski verschaffen. »Aber was habt Ihr gegen Stanislaus Leczinski vorzubringen?« fragte der Eroberer. – »Sire,« erwiderte der Primas, »er ist zu jung.« Der König entgegnete trocken: »Er ist ungefähr so alt wie ich;« – drehte dann dem Prälaten den Rücken und sandte sofort den Grafen von Horn an die Versammlung in Warschau und ließ ihr sagen, sie habe innerhalb fünf Tagen einen König zu wählen und zwar den Stanislaus Leczinski. Der Graf von Horn langte am 7. Juli an und bestimmte den 12. zum Wahltag, wie man den Aufbruch eines Bataillons befiehlt. Der Kardinal Primas sah sich jetzt um die Frucht so vieler Intrigen gebracht. Er kehrte zwar zur Versammlung zurück und setzte Himmel und Erde in Bewegung, um eine Wahl zu hintertreiben, an der er keinen Anteil hatte. Allein der König von Schweden ging ebenfalls inkognito nach Warschau; da musste er schweigen. Alles, was der Primas noch tun konnte, war, dass er der Wahl nicht anwohnte; da er sich dem Sieger nicht widersetzen konnte, ihm aber auch die Hand nicht reichen wollte, verharrte er bei einer unnützen Neutralität.

Als der zur Wahl bestimmte Tag, Samstag, der 12. Juli 1704, herangekommen war, versammelte man sich um drei Uhr nachmittags im Kolo, dem zu dieser Zeremonie bestimmten Felde; der Bischof von Posen führte an Stelle des abwesenden Kardinal Primas den Vorsitz. Er kam mit den Edelleuten seiner Partei. Graf Horn und zwei andere Generale wohnten als außerordentliche Gesandte Karls bei der Republik öffentlich der Feierlichkeit an. Die Sitzung dauerte bis neun Uhr abends; der Bischof von Posen schloss sie, indem er im Namen des Reichstags Stanislaus zum erwählten König von Polen erklärte. Alle Mützen flogen in die Luft und der Lärm der Beifallsrufe erstickte das Geschrei der Widersacher.

Es half dem Kardinal Primas und denjenigen, welche hatten neutral bleiben wollen, nichts, dass sie sich der Wahl enthalten hatten. Sie mussten gleich den anderen Tag kommen und dem neuen Könige huldigen. Die größte Kränkung, die ihnen passierte, war aber, dass sie ihm nach dem Quartiere des Schwedenkönigs folgen mussten. Dieser Fürst erwies dem Herrscher, den er soeben geschaffen hatte, alle einem König von Polen gebührenden Ehren, und um seiner neuen Würde mehr Gewicht zu geben, wies er ihm Geld und Truppen an.

Karl XII. reiste alsbald wieder von Warschau ab, um die Eroberung Polens zu vollenden. Er hatte Lemberg, die Hauptstadt des Großpalatinats Russland, einen an sich wichtigen Platz, der aber durch die Schätze, die er enthielt, noch wichtiger wurde, als Punkt bestimmt, wo seine Truppen sich vereinigen sollten. Man glaubte, dass der Ort wegen der Befestigungen, die König August dort hatte anlegen lassen, sich vierzehn Tage halten würde. Aber Karl schloss ihn am 5. September ein und nahm ihn am anderen Tag mit Sturm. Alles, was sich zu widersetzen wagte, sprang über die Klinge. Als die siegreichen Truppen Herren von der Stadt waren, gingen sie trotz den

Gerüchten über die Schätze, die Lemberg enthalten sollte, doch nicht auseinander, um zu plündern. Sie formierten vielmehr auf dem Hauptplatz die Linie. Dort ergaben sich die Reste der Garnison als kriegsgefangen. Der König ließ nun bei Trompetenschall verkünden, dass alle Einwohner, welche dem König August oder dessen Anhängern gehörige Wertsachen in Händen hätten, sie bei Todesstrafe noch vor Ende des Tages abliefern sollten. Die Maßnahmen waren so gut getroffen, dass wenige es wagten, dem Befehl nicht Folge zu leisten; man brachte dem König vierhundert Kisten mit Gold- und Silbermünzen, Geschirren und anderen Kostbarkeiten.

Der Anfang von Stanislaus' Regiment wurde fast an demselben Tage durch ein ganz anderes Ereignis bezeichnet. Einige Geschäfte, die durchaus seine persönliche Anwesenheit verlangten, hatten ihn in Warschau zurückgehalten. Bei ihm waren seine Mutter, seine Frau und seine beiden Töchter. Der Kardinal Primas, der Bischof von Posen und einige polnische Großen bildeten seinen neuen Hof. Derselbe war von sechstausend Polen der Armee der Krone bewacht, die erst kürzlich in seinen Dienst übergetreten und deren Treue noch nicht auf die Probe gestellt worden war. Der Gouverneur der Stadt, General Horn, hatte außerdem noch etwa fünfzehnhundert Schweden zu seiner Verfügung. Die tiefste Ruhe herrschte in Warschau und Stanislaus gedachte, in wenig Tagen abzureisen, um sich noch an der Einnahme von Lemberg zu beteiligen. Plötzlich erhält er die Nachricht, dass eine zahlreiche Armee sich der Stadt nähere: es war der König August, der sich noch einmal aufschwang, den König von Schweden durch einen der schönsten Märsche, die je ein General ausgeführt hat, täuschte und nun mit zwanzigtausend Mann gegen Warschau rückte, um seines Nebenbuhlers habhaft zu werden.

Warschau war nicht befestigt und die polnischen Truppen, die es verteidigen sollten, nicht sehr zuverlässig. August hatte Verbindungen in der Stadt; wenn Stanislaus blieb, war er verloren. Er schickte daher seine Familie unter der Obhut derjenigen polnischen Truppen, auf die er sich am meisten verlassen zu können glaubte, nach Posen. In der bei diesem Anlass entstandenen Verwirrung glaubte er einmal schon sein zweites einjähriges Töchterchen verloren zu haben. Es war durch die Amme verlassen worden, Stanislaus fand es jedoch in einem Stalltrog in einem benachbarten Dorfe wieder, wie ich ihn selbst erzählen hörte. Es war dies dasselbe Kind, welches das Schicksal nach den größten Wechselfällen zur Königin von FrankreichMaria Leczinska, geboren 1703, Gemahlin Ludwigs XV. 1725, gestorben 1768. Beuchot. machte. – Die Herren vom Adel flüchteten auf verschiedenen Wegen. Der neue König selbst, der so beizeiten das Missgeschick kennen lernte und sich genötigt sah, sechs Wochen nach seiner Wahl zum Regenten seine Hauptstadt zu verlassen, eilte zu Karl XII.

August zog als siegreicher und ergrimmter Herrscher in Warschau ein. Die schon von dem Schwedenkönig gebrandschatzten Einwohner wurden es durch August noch mehr. Der Palast des Kardinals und alle Häuser konföderierter Herren sowie alle ihre Güter in der Stadt und auf dem Lande wurden der Plünderung preisgegeben. Das Merkwürdige bei dieser vorübergehenden Umwälzung der Dinge war, dass der päpstliche Nuntius, der im Gefolge des Königs August mitgekommen war, im Namen seines Gebieters die Auslieferung des Bischofs von Posen verlangte, weil derselbe in seiner Eigenschaft als Bischof und Begünstiger eines durch die Waffen eines Lutheraners auf den Thron gesetzten Fürsten der Gerichtsbarkeit des römischen Hofs verfallen sei.

Der römische Hof, welcher seine weltliche Herrschaft stets mit Hilfe der geistlichen auszudehnen gesucht hat, hatte seit längerer Zeit eine Art Gerichtsbarkeit in Polen aufgestellt, an deren Spitze der geistliche Nuntius stand. Seine Diener hatten keine Gelegenheit vorbeigehen lassen, um ihre, von der Menge stets hochverehrte, aber von den weisesten Männern jederzeit bestrittene Macht weiter und weiter auszudehnen. Sie hatten das Recht für sich in Anspruch genommen, alle Angelegenheiten der Geistlichen selbst zu richten, und sich in Zeiten der Verwirrung noch viele andere Vorrechte angemaßt, in denen sie sich bis gegen 1728 erhielten, wo man dann Missbräuche beschränkte, die man leider nur immer erst dann abschafft, wenn sie ganz unerträglich werden.

Da es dem König August sehr angenehm war, den Bischof von Posen mit Anstand strafen und zugleich dem römischen Hofe, gegen den er sich zu jeder anderen Zeit auf die Hinterbeine gestellt haben würde, gefällig sein zu können, so übergab er den polnischen Prälaten dem Nuntius. Nachdem der Bischof hatte mitansehen müssen, wie man sein Haus ausplünderte, wurde er durch Soldaten zu dem italienischen Minister gebracht, der ihn nach Sachsen schickte, wo er starb. – Der Graf Horn hielt in dem Schloss, in dem er sich eingeschlossen hatte, eine Zeitlang das heftige Feuer des Feindes aus. Da der Platz aber nicht haltbar war, musste er sich endlich mit seinen fünfzehnhundert Schweden ergeben. Es war das der erste Vorteil, den der König August im Strom seiner Unfälle gegen die siegreichen Waffen seines Feindes errang.

Aber es war nur das letzte Aufflackern einer Flamme, die erlischt. Seine in Eile zusammengebrachten Truppen bestanden teils aus Polen, die bereit waren ihn beim ersten Missgeschick wieder zu verlassen, teils aus sächsischen Rekruten, die den König noch nicht kannten, teils aus vagabundierenden Kosaken, die sich besser dazu eigneten Besiegte auszuplündern als selbst zu siegen. Sie alle zitterten, wenn man nur den Namen des Schwedenkönigs aussprach.

Dieser Eroberer kam nun in Begleitung des Königs Stanislaus an der Spitze seiner Eliten, um seinem Feind zu Leibe zu gehen. Die sächsische Armee floh überall vor ihm. Auf dreißig Meilen in der Runde sandten ihm die Städte ihre Schlüssel; kein Tag ging ohne ein glückliches Gefecht vorüber. Die Erfolge wurden bald etwas ganz Gewöhnliches für Karl. Er selbst sagte: Dies heiße mehr auf die Jagd gehen als Krieg führen; und beklagte sich, dass er seine Siege nicht teurer erkaufen musste.

Eine Zeitlang vertraute August jetzt das Kommando seiner Armee dem Grafen von Schulenburg an, einem sehr geschickten General, der aber jetzt an der Spitze einer entmutigten Armee all seine Erfahrung zusammen nehmen musste. Es war ihm mehr darum zu tun, seinem Herrn die Truppen zu erhalten als zu siegen. Er führte den Krieg mit Geschick, die beiden Könige mit Feuer. Er täuschte sie über seine Märsche, besetzte vorteilhafte Stellungen, opferte einige Reiter, um seiner Infanterie Zeit zu einem sicheren Rückzug zu verschaffen. Er rettete seine Truppen durch rühmliche Rückzüge vor einem Feind, dem gegenüber keine andere Art Ruhm zu gewinnen war.

Kaum war er in das Palatinat Posen gelangt, als er erfuhr, dass die beiden Könige, welche er fünfzig Stunden weit entfernt wähnte, diese fünfzig Stunden in neun Tagen zurückgelegt hätten. Er selbst hatte nur achttausend Mann Fußvolk und tausend Reiter; mit diesen musste er sich gegen eine überlegene Armee, gegen den Namen des Schwedenkönigs und gegen die natürliche Furcht, welche so viele Niederlagen den Sachsen eingeflößt hatten, halten. Trotz der gegenteiligen Ansicht der deutschen Generale hatte er immer behauptet, dass die Infanterie auch ohne spanische Reiter auf freiem Felde der Reiterei die Stirne bieten könne. Nun wagte er es den Beweis hiervon gegen jene siegreiche, von zwei Königen und den erlesensten schwedischen Generalen befehligte Reiterei zu führen. Er nahm eine vorteilhafte Stellung ein, die nicht umgangen werden konnte. Sein erstes Glied ließ er knieen; es war mit Piken und Flinten bewaffnet; die enggeschlossenen Reihen boten den Pferden des Feindes gleichsam einen von Piken und Bajonetten gespickten Wall; das zweite Glied feuerte etwas vorwärts gebückt über die Schultern des ersten; das dritte Glied endlich feuerte stehend über die beiden vorderen weg. Die Schweden stürzten mit ihrem gewöhnlichen Ungestüm gegen die Sachsen, welche sie empfingen, ohne erschüttert zu werden. Die Schüsse, die Piken- und Bajonettstöße erschreckten die Pferde, welche stiegen statt vorwärts zu gehen. So wurde der Angriff der Schweden ein regelloser, während die Sachsen sich verteidigten, ohne ihre Glieder zu lösen.

Schulenburg bildete ein längliches Viereck und obschon selbst fünffach verwundet zog er sich in dieser Formation in guter Ordnung während der Nacht nach dem Städtchen Guhrau, drei Stunden vom Schlachtfeld entfernt zurück. Aber kaum begann er hier wieder Atem zu schöpfen, als die beiden Könige wieder hinter ihm standen.

Jenseits Guhrau in der Richtung nach der Oder lag ein dichtes Gehölz, hinter welches der sächsische General seine ermüdete Infanterie zurücknahm. Aber die schwedischen Reiter ließen sich durch den Wald nicht abschrecken, sondern verfolgten jene trotz den Hindernissen auf Wegen, die kaum für die Fußgänger passierbar waren. Fünf Stunden, nachdem die Sachsen den Wald passiert hatten, war auch schon wieder die schwedische Reiterei da. Hinter dem Walde fließt an dem Dorfe Rützen vorbei der Bartschfluß. Schulenburg hatte vorsichtig Leute vorausgeschickt und Boote zusammen bringen lassen; dann ließ er seine schon bis auf die Hälfte zusammengeschmolzene Truppe den Fluss passieren. Karl erschien gerade, als Schulenburg das jenseitige Ufer erreicht hatte. Niemals hat ein Sieger seinen Feind eifriger verfolgt. Der Ruf Schulenburgs hing davon ab, ob er dem König von Schweden entwischen würde. Der König seinerseits glaubte es seinem Ruhme schuldig, Schulenburg und den Rest seiner Armee gefangen zu nehmen; er verlor daher keine Zeit und ließ die Reiterei durch eine Fuhrt übergehen. Die Sachsen sahen sich nun zwischen dem Bartsch und dem

Oderstrom, der in Schlesien entspringt und hier bereits sehr tief und reißend ist, eingeschlossen.

Der Untergang Schulenburgs schien unvermeidlich; gleichwohl gelang es ihm mit Aufopferung einiger Leute die Oder während der Nacht zu passieren. Er rettete so sein Korps und Karl konnte nicht umhin, den Ausspruch zu tun: »Heute hat uns Schulenburg besiegt!«

Es ist dies derselbe Schulenburg, der seitdem General der Venezianer wurde und dem die Republik auf Korfu eine Bildsäule errichtete, weil er dieses Bollwerk Italiens gegen die Türken verteidigt hat. Nur Republiken wissen so zu ehren; die Könige geben nur Belohnungen.

Was aber Schulenburg zum Ruhm gereichte, nützte doch dem König August nicht viel. Dieser Fürst musste Polen noch einmal seinen Feinden überlassen; er zog sich nach Sachsen zurück und ließ in Eile Dresden befestigen, da er bereits und nicht ohne Grund für die Hauptstadt seiner Erbstaaten fürchtete.

Karl XII. sah Polen zu seinen Füßen. Seine Generale waren seinem Beispiel gefolgt und hatten in Kurland mehrere kleine russische Korps geschlagen, welche sich seit der großen Schlacht bei Narwa nur noch in kleinen Abteilungen zeigten und in diesen Gegenden den Krieg nach Art der Tataren führten, welche plündern, entfliehen und wieder erscheinen, um von neuem zu fliehen.

Überall wo die Schweden auftraten, glaubten sie sich des Sieges sicher, wenn sie nur zu zwanzig gegen hundert waren. Unter so glücklichen Aussichten traf Stanislaus Anstalt zu seiner Krönung. Das Geschick, das zu Warschau seine Wahl zum König bewirkt und ihn dann wieder von dort vertrieben hatte, rief ihn jetzt noch einmal unter dem Jubelruf der adligen Scharen, die das Kriegsglück an ihn kettete, dahin zurück. Ein Reichstag wurde berufen, alle Hindernisse fanden hier ihren Ausgleich, der römische Hof allein machte einen Querstrich.

Es war natürlich, dass dieser sich für den König August erklärte, der, ursprünglich Protestant, katholisch geworden war, um den polnischen Thron besteigen zu können – und gegen Stanislaus, der durch einen Erzfeind der katholischen Kirche auf diesen Thron erhoben worden war. Der damalige Papst Clemens XI. sandte Breves an alle polnischen Prälaten und besonders an den Kardinal Primas, worin er sie mit der Exkommunikation bedrohte, wenn sie es wagen würden der Krönung Stanislaus' anzuwohnen und irgend etwas gegen die Rechte des Königs August zu unternehmen.

Wenn diese Breves an die Bischöfe gelangten, welche sich zu Warschau befanden, so war zu befürchten, dass einige aus Schwäche denselben gehorchen, die meisten sich ihrer aber bedienen würden, um in dem Maße als sie notwendiger würden, Schwierigkeiten zu erheben. Man hatte daher alle Vorsichtsmaßregeln getroffen, um die päpstlichen Schreiben nicht nach Warschau gelangen zu lassen. Ein Franziskaner hatte deshalb im geheimen die Breves empfangen, um sie persönlich den Prälaten einzuhändigen. Er übergab zunächst eines dem Weihbischof von Chelm; dieser Prälat, der Stanislaus sehr anhänglich war, überbrachte es noch gesiegelt dem König. Der König ließ den Mönch kommen und fragte ihn, wie er es habe wagen können, einen solchen Auftrag anzunehmen? Der Franziskaner erwiderte, es sei auf Befehl seines Generals geschehen. Stanislaus schärfte ihm ein, künftig den Befehlen seines Königs mehr zu gehorchen als denen des Franziskanergenerals und jagte ihn sofort aus der Stadt.

Am gleichen Tage wurde ein Plakat des Schwedenkönigs öffentlich angeschlagen, worin allen in Warschau befindlichen Welt- und Ordensgeistlichen unter den schwersten Strafen verboten wurde, sich in Staatsangelegenheiten zu mischen. Zu größerer Sicherheit ließ er die Türen aller Prälaten mit Wachen besetzen und verbot jedem Fremden den Eintritt in die Stadt. Er nahm diese kleinen Gewalttätigkeiten ganz auf sich, um nicht Stanislaus gleich von vornherein mit dem Klerus zu entzweien. Er sagte, er ruhe von seinen kriegerischen Strapazen aus, indem er die Intrigen des römischen Hofes durchkreuze, und schlage sich gegen ihn mit Papier, während er die anderen Herrscher mit wirklichen Waffen angreifen müsse.

Sowohl Karl als Stanislaus drangen in den Kardinal Primas, dass er kommen solle, um die Krönungszeremonie vorzunehmen. Jener glaubte aber Danzig nicht verlassen zu sollen, um einen König zu weihen, den er nicht hatte erwählen wollen; da es aber in seiner Politik lag, nie etwas ohne Vorwand zu tun, wollte er sich eine rechtskräftige Entschuldigung für seine Weigerung beschaffen. Er ließ daher während der Nacht das päpstliche Breve an die Tür seines eigenen Hauses anschlagen. Der Magistrat von Danzig war hierüber empört und ließ nach dem Täter fahnden, den man jedoch nicht ausfindig zu machen wusste. Der Primas tat, als ob er gleichfalls hierüber erzürnt sei, war aber im Grund seines Herzens höchlich erfreut: er hatte jetzt einen Grund, um den neuen König nicht salben zu dürfen, und schonte zugleich Karl XII., August, Stanislaus und den Papst. Er starb übrigens wenige Tage später und hinterließ sein Vaterland in der äußersten Verwirrung. Mit all seinen Intrigen hatte er nichts bewirkt, als dass er es mit den drei Königen Karl, August und Stanislaus, mit der Republik und dem Papste zugleich verdorben hatte, denn dieser letztere hatte ihm bereits befohlen nach Rom zu kommen und sich über sein Verhalten zu verantworten. Da übrigens auch die Männer der Politik zuweilen in ihren letzten Augenblicken eine Anwandlung von Reue verspüren, schrieb er, als er schon im Sterben lag, an den König August und bat ihn um Verzeihung.

Die Krönung geschah in aller Ruhe und mit dem üblichen Pomp am 4. Oktober 1705 in Warschau, trotzdem es sonst in Polen der Brauch ist, dass man die Könige zu Krakau krönt. Stanislaus Leczinski und seine Gemahlin

Charlotte Opalinska wurden von dem Erzbischof von Lemberg in Beisein vieler anderer Prälaten zum König und zur Königin von Polen gesalbt. Karl XII. sah der Zeremonie inkognito zu; es war die einzige Frucht, die ihm all seine Eroberungen trugen.

Während Karl dem unterworfenen Polen einen König gab, während Dänemark ihn nicht zu beunruhigen wagte, der König von Preußen (Friedrich I.) um seine Freundschaft warb und König August sich in seine Erbstaaten zurückzog, wurde der Zar mit jedem Tage ein gefährlicherer Gegner. Zwar hat er August in Polen nur schwach unterstützt, dagegen aber bedeutende Diversionen in Ingermanland gemacht.

Der Zar begann nicht nur selbst ein tüchtiger Kriegsmann zu werden, sondern er lehrte diese Kunst auch seinen Russen. Die Mannszucht verbesserte sich in seinem Heere, er besaß gute Ingenieure, eine wohlbediente Artillerie, viele tüchtige Offiziere. Er verstand die große Kunst seine Truppen zu nähren. Einige seiner Generale hatten bereits gelernt gut zu fechten und nach Bedarf auch nicht zu fechten; noch mehr: er hatte eine Marine geschaffen, die den Schweden in der Ostsee die Spitze bieten konnte.

Stark durch alle diese günstigen Momente, die er seinem Genie und der Abwesenheit des Schwedenkönigs verdankte, nahm er Narwa am 21. August 1704 nach einer regelmäßigen Belagerung und nachdem er den Entsatz zu Land und zur See verhindert hatte, mit Sturm. Als seine Soldaten Meister der Stadt waren, ergaben sie sich der Plünderung und verübten die ungeheuerlichsten Barbareien. Der Zar eilte selbst nach allen Seiten, um der Unordnung und dem Gemetzel Einhalt zu tun; er selbst entriss die Frauen den Händen seiner Soldaten, die sie erwürgen wollten, nachdem sie sie geschändet. Er sah sich sogar genötigt, eigenhändig einige Russen niederzustechen, die nicht auf seine Befehle hörten. In Narwa zeigt man auf dem Rathause noch heute den Tisch, auf welchem er seinen Degen niederlegte und man erzählt sich, dass er bei diesem Anlass zu den dort versammelten Bürgern sagte: »Es ist nicht Blut von Ortseinwohnern, was an diesem Degen klebt, es ist vielmehr russisches Blut, das ich vergossen habe, um euch zu retten.«

Wenn der Zar immer eine solche Menschlichkeit bewiesen hätte, wäre er der erste der Sterblichen gewesen. Er hatte in der Tat höhere Ziele als die Zerstörung von Städten. Er gründete damals selbst eine Stadt unweit Narwa inmitten des neu eroberten Gebiets; es war die Stadt St. Petersburg, die er nachher zu seiner Residenz und dem Mittelpunkt des russischen Handels machte. Sie liegt zwischen Finnland und Ingermanland auf einer sumpfigen Insel, um welche sich die Newa in mehreren Armen schlingt, ehe sie in den Finnischen Meerbusen fällt. Er selbst entwarf den Plan zu der Stadt, der Festung, dem Hafen, den Kais, die diesen schmücken, und den Forts, die den Eingang verteidigen. Diese öde und verlassene Insel, die während des kurzen Sommers dieser Zone nur ein

Kothaufen und während des Winters ein gefrorener Teich gewesen war, wohin man nur durch straßenlose Wälder und tiefe Sümpfe gelangen konnte, und wo bisher nur Wölfe und Bären gehaust hatten, zählte bereits im Jahre 1703 über dreimalhunderttausend Menschen, welche der Zar aus seinen verschiedenen Ländern dahin befohlen hatte. Die Bauern von Astrachan und die Ansiedler an den Grenzen Chinas wurden nach St. Petersburg verpflanzt. Man musste Wälder aushauen, Straßen bauen, Sümpfe trocknen, Dämme aufwerfen, ehe der Grundstein zu der Stadt gelegt werden konnte. Überall wurde der Natur Zwang angetan. Der Zar setzte es durch ein Land zu bevölkern, das nicht für den Aufenthalt von Menschen bestimmt zu sein schien. Weder die Überschwemmungen, die seine Werke einrissen, noch die Unfruchtbarkeit des Bodens, noch die Unwissenheit der Arbeiter, noch selbst das ungesunde Klima, welches im Anfang zweimalhunderttausend Menschen das Leben kostete, vermochten ihn von seinem Entschluss abzubringen. Trotz aller Hindernisse, welche die Natur, das Gefühl des Volks und ein unglücklicher Krieg der Sache in den Weg legte, wurde die Stadt gegründet. Bereits im Jahre 1705 war St. Petersburg eine Stadt, deren Hafen mit Schiffen gefüllt war. Durch Gnadenbezeugungen aller Art, Austeilung von Ländereien, Schenkung von Häusern zog der Kaiser die Fremden dahin und ermutigte und unterstützte alle Künste, welche geeignet waren, dieses rauhe Klima zu mildern. Vor allem machte er St. Petersburg unnahbar für seine Feinde. Die schwedischen Generale, welche seine Truppen sonst allerwärts schlugen, hatten doch diese keimende Kolonie nicht zu schädigen vermocht. Sie genoss der Ruhe inmitten des sie umgebenden Kriegs.

Indem der Zar so neue Staaten schuf, bot er dem König August, der die seinigen verlor, noch immer die Hand. Er ließ ihn durch den General Patkul, der seit einiger Zeit in russische Dienste getreten und damals Gesandter des

Zaren am sächsischen Hofe war, bereden nach Grodno zu kommen, um sich dort nochmals mit ihm über den leidigen Stand seiner Angelegenheiten zu besprechen. August kam mit einigen Truppen und in Begleitung des Generals Schulenburg, dem sein Übergang über die Oder im Norden einen Namen gemacht hatte und auf den er seine letzte Hoffnung setzte. Der Zar erschien ebenfalls und ließ sich von siebzigtausend Mann begleiten. Die beiden Herrscher entwarfen neue Kriegspläne. Der entthronte König August brauchte jetzt nicht mehr zu fürchten, dass er die Polen verletzte, wenn er ihr Land den russischen Truppen öffne. Es wurde beschlossen, dass das Heer des Zaren sich in mehrere Korps teilen sollte, um den König von Schweden auf jedem Schritte aufzuhalten. Um die Zeit dieser Zusammenkunft war es, als König August den Orden des weißen Adlers erneuerte, ein dürftiges Hilfsmittel, um sich einiger polnischen Herren zu versichern, welchen doch mehr nach wirklichen Vorteilen verlangte, als nach einer eiteln Ehrenauszeichnung, die von der Hand eines Königs, der dies nur noch dem Namen nach war, erteilt, nur lächerlich sein konnte. Die Konferenz der beiden Herrscher nahm ein seltsames Ende. Der Zar reiste plötzlich ab, um persönlich eine Empörung zu ersticken, von der er in Astrachan bedroht war, und ließ seine Truppen seinem Verbündeten. Kaum war er fort, als König August Patkul in Dresden verhaften ließ. Ganz Europa erstaunte, dass er es wagen konnte, gegen das Völkerrecht und dem Anschein nach gegen sein eigenes Interesse den Gesandten des einzigen Fürsten, der ihm günstig gesinnt war, ins Gefängnis zu werfen.

Der geheime Grund dieses Vorgehens war, wie mir der Marschall von Sachsen, Sohn des Königs August, selbst zu erzählen die Gnade hatte, folgender: Patkul, der aus Schweden verbannt worden war, weil er es gewagt hatte, die Vorrechte seines Vaterlands Livland zu verteidigen, war General des Königs August gewesen; da aber sein lebhafter und stolzer Geist sich mit dem hochfahrenden Wesen des Generals Flemming, eines Günstlings des Königs, nicht vertragen konnte, war er in den Dienst des Zaren übergetreten, dessen General und Gesandter bei August er nunmehr war. Patkul besaß einen durchdringenden Verstand; er hatte herausgebracht, dass Flemming und der sächsische Kanzler die Absicht hatten, einen Frieden mit dem Schwedenkönig um jeden Preis herbeizuführen. Sofort entwarf er den Plan, ihnen zuvorzukommen und eine Verständigung zwischen dem Zaren und Schweden anzubahnen. Der Kanzler kam hinter die Sache und setzte es durch, dass man sich seiner Person bemächtigte. König August versicherte den Zaren, dass Patkul ein Verräter sei, der sie beide hintergehe. Gleichwohl konnte man ihm nichts vorwerfen, als dass er seinem neuen Herrn allzu gut diente; aber ein zur Unzeit geleisteter Dienst wird häufig als Verrat bestraft.

Inzwischen sengten und verwüsteten die in mehrere Korps geteilten siebzigtausend Russen die Güter der Anhänger des Stanislaus, während andererseits Schulenburg mit neuen Truppen heranrückte. Aber in weniger als zwei Monaten hatten die Schweden diese beiden Armeen glücklich zerstreut. Karl XII. und Stanislaus griffen die vereinzelten Korps der Russen nacheinander, aber so energisch an, dass ein russischer General geschlagen war, noch ehe er die Niederlage seines Kriegskameraden erfuhr.

Kein Hindernis vermochte den Sieger aufzuhalten; wenn ein Fluss zwischen ihm und seinen Feinden lag, passierten ihn Karl XII. und seine Schweden schwimmend. Eine schwedische Streifpartei nahm die Bagage Augusts, wobei sich zweimalhunderttausend Taler in Silber befanden. Stanislaus erwischte achtmalhunderttausend Dukaten, welche dem russischen General Fürst Mentschikoff gehörten. Karl machte an der Spitze seiner Reiterei in vierundzwanzig Stunden dreißig Wegstunden, wobei jeder Reiter ein zweites Pferd führte, um es zu besteigen, wenn das seinige nicht mehr konnte.

Die erschrockenen und auf eine kleine Zahl herabgeschmolzenen Russen flohen in Unordnung über den Deiner.

Während so Karl die Russen bis ins Herz von Litauen vor sich herjagte, hatte Schulenburg die Oder wieder überschritten und bot an der Spitze von zwanzigtausend Mann dem Marschall Rehnsköld, der als der beste General Karls XII. galt und den man nur den Parmenio des nordischen Alexanders nannte, die Schlacht an. Diese beiden berühmten Generale, welche etwas von dem Geschick ihrer Herren an sich zu haben schienen, trafen sich unweit Punitz bei Fraustadt, welcher Ort den Truppen Augusts schon einmal verhängnisvoll gewesen war. Rehnsköld hatte nur dreizehn Bataillone und zweiundzwanzig Schwadronen, im ganzen etwa zehntausend Mann. Schulenburg befehligte dagegen noch einmal so viel. (Nach anderen hatte Rehnsköld zwölf Bataillone, siebenunddreißig Schwadronen (elftausend Mann) und dreißig Geschütze,) Schulenburg siebenundzwanzig Bataillone, zweiundvierzig Schwadronen (zwanzigtausend Mann) und sechsundsiebzig Geschütze. Doch ist zu bemerken, dass sich darunter sechs- bis siebentausend Russen befanden, die man lange diszipliniert hatte und nun als geübte Soldaten betrachten zu dürfen glaubte. Am 13. Februar 1706 wurde diese Schlacht bei Fraustadt geschlagen; aber der nämliche General Schulenburg, welcher mit viertausend Mann gewissermaßen das Glück des Schwedenkönigs geäfft hatte, unterlag jetzt dem Stern Rehnskölds. Der Kampf währte keine Viertelstunde; die Sachsen leisteten keinen Augenblick Widerstand, die Russen warfen die Waffen weg, sobald sie die Schweden nur sahen; der Schreck war ein so jäher und die Unordnung eine so große, dass die Sieger auf dem Schlachtfelde siebentausend noch geladene Gewehre fanden, die man weggeworfen hatte, ohne sie abzufeuern. Nie war eine Niederlage rascher, vollständiger und schmählicher; und doch hatte nach dem Zeugnis der sächsischen wie der schwedischen

Offiziere Schulenburg den geschicktesten Plan entworfen, den je ein General ersann. So zeigte sich von neuem, wie wenig menschliche Weisheit Herrin der Ereignisse ist.

Unter den Gefangenen befand sich auch ein ganz aus Franzosen bestehendes Regiment. Diese Unglücklichen waren in der berühmten Schlacht bei Hochstädt, im Jahre 1704, die für Ludwig XIV. so unglücklich ausfiel, von den sächsischen Truppen zu Gefangenen gemacht worden. Seitdem waren sie in den Dienst des Königs August übergetreten, der ein Dragonerregiment daraus formierte und das Kommando einem Franzosen aus dem Hause Joyeuse übertrug. Dieser Oberst fiel bei dem ersten und einzigen Angriff der Schweden und das ganze Regiment wurde kriegsgefangen. Am gleichen Tage noch baten diese Franzosen, in den Dienst Karls XII. treten zu dürfen und wurden wirklich in denselben aufgenommen, so noch einmal Besieger und Herrn tauschend. *(Dieser Absatz ist dahin zu berichtigen, dass das Regiment bei Hochstädt von den Engländern gefangen und dann in Schwaben und Franken interniert worden war. August erhielt vom Kaiser die Erlaubnis, achthundert Mann aus diesen Gefangenen auszuheben, aus denen er ein Grenadierregiment formierte. Da Karl XII. vor der Schlacht ein Schreiben in dem Regiment zirkulieren ließ, worin er versprach, es wieder nach Frankreich zu entlassen, so war dieses Regiment in der Schlacht übergegangen. Der Oberst, der die Fahne retten wollte, war bei diesem Versuch gefallen. – Karl hielt sein Versprechen nicht und behielt das Regiment in seinem Dienst. Beuchot.*)

Die Russen baten kniefällig um ihr Leben, man metzelte sie jedoch unmenschlicherweise sechs Stunden nach der Schlacht nieder, um an ihnen die Gewalttätigkeiten ihrer Kameraden zu rächen und sich der Gefangenen zu entledigen, mit denen man nichts anzufangen wusste.

Nunmehr sah sich August von allen Mitteln entblößt. Es blieb ihm nur noch Krakau, wo er sich mit zwei russischen und zwei sächsischen Regimentern, sowie einigen Truppen der polnischen Armee der Krone, von denen er jedoch dem Sieger ausgeliefert zu werden fürchtete, eingeschlossen hatte. Sein Unglück erreichte aber seinen Gipfel, als er erfuhr, dass Karl XII. am 1. September 1706 in Sachsen selbst eingefallen sei.

(1706) Karl war durch Schlesien marschiert, ohne dass er es für nötig hielt, den Wiener Hof nur davon zu benachrichtigen. Deutschland war hierüber bestürzt; der Reichstag von Regensburg, der das deutsche Reich repräsentiert, dessen Beschlüsse oft aber ebenso unfruchtbar als feierlich sind, erklärte den König von Schweden als Reichsfeind, wenn er mit seiner Armee die Oder überschreiten würde. Aber gerade dies bestimmte ihn nur um so rascher in Deutschland einzufallen.

Bei seinem Nahen wurden die Dörfer verlassen, die Einwohner flohen nach allen Richtungen. Karl machte es nun wie in Kopenhagen: er ließ überall anschlagen, dass er nur gekommen sei, um den Frieden zu bringen; dass alle diejenigen, welche in ihre Heimat zurückkehren und die von ihm auferlegte Kontribution bezahlen würden, wie seine eigenen Untertanen behandelt werden sollten; gegen die anderen aber werde er ohne Gnade und Barmherzigkeit verfahren. Diese Erklärung aus dem Munde eines Fürsten, von dem man wusste, dass er nie sein Wort gebrochen, veranlasste alle, die nur aus Furcht entflohen waren, wieder zurückzukehren. Er schlug sein Lager bei Altranstädt unweit Lützen, jenem durch den Sieg und den Tod Gustav Adolfs so berühmten Schlachtfeld auf. Er besichtigte den Ort, wo jener große Mann gefallen war. Als man ihn an die Stelle geführt hatte, sprach er: »Ich habe versucht, wie er zu leben; Gott wird mir vielleicht dereinst einen ebenso ruhmvollen Tod gewähren.«

Von diesem Lager aus berief er die sächsischen Stände und befahl ihnen ihm unverzüglich die Steuerregister des Kurfürstentums einzusenden. Sobald er sie in Händen hatte und genau wusste, was Sachsen leisten konnte, besteuerte er es mit sechsmalhundertfünfundzwanzigtausend Reichstalern monatlich. Außer dieser Kontribution mussten die Sachsen jedem schwedischen Soldaten täglich zwei Pfund Fleisch, zwei Pfund Brot, zwei Krug Bier und vier Sous nebst der Fourage für die Pferde liefern. Nachdem die Kontribution so geregelt war, setzte der König eine neue Polizei ein, welche die Sachsen gegen Ungehörigkeiten vonseiten seiner Soldaten schützte. In allen Städten, welche Garnison erhielten, musste der Quartierträger allmonatlich ein Zeugnis über das Verhalten der bei ihm untergebrachten Soldaten ausstellen; sonst erhielt der Mann keinen Sold. Außerdem gingen alle vierzehn Tage Inspektoren von Haus zu Haus und erkundigten sich, ob die Schweden sich nichts hatten zu schulden kommen lassen. Diese Inspektoren hatten die Wirte zu entschädigen und die Schuldigen zu bestrafen. Man kennt die strenge Disziplin, welcher die Truppen Karls XII. unterworfen waren; nie durften sie selbst eine mit Sturm genommene Stadt plündern, ehe die Erlaubnis dazu gegeben war. Die Plünderung selbst geschah mit einer gewissen Ordnung und wurde auf das erste Zeichen eingestellt. Noch heute rühmen sich die Schweden der Disziplin, die sie in Sachsen beobachtet haben; dieses sonderbare Rühmen wäre unverständlich, wenn man nicht wüsste, wie die Menschen dieselben Dinge von verschiedenen Seiten ansehen. Wie leicht missbraucht der Sieger manchmal seine Rechte und nimmt der Besiegte die leiseste Verletzung für einen barbarischen Raub! Als der König eines Tags in der Nähe von Leipzig spazieren ritt, warf sich ihm ein sächsischer Bauer zu Füßen und flehte ihn um Gerechtigkeit gegen einen Grenadier an, der ihm und seiner Familie das Mittagessen vor dem Munde weggenommen habe. Der König ließ den Soldaten kommen. »Ist es wahr,« sprach er mit strenger Miene, »dass du diesen Mann beraubt hast?« – »Majestät!« erwiderte der Soldat, »ich habe ihm nicht so viel Übel zugefügt wie Euer Majestät seinem Herrn; denn dem habt Ihr ein Königreich genommen, während ich diesem Schlucker nur eine Ente nahm.« Der König schenkte dem Bauern eigenhändig sechs Dukaten und verzieh dem Soldaten wegen der Freimütigkeit seiner Rede, setzte aber doch hinzu:

»Erinnere dich, mein Freund, dass, wenn ich dem König August ein Königreich nahm, ich nichts davon für mich behielt.«

Die große Leipziger Messe wurde wie gewöhnlich abgehalten, die Kaufleute kamen mit vollständigem Vertrauen. Man sah keinen schwedischen Soldaten auf der Messe; man hätte glauben können, die Armee des Königs von Schweden sei nur in Sachsen, um über der Erhaltung des Landes zu wachen. Er herrschte im ganzen Kurfürstentum mit ebenso unumschränkter Gewalt und ebenso ruhig wie in Stockholm.

Der König August irrte indessen, seines Königreichs und seines Kurfürstentums beraubt, durch Polen und schrieb endlich einen eigenhändigen Brief an Karl XII., worin er ihn um Frieden bat. Er beauftragte im geheimen den Baron von Imhof im Verein mit dem Referenten des Geheimrats Pfingsten diesen Brief zu überbringen. Er übergab ihnen zu dem Ende zwei Vollmachten und ein Blankett mit seiner Unterschrift. »Geht und suchet vernünftige und christliche Bedingungen für mich zu erhalten,« setzte er hinzu. – August sah sich in die Notwendigkeit versetzt, seine Schritte zur Erlangung des Friedens zu verheimlichen und die Vermittlung keines anderen Fürsten zu erbitten, denn da er sich damals in Polen und gewissermaßen in der Gewalt der Russen befand, so fürchtete er mit Recht, dass der gefährliche Verbündete, den er aufgeben wollte, sich für seine Unterwerfung unter den Sieger an ihm rächen könnte. Die beiden Bevollmächtigten langten nachts im Lager Karls XII. an und erlangten eine geheime Audienz. Der König las den Brief. »Meine Herren,« sagte der König, »Ihr sollt sogleich meine Antwort haben.« – Er zog sich in sein Kabinett zurück und ließ dort Folgendes niederschreiben: »Ich bin geneigt den Frieden unter folgenden Bedingungen, von denen man jedoch nicht erwarten darf, dass ich etwas daran nachlasse, zu gewähren:

1. Der König August hat für immer auf die Krone von Polen zu verzichten, Stanislaus als rechtmäßigen König anzuerkennen und zu versprechen, dass er niemals daran denken wolle, wieder den Thron zu besteigen, selbst nicht nach Stanislaus' Tode.
2. Er hat allen anderen Abmachungen, besonders den mit Russland verhandelten zu entsagen.
3. Er hat die Prinzen Sobieski und alle übrigen Gefangenen, die er etwa gemacht hat, mit Ehren in mein Lager zurückzusenden.
4. Er hat mir alle Deserteurs auszuliefern, die in seinen Dienst übergegangen sind, namentlich den Johann Patkul; dagegen hat er jedes Prozessverfahren gegen solche, die von seinem Dienst in den meinigen übergetreten sind, niederzuschlagen.«

Dieses Papier übergab er dem Grafen Piper und beauftragte ihn, über das übrige mit den Bevollmächtigten des Königs August zu verhandeln. Diese erschraken über die Härte jener Bedingungen und versuchten die ganze Kunst, die man noch aufbieten kann, wenn man machtlos ist, um die Strenge des Königs von Schweden zu mildern. Sie hatten mehrere Besprechungen mit dem Grafen Piper. Dieser Minister erwiderte auf alle ihre Vorbringen nur: »So ist der Wille des Königs meines Herrn; niemals ändert er seine Beschlüsse.«

Während so der Friede mit Sachsen im geheimen betrieben wurde, schien das Glück den König August in den Stand setzen zu wollen, einen ehrenvolleren erlangen und mit seinem Besieger auf gleicherem Fuße verhandeln zu können.

Der Obergeneral der russischen Heere, Fürst Mentschikoff kam mit dreißigtausend Mann zu einer Zeit zu ihm nach Polen, wo er nicht nur seine Hilfe nicht mehr wünschte, sondern wo er sie sogar fürchtete. Er selbst hatte nur wenige polnische und sächsische Truppen bei sich, im ganzen etwa sechstausend Mann. Mit diesem kleinen Korps von der Armee des Fürsten Mentschikoff umzingelt, hatte er alles zu befürchten, wenn man seine Unterhandlungen entdeckte. So sah er sich zu gleicher Zeit von seinem Feind entthront und in Gefahr, von seinem Verbündeten gefangen genommen zu werden. Während dieser eigentümlichen Verhältnisse hatte die Armee den schwedischen General Meyerfelt mit zehntausend Mann bei Kalisch, unweit des Palatinats Posen vor sich. Der Fürst Mentschikoff drang in König August diesen anzugreifen. Der König, hierdurch in die äußerste Verlegenheit versetzt, verschob den Angriff unter verschiedenen Vorwänden; denn, obschon die Feinde dreimal schwächer waren als er, standen doch viertausend Schweden in Meyerfelts Korps und dies genügte, um den Ausgang der Unternehmung zweifelhaft zu machen. Wenn er sich während der Verhandlungen mit den Schweden schlug und die Schlacht verlor, so erweiterte er überdies noch den Abgrund, in dem er sich bereits befand. Er schickte daher einen Vertrauensmann an den feindlichen General, um ihn in das Geheimnis der Friedensverhandlungen einzuweihen und ihm den Rat zu erteilen, dass er sich zurückziehen möge. Allein diese Mitteilung hatte gerade die entgegengesetzte Wirkung. Der General Meyerfelt glaubte, man wolle ihm eine Falle stellen, ihn einschüchtern und entschloss sich, selbst anzugreifen.

Aber an diesem Tage besiegten die Russen die Schweden zum erstenmal in geordneter Schlacht. Der Sieg, den König August gegen seinen Willen davon trug, war ein vollständiger. Mitten in seinem Missgeschick zog er im Triumph in Warschau, seiner früheren Hauptstadt ein, die aber jetzt halb zerstört und zugrunde gerichtet, bereit war, jeden Sieger zu empfangen und den Stärkeren als ihren König anzuerkennen. Er fühlte sich in diesem Moment des Glücks versucht, den Schwedenkönig mit der russischen Armee in Sachsen selbst anzugreifen. Da er jedoch in Erwägung zog, dass Karl XII. sich an der Spitze einer bis dahin nicht bezwungenen schwedischen Armee befand, dass die Russen bei der ersten Mitteilung über seine begonnenen Verhandlungen ihn verlassen würden, dass sein an Geld und Menschen erschöpftes Erbland

Sachsen dann von Schweden und Russen in gleichem Maße verwüstet werden würde, dass das damals im Krieg mit Frankreich begriffene deutsche Reich ihn nicht unterstützen könne, dass er sich somit ohne Land, ohne Geld und ohne Freunde befinden würde, so sah er ein, dass er sich den vom Schwedenkönig auferlegten Bedingungen unterwerfen müsse. Diese Bedingungen wurden noch verschärft, als Karl erfuhr, dass König August seine Truppen während der Verhandlungen angegriffen habe. Sein Zorn hierüber und die Freude, einen Feind, der ihn eben besiegt, nur noch mehr demütigen zu können, machten, dass er nur um so unbeugsamer auf allen Artikeln des Vertrags beharrte. So diente der Sieg des Königs August nur dazu, dessen Lage noch unglückseliger zu machen. So etwas konnte nur ihm passieren!

Eben hatte er in Warschau ein Tedeum singen lassen, als sein Bevollmächtigter, Pfingsten, mit dem Friedensvertrag, der ihn der Krone beraubte, aus Sachsen anlangte. August zögerte, aber unterschrieb und reiste in der eitlen Hoffnung nach Sachsen ab, seine Gegenwart werde den König von Schweden milder stimmen und sein Feind werde sich vielleicht der alten Verbindung ihrer Häuser und des Blutes, das sie verband, erinnern.

Die beiden Fürsten sahen sich zum erstenmal im Quartier des Grafen Piper zu Gütersdorf, ohne jegliche Zeremonie. Karl XII. hatte schwere Stiefeln an und ein schwarzes Tuch um den Hals geschlungen. Sein Rock war wie gewöhnlich von grobem blauem Tuch mit vergoldeten Kupferknöpfen. Er trug den langen Degen, dessen er sich in der Schlacht bei Narwa bedient hatte, und auf dessen Griff er sich zu stützen pflegte. Sie unterhielten sich nur über die hohen Stiefel. Karl XII. sagte dem König August, dass er sie seit sechs Jahren nur beim Schlafengehen ablege. Derartige Geringfügigkeiten bildeten die einzige Unterhaltung zweier Könige, von denen der eine dem anderen die Krone nahm. August sprach hierbei mit jener gefälligen und befriedigten Miene, wie sie Fürsten und an große Staatsangelegenheiten gewöhnte Männer mitten unter den grausamsten Kränkungen und Enttäuschungen anzunehmen wissen. Die beiden Könige speisten zweimal zusammen. Karl XII. ließ dabei stets dem König August geflissentlich die rechte Seite; aber weit entfernt seine Forderungen zu mildern, legte er ihm noch härtere auf. Es war schon viel für einen Herrscher, dass er einen General, einen öffentlichen Minister ausliefern musste; es war eine große Demütigung für ihn, seinem Nachfolger Stanislaus die Juwelen und Archive der Krone schicken zu müssen; der Gipfel der Erniedrigung aber war es, dass er sich endlich sogar gezwungen sah, dem, der sich auf seinen Thron setzte, hierzu noch Glück zu wünschen! Karl verlangte diesen Brief Augusts an Stanislaus; der entthronte König ließ es sich mehr als einmal sagen, aber Karl wollte diesen Brief und jener musste ihn schreiben. Hier folgt derselbe nach der getreuen Kopie, die ich selbst gesehen habe. Das Original verwahrt König Stanislaus noch jetzt.

»Mein Herr und Bruder!

Wir haben es nicht für notwendig gehalten, in einen brieflichen Verkehr mit Eurer Majestät zu treten. Um jedoch der schwedischen Majestät gefällig zu sein und damit man uns nicht vorwerfe, dass Wir Schwierigkeiten erhoben, ihrem Wunsche zu willfahren, beglückwünschen Wir Euch hiermit zu Eurer Erlangung der Krone und wünschen, dass Ihr in Eurem Lande getreuere Untertanen finden möget, als Wir dort gelassen haben. Jedermann wird Uns die Gerechtigkeit widerfahren lassen, zuzugestehen, dass man Uns für alle Unsere Wohltaten nur mit Undank gelohnt hat und dass die meisten Unserer Untertanen nur darauf bedacht waren, Unsern Untergang zu fördern. Wir wünschen, dass Ihr nicht ähnlichem Unglück ausgesetzt sein möget und empfehlen Euch in den Schutz Gottes.

Dresden, den 8. April 1707.
Euer Bruder und Nachbar August, König.«

August musste allen seinen Beamten selbst befehlen, ihn nicht mehr als König von Polen anzureden und zu bezeichnen, auch aus den öffentlichen Gebeten einen Titel zu entfernen, auf den er verzichtet hatte. Weniger Schmerz machte es ihm, die Sobieski zu befreien; als diese Prinzen ihr Gefängnis verließen, weigerten sie sich, ihn zu sehen. Was ihm aber am meisten kosten sollte, war die Aufopferung Patkuls. Von der einen Seite reklamierte ihn der Zar laut als seinen Gesandten; auf der anderen verlangte der König von Schweden unter Drohungen, dass man denselben ihm ausliefere. Patkul war damals auf dem Königstein in Sachsen eingesperrt. König August glaubte Karl XII. und seine Ehre zugleich befriedigen zu können. Er schickte Wachen ab, um den Unglücklichen den schwedischen Truppen auszuliefern; vorher aber sandte er dem Kommandanten des Königstein den geheimen Befehl zu, den Gefangenen entwischen zu lassen. Patkuls Unglück wollte aber, dass die Bemühung ihn zu retten zu spät kam. Der Kommandant wusste, dass Patkul sehr reich sei und wollte ihn deshalb seine Freiheit bezahlen lassen. Der Gefangene, der damals noch auf die Macht des Völkerrechts baute und von Augusts wohlwollenden Absichten unterrichtet war, weigerte sich das zu bezahlen, was er umsonst erhalten zu können wähnte. Während dieses Zwischenfalls erschienen die Garden, welche befehligt waren, den Gefangenen zu übernehmen und lieferten ihn alsbald vier schwedischen Hauptleuten aus, die ihn in das Hauptquartier von Altranstädt brachten, wo er drei Monate lang mit einer schweren eisernen Kette an einen Pfahl gefesselt war. Von da wurde er nach Kazmierz geführt.

Karl XII., der ganz vergaß, dass Patkul Gesandter des Zaren war und sich nur erinnerte, dass er als sein Untertan das Licht der Welt erblickt hatte, befahl dem Kriegsgericht, ihn mit der äußersten Strenge zu richten. So wurde er verurteilt lebendig gerädert und gevierteilt zu werden. Ein Kaplan erschien bei ihm, um ihn zum Tode vorzubereiten, sagte ihm aber nicht, auf welche Art er hingerichtet werden sollte. Als nun dieser Mann, der dem Tod in so viel Schlachten ins Angesicht gesehen, sich allein mit dem Priester befand, wo sein Mut nicht mehr durch Ruhmgier und Zorn, jene Triebfedern der menschlichen Unerschrockenheit, aufrecht erhalten wurde, vergoß er bittere Tränen an der Brust des Priesters. Er war mit einer sächsischen Dame, einem durch Geburt, Charakter und Schönheit ausgezeichnetem Fräulein von Einsiedel, verlobt, die er ungefähr zur nämlichen Zeit hatte heiraten wollen, als man ihn dem Henker überlieferte. Er bat den Kaplan zu ihr zu gehen, sie zu trösten und sie zu versichern, dass er voll von Liebe zu ihr in den Tod gegangen sei. Als man ihn auf den Richtplatz führte und er die Räder und Pfähle sah, fiel er vor Entsetzen in Krämpfe und warf sich in die Arme des Geistlichen, der ihn weinend umarmte und mit seinem Mantel bedeckte. Dann las ein schwedischer Offizier folgendes Urteil: »Auf ausdrücklichen Befehl Seiner Majestät unseres sehr gnädigen Gebieters und Herrn wird bekannt gemacht, dass dieser Mensch als Verräter am Vaterland zur Sühne für seine Verbrechen und als Beispiel für andere gerädert und geviertteilt werden solle. Möge ein jeder sich vor Verrat hüten und seinem König getreu dienen.«

Bei den Worten: »sehr gnädiger Gebieter« rief Patkul: »Welche Gnade ist das!« Und bei der Bezeichnung: »Verräter am Vaterland« seufzte er: »Ach ich habe ihm nur zu treu gedient!« Er erhielt sechzehn Stöße und musste die längste und qualvollste Hinrichtung erleiden, die man sich nur denken kann. So starb der unglückliche Johann Reinhold Patkul, der Gesandte und General des Kaisers von Russland.

Diejenigen, welche in ihm nur einen gegen seinen König empörten Untertanen sahen, meinten, er habe den Tod verdient; wer ihn aber als Livländer und Sohn einer mit gewissen Vorrechten ausgestatteten Provinz betrachtete und sich erinnerte, dass er Livland nur verlassen, weil er für dessen Rechte gekämpft hatte, nannte ihn den Märtyrer der Freiheit seines Volkes. Alle aber stimmten darin überein, dass der Titel eines Gesandten des Zaren seine Person hätte unverletzlich machen müssen. Der in den Grundsätzen des Despotismus groß gewordene Schwedenkönig allein glaubte, nur eine Handlung der Gerechtigkeit ausgeübt zu haben, während ganz Europa seine Grausamkeit verdammte.

Die gevierteilten Gebeine Patkuls blieben bis 1713 auf Pfählen ausgestellt, wo dann August, der inzwischen wieder auf den Thron gekommen war, diese Beweise seiner Not zu Altranstädt sammeln ließ. Man brachte sie ihm in einem Kistchen nach Warschau, wo er sie in Gegenwart des französischen Gesandten Buzenval empfing. Der König von Polen zeigte dem Gesandten das Kistchen und bemerkte trocken: »Da drin sind die Gebeine Patkuls« – ohne ein Wort des Vorwurfs oder des Bedauerns beizufügen, so dass diejenigen, welche zugegen waren, diesen heiklen und traurigen Gegenstand nicht weiter zu berühren wagten.

Um die nämliche Zeit wurde ein anderer Livländer, namens Paykul, der Offizier bei den sächsischen Truppen gewesen und mit den Waffen in der Hand gefangen genommen worden war, zu Stockholm durch den Senat zum Tode verurteilt. Es sollte ihm jedoch nur der Kopf abgeschlagen werden. Diese Verschiedenheit des Urteils in einem ähnlichen Fall zeigt klar, dass Karl, als er über Patkul einen so grausamen Tod verhängte, mehr seiner Rachgier als der Stimme der strafenden Gerechtigkeit folgte. Nach seiner Verurteilung ließ Patkul dem Senate mitteilen, er wolle dem König das Geheimnis lehren Gold zu machen, wenn man ihn begnadige. Er legte im Gefängnis in Gegenwart des Obersten Hamilton und der Stadtbehörden wirklich eine Probe von seiner Kunst ab. Mag er nun wirklich eine nützliche Entdeckung gemacht oder, was wahrscheinlicher ist, nur eine geschickte Täuschung ausgeübt haben, man brachte das Gold, welches sich am Schluss des Versuchs in dem Schmelztiegel vorfand, in die Münze von Stockholm und erstattete hierüber einen so genauen und wie es scheint interessanten Bericht an den Senat, dass die Königin-Großmutter die Verschiebung des Urteils anordnete, bis der König von dieser merkwürdigen Sache unterrichtet wäre und seine Befehle nach Stockholm geschickt haben würde.

Der König erwiderte, er habe seinen Freunden die Begnadigung des Verbrechers abgeschlagen und werde niemals dem Interesse zugestehen, was er der Freundschaft nicht gewährt habe. Diese Unbeugsamkeit hatte etwas Heroisches an einem Fürsten, der im übrigen jenes Geheimnis für möglich hielt. Als König August dieses erfuhr, bemerkte er: »Es wundert mich nicht, dass der König von Schweden so gleichgültig gegen den Stein der Weisen ist. Er hat ihn bereits in Sachsen gefunden.«

Als der Zar den sonderbaren Frieden, den der König August ihren Übereinkünften zum Trotz zu Altranstädt abgeschlossen hatte, sowie die Auslieferung Patkuls, seines bevollmächtigten Ministers, an den König von Schweden in Missachtung alles Völkerrechts erfuhr, erhob er seine laute Klage vor allen Höfen Europas. Er schrieb an den Kaiser von Deutschland, an die Königin von England, an die Generalstaaten. Er nannte die schmerzliche Notwendigkeit, der sich August gebeugt, Niederträchtigkeit und Treulosigkeit. Er beschwor alle Mächte um ihre Vermittlung, damit sein Gesandter ihm zurückgegeben, und die Schmach abgewendet werde, die man allen gekrönten Häuptern in dem seinigen antun wolle; er drang mit Gründen der Ehre in sie, sich nicht zu Bürgen des Friedens von Altranstädt herabzuwürdigen, wozu sie Karl XII. durch Drohungen zu zwingen suchte. Diese Briefe hatten jedoch keine andere Wirkung, als dass sie die Macht des Schwedenkönigs noch deutlicher hervortreten ließen. Der Kaiser, England und Holland hatten gerade einen verderblichen Krieg mit Frankreich auszufechten; sie hielten es nicht für angezeigt, auch noch Karl XII. durch die Weigerung einer leeren Formalität, wie die Bürgschaft jenes Friedens war, zu reizen. Was aber den unglücklichen Patkul betraf, so trat auch nicht eine Macht zu seinen Gunsten ein, alle bewiesen vielmehr, wie wenig ein Untertan auf Könige rechnen kann und wie sehr alle Könige damals den Schweden fürchteten.

Man machte im Rat des Zaren den Vorschlag, gegen die in Moskau kriegsgefangenen schwedischen Offiziere Repressalien zu ergreifen.

Der Zar wollte sich jedoch nicht zu einer Grausamkeit verstehen, die nur verhängnisvolle Folgen haben konnte, denn es befanden sich mehr russische Gefangene in Schweden, als schwedische in Russland.

Er suchte eine bessere Rache. Die große Armee seines Feindes lag tatenlos in Sachsen. Der schwedische General Löwenhaupt, der an der Spitze von zwanzigtausend Mann in Polen geblieben war, konnte in einem Lande ohne

Festungen und voll von Parteien nicht alle Pässe decken. Stanislaus befand sich im Lager Karls XII. Der russische Kaiser benutzte diese Lage der Dinge und fiel mit mehr als sechstausend Mann in Polen ein. Dort trennte er sie in verschiedene Korps und marschierte mit einem derselben in Eilmärschen auf Lemberg, wo keine schwedische Garnison lag. Alle polnischen Städte gehören dem, der sich mit Truppen vor ihren Toren zeigt. Er ließ eine Reichsversammlung nach Lemberg berufen, ungefähr in der Art wie die, welche August in Warschau entthront hatte.

Polen besaß damals zwei Primas und zwei Könige; den ersten hatte August, den zweiten Stanislaus ernannt. Der von August ernannte Primas berief die Versammlung von Lemberg, wohin sich alle diejenigen begaben, welche dieser Fürst durch den Frieden von Altranstädt im Stich gelassen hatte, sowie die, welche das Gold des Zaren gewann. Es wurde der Vorschlag gemacht, einen neuen Herrscher zu wählen. Es fehlte nicht viel, so hätte Polen damals drei Könige bekommen, ohne dass man hätte sagen können, welches der wahre sei.

Während der Konferenzen zu Lemberg schlug der Zar bei dem Kaiser von Deutschland, mit dem ihn das gleiche Interesse und die gemeinschaftliche Furcht vor dem Schwedenkönig verband, im geheimen heraus, dass er eine größere Anzahl deutscher Offiziere erhielt. Diese verstärkten täglich seine Streitkräfte, denen sie Mannszucht und Erfahrung zubrachten. Der Zar fesselte sie durch Freigebigkeit an seinen Dienst; um aber seine eigenen Truppen zu ermutigen, schenkte er den Generalen und Obersten, die in der Schlacht bei Kalisch gekämpft hatten, sein reich mit Diamanten geziertes Porträt; die Subalternoffiziere erhielten goldene Medaillen, die gemeinen Soldaten silberne. Diese Denkzeichen an den Sieg von Kalisch wurden sämtlich in seiner neuen Stadt St. Petersburg geschlagen, wo die Künste in dem Maße aufblühten, als er selbst seinen Truppen kriegerischen Wetteifer und Ruhm kennen lehrte.

Die allgemeine Verwirrung, die vielen Parteien und die beständigen Kriegsunruhen in Polen ließen den Reichstag von Lemberg zu keinem Entschlusse kommen. Der Zar veranlasste ihn daher, nach Lublin überzusiedeln. Allein diese Ortsveränderung verminderte die Verwirrung und Ungewissheit, in der sich alle Welt befand, keineswegs; die Versammlung begnügte sich damit, weder August, der dem Thron entsagt hatte, noch Stanislaus, der wider ihren Willen erwählt worden war, anzuerkennen; aber sie war nicht einig und nicht kühn genug, um selbst einen König zu ernennen. Während dieser unnützen Verhandlungen befehdeten sich die Parteien der Sapieha und Oginski, die es im geheimen mit König August hielten, und die neuen Untertanen des Stanislaus gegenseitig, plünderten einander die Güter und vollendeten den Ruin des Landes. Die von Löwenhaupt kommandierten schwedischen Truppen, wovon ein Teil in Livland, ein anderer in Litauen, ein dritter in Polen selbst stand, gingen überall den russischen Truppen nach. Sie verbrannten das Eigentum aller derer, die Feinde des Stanislaus waren. Die Russen dagegen richteten Freund und Feind zugrunde; man sah nur eingeäscherte Städte und umherirrende von allem entblößte polnische Truppen, die ihre zwei Könige, Karl XII. und den Zaren in gleicher Weise verwünschten.

Am 15. Juli 1707 ging der König Stanislaus mit dem General Rehnsköld, sechzehn schwedischen Regimentern und vielem Gelde von Altranstädt ab, um alle diese Wirren in Polen beizulegen und sich in Frieden anerkennen zu lassen. Er wurde in der Tat überall wo er hinkam anerkannt; die Mannszucht seiner Truppen, welche die Barbarei der Russen um so tiefer empfinden ließ, gewann ihm alle Herzen. Seine außerordentliche Leutseligkeit vereinigte die Parteien in dem Maße als sie bekannt wurde, sein Geld endlich gewann ihm den größten Teil der Armee der Krone. Der Zar musste bald fürchten in einem Lande, das seine Truppen so gründlich verwüstet hatten, Mangel an Lebensmitteln zu leiden, und zog sich nach Litauen zurück, wo er seine Armeekorps sammelte und wo er seine Magazine errichten wollte. Infolge dieses Rückzugs wurde König Stanislaus friedlicher Herrscher von fast ganz Polen.

Der einzige, der das Land noch in Unruhe erhielt, war der Graf Siniawski, welchen König August zum Obergeneral der Krone ernannt hatte. Dieser Mann, der große Talente und viel Ehrgeiz besaß, stand an der Spitze einer dritten Partei. Er anerkannte weder August noch Stanislaus, und nachdem er alles versucht hatte, um seine eigene Wahl herbeizuführen, begnügte er sich schließlich damit, Parteihaupt zu sein, da er nicht König hatte werden können. Die Truppen der Krone, die unter seinen Befehlen verblieben waren, erhielten kaum einen anderen Sold als die Erlaubnis, ihr eigenes Land ungestraft auszurauben. Alle, welche diese Räubereien fürchteten oder darunter zu leiden hatten, schlossen sich bald an Stanislaus an, dessen Macht sich von Tag zu Tag mehr befestigte.

Der König von Schweden empfing damals in seinem Lager von Altranstädt die Gesandten fast aller Fürsten der Christenheit. Die einen kamen, um ihn zu bitten, das Reichsgebiet zu verlassen; die anderen hätten es gern gesehen, wenn er seine Waffen gegen den deutschen Kaiser gekehrt hätte. Es hatte sich sogar das Gerücht verbreitet, er werde sich mit Frankreich verbünden, um das Haus Österreich zu demütigen. Unter diesen Gesandten erschien auch von seiten der Königin Anna von England der berühmte Herzog Johann von Marlborough. Dieser Mann, der nie eine Stadt belagerte, ohne sie zu nehmen, und nie eine Schlacht lieferte, ohne sie zu gewinnen, war zu Saint James ein gewandter Höfling, im Parlament ein Parteichef, im Ausland der geschickteste Unterhändler seines Jahrhunderts. Er hatte Frankreich durch seinen Geist ebensoviel Schaden zugefügt wie durch seine Waffen. Der Sekretär der Generalstaaten Fagel, ein Mann von großen Verdiensten sprach sich dahin aus, dass die Generalstaaten mehr als einmal entschlossen gewesen seien, sich den Vorschlägen des Herzogs von Marlborough zu widersetzen, dann aber sei der Herzog selbst gekommen, habe in französischer Sprache zu ihnen gesprochen, in welcher er sich noch dazu sehr schlecht ausdrückte, und habe sie schließlich alle überredet. Lord Bolingbroke hat mir dies selbst bestätigt.

In Gemeinschaft mit den Gefährten seiner Siege, dem Prinzen Eugen und dem Großpensionär von Holland, Heinsius, trug er die ganze Last der Unternehmungen der Alliierten gegen Frankreich. Er wusste, dass Karl XII. gegen den Kaiser und das Reich aufgebracht war, dass die Franzosen ihn im geheimen bearbeiteten und dass, wenn dieser Eroberer die Partei Ludwigs XIV. ergriffe, die Verbündeten notwendig unterliegen müssten.

Allerdings hatte Karl im Jahre 1700 sein Wort gegeben, dass er sich in den Krieg Ludwigs XIV. mit den Verbündeten in keiner Weise mischen wolle; allein der Herzog von Marlborough glaubte nicht, dass irgend ein Fürst ein solcher Sklave seines gegebenen Wortes sein könnte, um es nicht seiner Größe und seinem Interesse zu opfern. (Karl XII., der die Unruhe des Herzogs von Marlborough in dieser Beziehung kannte, ließ ihm durch den Baron von Görtz sagen, er erinnere sich wohl seines im Jahre 1700 gegebenen Worts und dessen Zeit sei noch nicht um. Poniatowski.) Er reiste daher vom Haag ab, um die Absichten des Königs von Schweden in dieser Richtung zu sondieren. Der damals bei Karl XII. beglaubigte Herr Fabrice hat mich versichert, der Herzog von Marlborough habe sich bei seiner Ankunft im geheimen nicht an den ersten Minister, den Grafen Piper, sondern an den Baron von Görtz gewendet, der damals das Vertrauen des Königs mit Piper zu teilen begann. Marlborough fuhr sogar in dem Wagen des Barons nach dem Quartier Karls XII. und man bemerkte zwischen ihm und dem Kanzler Piper eine deutliche Kälte. Als er hierauf durch Piper zugleich mit dem englischen Minister Robinson dem König vorgestellt wurde, redete er diesen französisch an; er sagte ihm, wie glücklich er sich schätze, unter seinen Befehlen dasjenige von der Kriegskunst lernen zu können, was ihm selbst noch abgehe. Der König erwiderte dieses Kompliment mit keiner Artigkeit und schien ganz zu vergessen, dass es Marlborough war, der mit ihm sprach. Er fand sogar, dass dieser große Mann auf eine viel zu gesuchte Weise gekleidet sei und zu wenig militärisch aussehe. Die Unterhaltung nahm eine allgemeine und ermüdende Wendung, Karl XII. sprach schwedisch und Robinson machte den Dolmetscher. Marlborough, der es nicht eilig hatte, mit seinen Vorschlägen heraus zu rücken, und infolge langer Gewohnheit die Kunst besaß, die Absichten der Menschen auszufinden, auch die Beziehungen kannte, welche zwischen ihren geheimsten Gedanken und ihren Handlungen, Gebärden und Reden bestehen, studierte den König mit Aufmerksamkeit. Während er ihm vom Krieg im allgemeinen sprach, glaubte er in Karl XII. einen natürlichen Widerwillen gegen Frankreich zu entdecken; er bemerkte, dass er sich gerne über die Eroberungen der Alliierten unterhielt. Dann sprach er den Namen des Zaren aus und bemerkte sofort, wie die Augen des Königs bei Nennung dieses Namens funkelten, ungeachtet die Unterhaltung einen durchaus gemäßigten Charakter trug. Überdies sah er auf einem Tische eine Karte von Russland liegen. Er bedurfte nicht mehr, um zu erkennen, dass der innerste Gedanke des Königs von Schweden und sein einziger Ehrgeiz darin bestehe, nach dem König von Polen auch den Zaren zu entthronen. Marlborough kam zu der Überzeugung, dass, wenn der König bis jetzt noch in Sachsen verweile, dies nur geschehe, um dem römischen Kaiser noch einige harte Bedingungen aufzuerlegen. Er wusste wohl, dass dieser Kaiser keinen Widerstand leisten und die Angelegenheit sich somit leicht abwickeln würde. Er überließ somit Karl XII. ganz seiner natürlichen Neigung; zufrieden, dessen Absichten durchdrungen zu haben, machte er ihm keinerlei Vorschläge. Diese Details sind mir von der Frau Herzogin von

Marlborough, seiner noch lebenden Witwe, selbst mitgeteilt worden.

Da man selten Unterhandlungen zum Abschluss bringt, ohne Summen fließen zu lassen, und es bisweilen Minister gibt, die den Hass oder die Gunst ihres Herrn verkaufen, so glaubte man in ganz Europa, der Herzog von Marlborough habe seinen Zweck bei dem König von Schweden nur dadurch erreicht, dass er dem Grafen Piper gelegentlich eine große Summe eingehändigt, und so wurde das Gedächtnis dieses Mannes bis heute durch einen so niedrigen Verdacht befleckt. Ich habe mich bemüht, diesem Gerücht möglichst auf den Grund zu gehen und dabei erfahren, dass Piper mit Erlaubnis des Königs seines Herrn aus der Hand des Grafen von Wratislaw ein sehr mäßiges Geschenk vom Kaiser, vom Herzog von Marlborough aber nichts erhalten habe. Gewiss ist, dass Karl den unerschütterlichen Entschluss gefasst hatte, den Kaiser von Russland zu entthronen, dass er dabei von niemand einen Rat annahm und es nicht erst eines Antriebs von seiten des Grafen Piper bedurfte, um ihn zu bestimmen an Peter Alexjewitsch eine Rache zu nehmen, die er schon so lange ersehnte.

Was diesen Minister endlich vollständig rechtfertigt, ist die Ehre, die Karl XII. seinem Gedächtnis noch lange nachher zollte. Als er erfuhr, dass Piper in Russland (in Schlüsselburg) gestorben sei, ließ er die Leiche nach Stockholm bringen und sie auf seine Kosten prächtig bestatten.

Der König, der bis dahin noch keinen Unfall gehabt, ja nicht einmal eine Verzögerung in seinem Glückslaufe erfahren hatte, glaubte, ein Jahr werde ihm genügen, um den Zaren vom Throne zu stoßen. Dann wollte er zurückkehren und sich zum Schiedsrichter von Europa aufwerfen; ehe er aufbrach, wollte er aber noch den deutschen Kaiser demütigen.

Der schwedische Gesandte in Wien, Baron von Stralheim, hatte nämlich bei einem Mahle mit dem kaiserlichen

Kammerherrn, Grafen von Zobor, Streit bekommen. Der letztere hatte sich geweigert, auf die Gesundheit Karls XII. zu trinken, und in derben Worten ausgesprochen, dass dieser Fürst seinen Herrn und Kaiser zu schlecht behandle. Stralheim hatte widersprochen und ihm dabei eine Ohrfeige gegeben, trotz dieser Beleidigung aber noch gewagt, bei dem kaiserlichen Hofe Genugtuung zu verlangen. Aus Furcht dem Schwedenkönig zu mißfallen, hatte der Kaiser seinen Untertanen verbannt, den er doch eigentlich hätte schützen und rächen sollen. Karl XII. war aber damit noch nicht zufrieden; er verlangte, dass man ihm den Grafen von Zobor ausliefern solle. Der stolze Wiener Hof sah sich gezwungen nachzugeben; der Graf wurde dem Könige übergeben, der ihn, nachdem er ihn eine Zeitlang als Gefangenen in Stettin behalten, wieder entließ.

Außerdem verlangte er gegen alles Völkerrecht, dass man ihm die fünfzehnhundert unglücklichen Russen ausliefern solle, die seiner Armee entronnen waren und sich auf das Gebiet des Kaisers geflüchtet hatten. Auch dieses sonderbare Verlangen musste der Wiener Hof erfüllen und wenn der russische Gesandte in Wien nicht in geschickter Weise diesen Unglücklichen auf verschiedenen Wegen zum Lande hinausgeholfen hätte, wären sie sämtlich ihren Feinden ausgeliefert worden.

Die dritte und letzte seiner Forderungen war die stärkste. Er erklärte sich zum Beschützer der protestantischen Untertanen des Kaisers in Schlesien, einer zum Hause Österreich und nicht zum Reiche gehörigen Provinz. Er wollte, dass ihnen der Kaiser die allerdings durch den Westfälischen Frieden gewährleisteten, aber durch den Frieden von Ryswick wieder aufgehobenen oder wenigstens umgangenen Freiheiten und Vorrechte einräumen solle. Der Kaiser, der keinen anderen Gedanken hatte, als einen so gefährlichen Nachbar los zu werden, gab abermals nach und gewährte das Verlangte. Die schlesischen Lutheraner erhielten über hundert Kirchen, welche die

Katholiken ihnen nach jenem Friedensvertrag hätten abtreten sollen, zurück; aber viele dieser Zugeständnisse, welche das Glück des Schwedenkönigs ihnen verschafft, wurden ihnen wieder genommen, sobald jener nicht mehr imstande war, Gesetze aufzuerlegen.

Der Kaiser, der diese erzwungenen Zugeständnisse machte und in allem dem Willen Karls XII. nachgab, hieß Josef. Er war der älteste Sohn Leopolds und Bruder Karls VI., der ihm auf dem Throne folgte. Der päpstliche Internuntius, der damals bei Josef beglaubigt war, machte demselben die lebhaftesten Vorwürfe darüber, dass ein katholischer Kaiser wie er das Interesse seiner eigenen Kirche dem der Ketzer hintansetze. »Ihr könnt euch noch glücklich schätzen,« erwiderte ihm der Kaiser lachend, »dass der König von Schweden mich nicht aufgefordert hat, lutherisch zu werden; denn wenn er es verlangt hätte, weiß ich nicht, was ich getan haben würde.«

Sein Gesandter bei Karl XII., Graf Wratislaw brachte den von der Hand seines Herrn unterzeichneten Vertrag zugunsten der Schlesier nach Leipzig. Nun erklärte Karl, er sei der beste Freund des Kaisers; doch bemerkte er nicht ohne Ärger, dass Rom seine Pläne nach Kräften gekreuzt hatte. Mit Verachtung sah er auf die Schwäche dieses letzteren Hofs herab, der die eine Hälfte Europas zum unversöhnlichsten Feinde hat, der anderen ebensowenig traut und sein Ansehen nur durch geschickte Unterhandlungen aufrecht hält. Doch dachte er daran, sich dereinst auch an Rom zu rächen. Er sagte zu dem Grafen Wratislaw, die Schweden (Goten) hätten Rom schon einmal unterjocht und wären nicht so aus der Art geschlagen wie Rom. Er ließ den Papst benachrichtigen, dass er die Wertgegenstände, welche die Königin Christine zu Rom gelassen, dereinst von ihm verlangen würde. Man weiß in der Tat nicht, wie weit dieser junge Eroberer seinen Hass und seine Waffen getragen haben würde, wenn das Glück seine Pläne begünstigt hätte. Damals schien ihm nichts unmöglich; er hatte insgeheim sogar mehrere Offiziere nach

Asien und Egypten geschickt, um Pläne von den dortigen Städten aufzunehmen und ihn über die Streitkräfte dieser Staaten ins klare zu setzen. Wenn es damals jemand gab, der das persische und türkische Reich umstürzen und dann nach Italien ziehen konnte, so war es gewiss Karl XII. Er war ebenso jung wie Alexander, ebenso kriegerisch, ebenso unternehmend, und noch unermüdlicher, noch körperlich kräftiger, und mäßiger. Seine Schweden aber wogen vielleicht noch schwerer als die Makedonier. Aber derartige Pläne, die man göttlich heißt, wenn sie gelingen, werden als Hirngespinste bezeichnet, wenn das Gegenteil der Fall ist.

Als endlich alle Schwierigkeiten geebnet und alle Absichten durchgeführt waren, nachdem er den Kaiser gedemütigt, dem Reiche Gesetze vorgeschrieben, seine lutherische Religion inmitten der Katholiken beschützt, einen König entthront, einen anderen gekrönt hatte und der Schrecken aller Fürsten geworden war, schickte er sich zum Abmarsch an. Die Annehmlichkeiten Sachsens, wo er ein Jahr lang müßig gelegen, hatten seine Lebensweise in Nichts gemildert. Er stieg auch hier dreimal täglich zu Pferde, stand morgens um vier Uhr auf, kleidete sich allein an, trank keinen Wein, blieb nur eine Viertelstunde bei Tische, exerzierte täglich seine Truppen und kannte kein anderes Vergnügen, als Europa angst zu machen.

Die Schweden wussten nicht, wohin ihr König sie führen würde. Man fürchtete jedoch in der Armee, Karl könnte nach Moskau gehen. Einige Tage vor dem Abmarsch befahl er dem Generalquartiermeister, ihm schriftlich die Route vorzulegen, von Leipzig nach – hier hielt er inne; und aus Furcht, der Generalquartiermeister könnte seine Pläne erraten, setzte er lachend hinzu: – »nach allen Hauptstädten Europas!« Der Generalquartiermeister übergab ihm eine Liste aller dieser Routen; an die Spitze derselben aber hatte er mit großen Buchstaben gesetzt: »Straße von Leipzig nach Stockholm.« Die meisten Schweden hatten nämlich keinen anderen Gedanken als dahin

zurückzukehren; der König war aber weit entfernt, sie ihr Vaterland wieder sehen lassen zu wollen. »Herr Marschall,« sprach er, »ich sehe recht gut, wohin Ihr mich gerne führen möchtet, aber wir werden nicht so bald nach Stockholm zurückkehren.«
Die Armee setzte sich in Marsch und kam in der Nähe von Dresden vorüber; Karl war an der Spitze und ritt nach seiner Gewohnheit immer zwei- bis dreihundert Schritt vor seinen Garden. Plötzlich verlor man ihn aus den Augen: einige Offiziere jagten vorwärts, um nach ihm zu sehen; man rannte nach allen Seiten und fand ihn nicht. In einem Nu dringt der Alarm durch die ganze Armee, man macht Halt, die Generale treten zusammen; die Bestürzung war allgemein, bis man endlich von einem vorübergehenden Sachsen erfuhr, was aus dem König geworden war.

Als er so nahe an Dresden vorüber kam, hatte ihn nämlich die Lust angewandelt, dem König August einen Besuch zu machen. Er war nur von drei bis vier Generalen begleitet in die Stadt geritten. Am Tore fragte man sie nach dem Namen; Karl sagte, er heiße Karl und sei Trabant. Jeder nahm einen falschen Namen an. Als der Graf Flemming die Gesellschaft kommen sah, konnte er seinen Herrn kaum noch benachrichtigen. Alles was man bei einer solchen Gelegenheit etwa tun könnte, fuhr dem Minister durch den Kopf; er sprach mit August davon, aber Karl trat bereits gestiefelt und gespornt ins Zimmer, ehe August Zeit hatte, sich zu fassen. Er war gerade unwohl und im Schlafrock; und zog sich nun in aller Eile an. Karl frühstückte mit ihm wie ein Reisender, der sich von seinem Freunde verabschiedet. Dann wollte er die Befestigungen sehen. Während er dieselben durcheilte, glaubte ein in Schweden verurteilter Livländer, der unter den sächsischen Truppen diente, dass sich vielleicht nie wieder eine so günstige Gelegenheit biete, um seine Begnadigung zu erlangen. Er beschwor daher den König August, sich bei Karl für ihn zu verwenden, überzeugt, dass dieser

König eine so geringe Gefälligkeit einem Fürsten nicht verweigern würde, dem er eine Krone genommen hatte und in dessen Hand er sich eben befand. August nahm sich der Sache ohne allen Anstand an. Er war gerade etwas entfernt von dem König von Schweden und unterhielt sich mit dem schwedischen General Hord. »Ich glaube, Euer Gebieter wird mir das nicht abschlagen,« sagte er lächelnd zu diesem. – »Ihr kennt ihn nicht,« erwiderte General Hord, »er wird es Euch hier eher als irgendwo abschlagen.« – August unterließ gleichwohl nicht den König in den dringendsten Ausdrücken um die Begnadigung des Livländers zu bitten. Allein Karl schlug es in einer Weise ab, dass man nicht ein zweites Mal darum bitten konnte. Nachdem dieser seltsame Besuch einige Stunden gedauert hatte, umarmte er den König August und ritt weiter. Als er die Armee wieder erreichte, fand er die Generale noch in größter Bestürzung. Sie sagten ihm, sie hätten Dresden belagert, wenn man Seine Majestät gefangen gehalten hätte. »Gut,« erwiderte der König, »sie würden das nicht gewagt haben.« – Als man am anderen Tag erfuhr, dass König August einen außerordentlichen Ministerrat in Dresden halte, bemerkte der Baron von Stralheim: »Ihr seht, sie beraten jetzt darüber, was sie gestern hätten tun sollen.« Als Rehnsköld einige Tage später zu dem Könige kam und ihm sein Erstaunen über den Abstecher nach Dresden ausdrückte, sagte der König: »Ich habe mich auf mein Glück verlassen; einen Augenblick war es übrigens nicht ganz sauber. Flemming hatte Lust, mich nicht so bald aus Dresden fort zu lassen.«

Viertes Buch

Der siegreiche Karl verlässt Sachsen, verfolgt den Zaren; dringt bis nach der Ukraine. Seine Verluste, seine Verwundung. Schlacht bei Pultawa. Folgen dieser Schlacht. Karl sieht sich genötigt, nach der Türkei zu flüchten. Seine Aufnahme in Bessarabien.

Im September 1707 verließ Karl endlich Sachsen an der Spitze einer Armee von dreiundvierzigtausend Mann, die sonst von Eisen starrten und jetzt von Gold und Silber glänzten, der Beute, die sie in Polen und Sachsen gemacht hatten. Jeder Soldat hatte fünfzig Silbertaler bei sich. Alle Regimenter waren vollzählig, ja es gab in jeder Kompanie noch mehrere Überzählige. Außerdem erwartete ihn der Graf Löwenhaupt, einer seiner besten Generale, mit zwanzigtausend Mann in Polen. Es standen ferner fünfzehntausend Mann in Finnland und neue Rekruten kamen ihm noch von Schweden aus zu. Mit so mächtigen Streitkräften zweifelte niemand, dass er den Zaren entthronen werde. Dieser Kaiser befand sich damals in Litauen und bemühte sich dort einer Partei, auf die König August verzichtet zu haben schien, neuen Mut einzuflößen. Beim ersten Gerücht von dem Nahen des Schwedenkönigs flohen seine in verschiedene Korps geteilten Truppen nach allen Seiten. Er hatte allen seinen Generalen befohlen, jenem Eroberer niemals mit ungleichen Kräften die Stirne zu bieten, und fand nur zu eifrigen Gehorsam.

Mitten in seinem siegreichen Marsche erhielt der König von Schweden eine Gesandtschaft von den Türken. Der Graf Piper gab derselben Audienz, wie sich denn alle feierlichen Zeremonien bei diesem Minister abwickelten. Er hielt die Würde seines Herrn durch Äußerlichkeiten, die damals nicht ohne Prachtentwicklung verliefen, aufrecht. Der König selbst, immer schlechter logiert, schlechter bedient und einfacher gekleidet als der geringste Offizier seiner Armee, pflegte zu sagen, sein Palast befinde sich im

Quartier Pipers. Der türkische Gesandte stellte Karl hundert schwedische Soldaten vor, die durch die Kalmücken gefangen genommen, nach der Türkei verkauft, vom Großherrn aber losgelöst worden waren und die dieser Kaiser nun dem König als das angenehmste Geschenk übersandte, das er ihm machen könnte; (*hier irrt sich der Verfasser. Es war nicht der türkische Gesandte, der dem König von den Russen gemachte Sklaven vorstellte, vielmehr war es der König von Schweden, der bei der Einnahme von Lemberg dort hundert türkische Sklaven gefunden hatte, welche ehedem in den Kriegen mit Polen gefangen worden waren. Diesen hatte er die Freiheit, Geld und prächtige Gewänder geschenkt und sie nach der türkischen Grenze geleiten lassen. – Der türkische Gesandte bot dem König allerdings ein Bündnis mit seinem Herrn an. Allein, mochte sich nun dieser Fürst allein stark genug fühlen, um den Krieg mit dem Zaren durchzuführen, oder wurde er durch die Vorstellungen seines Ministers und der Geistlichkeit überzeugt, dass es nicht passe, ein Bündnis mit den Feinden der Christenheit abzuschließen, er begnügte sich den Gesandten mit Geschenken überhäuft zu verabschieden, ohne eine Erwiderung auf seine Vorschläge zu geben. Poniatowski*) nicht als ob der ottomanische Stolz damit dem Ruhme Karls eine Huldigung hätte darbringen wollen, sondern weil der Sultan als natürlicher Feind der Kaiser von Russland und Deutschland sich gegen diese durch die Freundschaft Schwedens und ein Bündnis mit Polen verstärken wollte. Der Gesandte wünschte Stanislaus zu seiner Thronbesteigung Glück. So wurde dieser König in kurzer Zeit von Deutschland, Frankreich, England, Spanien und der Türkei anerkannt. Nur der Papst wollte mit der Anerkennung noch warten, bis die Zeit jene Krone, die ja ein Missgeschick wieder zu Fall bringen konnte, auf seinem Haupte befestigt haben würde.

Kaum war die Audienz des Gesandten der Pforte zu Ende, als Karl wieder den Russen nacheilte. Die Truppen des Zaren waren im Laufe des Kriegs wohl zwanzigmal aus Polen verschwunden und wieder dort eingefallen; da das Land nach allen Richtungen offen war und keine festen Plätze besaß, welche einer Armee den Rückweg hätten abschneiden können, so blieb es den Russen stets unbenommen, immer wieder an dem gleichen Orte zu erscheinen, wo sie geschlagen worden waren, und sogar ebenso tief in das Land einzudringen wie die Sieger. Während Karl in Sachsen verweilte, war der Zar bis Lemberg, dem südlichen Endpunkte Polens vorgerückt. Jetzt stand er im Norden bei Grodno in Litauen, hundert Stunden von Lemberg entfernt.

Karl ließ Stanislaus in Polen zurück. Mit Hilfe von zehntausend Schweden und seinen neuen Untertanen sollte er sein neues Königreich gegen innere und äußere Feinde verteidigen. Der König selbst setzte sich an die Spitze seiner Reiterei und marschierte im Januar 1708 mitten durch das Eis nach Grodno.

Bereits hatte er zwei Stunden von dieser Stadt den Niemen passiert und noch wusste der Zar nichts von seinem Marsche. Bei der ersten Nachricht vom Anrücken der Schweden eilte der letztere durch das nördliche Tor hinaus, während der König durch das südliche einzog. Der König hatte nur sechshundert Mann seiner Leibwache bei sich, die übrigen hatten nicht nachkommen können. Der Zar floh mit mehr als zweitausend Mann, in der Meinung, eine ganze Armee sei in Grodno eingezogen. Noch am nämlichen Tage erfuhr er jedoch durch einen polnischen Überläufer, dass er den Platz vor sechshundert Mann verlassen habe und dass das Gros der feindlichen Armee noch über fünf Stunden entfernt sei. Er verlor keine Zeit und entsendete mit Einbruch der Nacht fünfzehnhundert Reiter, um den Schwedenkönig in der Stadt aufzuheben. Die fünfzehnhundert Russen kamen unter dem Schutze der Dunkelheit, ohne bemerkt zu werden, bis an die erste schwedische Wache. Diese bestand aus dreißig Mann und hielt allein eine Viertelstunde lang den Anfall der fünfzehnhundert aus. Dann aber eilte der König, der sich am anderen Ende der Stadt befand, mit dem Rest seiner sechshundert Garden herbei. Die Russen flohen in größter Eile. Bald stieß seine Armee zu ihm und er verfolgte nun ohne Aufenthalt den Feind. Alle in Litauen befindlichen russischen Korps zogen sich eiligst in östlicher Richtung nach dem Palatinate Minsk und in die Nähe der russischen Grenze zurück, wo ihr Sammelplatz war. Die Schweden, welche der König gleichfalls in verschiedene Korps geteilt hatte, verfolgten sie dreißig Stunden weit ohne Unterlass. Flüchtlinge und Verfolger machten fast täglich Gewaltmärsche, obschon man sich mitten im Winter befand. Längst war den Soldaten Karls und des Zaren jede Jahreszeit gleichgültig; nur der Schrecken, den der Name des Königs Karl hervorrief, machte einen Unterschied zwischen Russen und Schweden.

Von Grodno ostwärts bis zum Dnjepr ziehen sich Sümpfe, Einöden und unermessliche Wälder. An den angebauten Punkten findet man keine Lebensmittel, weil die Bauern ihr Getreide und was sich nur auf diese Art verwahren lässt, in den Boden vergraben. Man muss deshalb den Boden mit großen eisernen Stangen sondieren, um diese unterirdischen Magazine zu entdecken. Russen und Schweden lebten abwechslungsweise von diesen Vorräten; man fand sie aber nicht immer und sie reichten nicht aus.

Der König von Schweden, der diesen Fall vorausgesehen, hatte Zwieback zum Unterhalt der Armee mitführen lassen. Nichts hielt ihn daher in seinem Marsche auf. Nachdem er den Wald von Minsk, wo man alle Augenblicke Bäume fällen musste, um Wege für Truppen und Bagage herzustellen, hinter sich hatte, stand er am 25. Juni 1708 an der Beresina gegenüber von Borisow.

Hier hatte der Zar den größten Teil seiner Streitkräfte gesammelt und sich vorteilhaft verschanzt. Er hatte die Absicht, den Schweden den Übergang zu verwehren. Karl stellte einige Regimenter am Ufer der Beresina gegenüber Borisow auf, wie wenn er die Absicht hätte, den Übergang angesichts des Feindes zu erzwingen. Zugleich marschierte er aber mit seinem Heere drei Stunden stromaufwärts, ließ dort eine Brücke schlagen, warf ein Korps von dreitausend Mann, welches diesen Punkt verteidigte, über den Haufen und marschierte ohne Aufenthalt gegen die feindliche Armee. Die Russen erwarteten ihn nicht, sie brachen ihr Lager ab und zogen sich gegen den Dnjepr zurück, wobei sie unterwegs die Straßen ungangbar machten und alles vernichteten, um die Schweden möglichst lange aufzuhalten.

Aber Karl überwand alle Hindernisse und rückte immer weiter gegen den Dnjepr. Er stieß am 13. Juli 1708. unterwegs auf zwanzigtausend Russen, die sich bei Holowczyn hinter einem Sumpfe verschanzt hatten, an den man nur nach Passierung eines Flusses gelangen konnte. Karl wartete mit dem Angriff nur, bis seine Infanterie heran war; dann warf er sich an der Spitze seiner Fußgarden ins Wasser, und durchwatete Fluss und Sumpf, wobei ihm das Wasser bis an die Schultern ging. Zugleich hatte er seiner Reiterei den Befehl erteilt, den Sumpf zu umgehen und den Feind in der Flanke anzugreifen. Die Russen sahen mit Bestürzung, dass kein Hindernis ihnen Schutz gewährte und wurden zu gleicher Zeit von dem König, der sie zu Fuß angriff und von der schwedischen Reiterei geworfen.

Die letztere durchbrach den Feind und stieß mitten im Gefecht zum König. Dieser bestieg nun ein Pferd; aber als er bald darauf in dem Handgemenge einen jungen schwedischen Edelmann namens Gyllenstierna, den er sehr liebte, verwundet und marschunfähig fand, nötigte er ihn sich seines Pferdes zu bedienen und fuhr fort, seine Infanterie zu Fuß zu kommandieren. Von allen Schlachten, die er bis jetzt geschlagen, war diese vielleicht die ruhmvollste, diejenige, wo er die größte Gefahr bestand und die größte Geschicklichkeit zeigte. Das Gedächtnis derselben wurde durch eine Medaille verewigt, wo man auf der einen Seite las: Sylvae, paludes, aggeres, hostes victi, auf der anderen folgenden Vers Lucians: Victrices copias alium laturus in orbem.

Überall verjagt gingen die Russen über den Dnjepr, der ihr Land von Polen trennt. Karl säumte nicht, ihnen nachzueilen. Er überschritt unmittelbar hinter ihnen diesen großen Fluss bei Mohilew, der letzten polnischen Stadt, welche, wie es Grenzplätzen gewöhnlich geschieht, bald den Polen bald den Zaren gehört hat.

Als der Zar sah, dass sein Reich, in dem er eben erst Künste und Handel ins Leben gerufen, einem Kriege zum Opfer fallen sollte, der in kurzer Zeit alle seine großen Entwürfe, ja vielleicht sogar seinen Thron über den Haufen werfen konnte, hielt er es für klug von Frieden zu sprechen. Durch einen polnischen Edelmann, der sich zur schwedischen Armee begab, ließ er dem Könige Vorschläge in dieser Richtung machen. Karl XII., der gewöhnt war, seinen Feinden den Frieden nur in ihrer Hauptstadt zu gewähren, erwiderte: »Ich werde mit dem Zaren in Moskau unterhandeln.« Als man dem Zaren diese hochfahrende Antwort hinterbrachte, erwiderte er: »Mein Bruder Karl spielt immer den Alexander, aber ich schmeichle mir, dass er in mir keinen Darius finden soll.«

Wenn man von Mohilew, wo der König den Dnjepr passierte, diesem Flusse entlang immer an der polnisch-russischen Grenze, gegen Norden marschiert, so kommt man in einer Entfernung von dreißig Wegstunden an die Stadt Smolensk, durch welche die große Straße von Polen nach Moskau führt. Der Zar ging auf dieser Straße zurück. Der König folgte ihm in Gewaltmärschen. Die russische Nachhut geriet mehr als einmal mit der schwedischen Vorhut zusammen. Der Vorteil blieb beinahe immer auf seiten der letzteren; aber in diesen kleinen nichts entscheidenden Gefechten verloren die Schweden doch immer Leute und schwächten sich allmählich.

Am 22. September 1708 griff der König bei Smolensk ein Korps von zehntausend Reitern und sechstausend Kalmücken an.

Diese Kalmücken sind Tataren, welche das Gebiet zwischen dem zu Russland gehörigen Königreich Astrachan und dem Lande der Usbekischen Tataren Samarkand, dem Vaterlande des unter dem Namen Tamerlan bekannten Timur, bewohnen. Das Land der Kalmücken erstreckt sich gegen Osten bis an die Gebirge, welche die Mongolei von West-Asien trennen. Diejenigen Kalmücken, welche nach Astrachan zu wohnen, sind dem Zaren steuerpflichtig. Er nimmt eine unumschränkte Herrschaft über sie in Anspruch, allein ihr Nomadenleben hindert ihn eine solche auszuüben, und ist Ursache, dass er es mit ihnen hält wie der Großherr mit den Arabern, das heißt, dass er bald ihre Räubereien duldet, bald sie bestraft. Solche Kalmücken gibt es immer unter den russischen Truppen. Der Zar hatte es sogar so weit gebracht, sie wie seine übrigen Soldaten zu disziplinieren.

Der König rückte mit nur sechs Regimentern Reiterei und viertausend Mann Fußvolk gegen diese Armee. An der Spitze des Regiments Ostgotland warf er sich zunächst auf die Russen, die sich zurückzogen. Er rückte ihnen über Hohlwege und Terrainhindernisse nach, hinter denen die Kalmücken im Versteck lagen. Diese brachen nun plötzlich hervor und warfen sich zwischen das Regiment, bei dem der König kämpfte, und die übrige schwedische Armee. Russen und Kalmücken umzingelten das Regiment und drangen bis zum König durch. Sie töteten zwei Adjutanten, die neben ihm kämpften. Dem König selbst wurde das Pferd unter dem Leibe getötet; ein Stallmeister bot ihm ein anderes. Aber Stallmeister und Pferd wurden von Schüssen durchbohrt. Karl kämpfte mit einigen Offizieren, die ihn sogleich umgeben hatten, zu Fuß weiter.

Mehrere wurden gefangen, verwundet oder getötet, oder auch durch die Masse, die sich auf sie warf, vom Könige abgedrängt. Nur fünf Leute blieben zuletzt noch bei Karl.

Schon hatte er über zwölf Feinde mit eigener Hand getötet, ohne eine einzige Wunde erhalten zu haben. Jenes merkwürdige Glück, das ihn bisher immer begleitet hatte und auf das er sich so fest verließ, wurde ihm auch heute nicht untreu. Endlich bahnte sich der Oberst Dahldorf mit einer Kompanie seines Regiments einen Weg durch die Kalmücken; er kam gerade noch zu rechter Zeit, um den König zu retten. Die übrigen Schweden machten diese Tataren nieder; die Armee kam wieder in Ordnung, Karl stieg zu Pferde und verfolgte trotz seiner Müdigkeit die Russen noch zwei Stunden weit.

Der Sieger blieb dabei auf der großen Straße nach der Hauptstadt Russlands. Von Smolensk, wo dieses Treffen stattfand, sind es noch hundert Wegstunden bis Moskau. Die schwedische Armee hatte jetzt beinahe keine Lebensmittel mehr. Man drang daher in den König, den General Löwenhaupt, der neue Vorräte, sowie eine Verstärkung von fünfzehntausend Mann bringen sollte, hier zu erwarten. Der König, welcher selten von anderen einen Rat annahm, hörte nicht nur nicht auf diese vernünftigen Ratschläge, sondern verließ zum großen Staunen der Armee die Moskauer Straße und marschierte südwärts gegen die Ukraine, das Land der Kosaken zwischen der kleinen Tatarei, Polen und Russland. Dieses Gebiet ist von Süden nach Norden etwa hundert Wegstunden lang und von Osten nach Westen fast ebenso breit. Es wird durch den Dnjepr, der es von Nordwesten nach Südosten durchströmt, beinahe in zwei gleiche Teile geteilt. Die Hauptstadt ist Baturin an dem Flüsschen Sem. Der nördliche Teil der Ukraine ist angebaut und reich; der südliche unter dem 48. Breitengrad zwar außerordentlich fruchtbar, aber öde und unbebaut. Eine schlechte Regierung hat dort das Gute, was die Natur dem Menschen zu schenken bemüht war, erstickt. Die Bewohner dieser Bezirke sind Nachbarn der kleinen Tatarei und säen nicht und pflanzen nicht, weil die räuberischen Tataren von Budziak und Perecop und die Moldauer ihre Ernten verheeren würden.

Die Ukraine hat stets nach Freiheit gestrebt; da sie aber von Russland, den Staaten des Großherrn und Polen umgeben ist, so musste sie in einem dieser drei Staaten einen Beschützer und somit einen Herrn suchen. Sie stellte sich anfangs unter den Schutz Polens, wurde von ihm aber allzu sehr als Untertan behandelt; dann gab sie sich an Russland hin, das sie möglichst als Sklavin beherrschte. Anfangs besaßen die Ukrainer das Recht, sich selbst einen Fürsten unter dem Namen General zu erwählen; bald aber nahm man ihnen dieses Recht und ihr General wurde vom Hof von Moskau ernannt.

Damals bekleidete diese Stelle ein polnischer Edelmann, namens Mazeppa, der im Palatinat Podolien geboren war. Er war als Page am Hofe des Königs Johann Kasimir erzogen worden und hatte dort einen Anstrich von Bildung erhalten. Ein Verhältnis, welches er in seiner Jugend mit der Frau eines polnischen Edelmanns unterhielt, wurde von diesem entdeckt; der Ehemann ließ ihn nackt auf ein wildes Pferd binden und dieses in die Steppe hinausjagen. Das Pferd war aus der Ukraine und kehrte deshalb dahin zurück. Halbtot vor Hunger und Schmerz kam Mazeppa dort auf ihm an. Bauern sprangen ihm bei und lange lebte er unter ihnen und zeichnete sich bei verschiedenen Zügen gegen die Tataren aus. Die Überlegenheit seines Geistes verschaffte ihm ein großes Gewicht unter den Kosaken; sein Ruf vermehrte sich mit jedem Tage, so dass der Zar sich endlich veranlasst sah, ihn zum Fürsten der Ukraine zu ernennen.

Als er aber eines Tags mit dem Zaren zu Moskau an der Tafel saß, stellte dieser das Ansinnen an ihn, er solle die Kosaken disziplinieren und dadurch abhängiger von der Krone machen. Mazeppa erwiderte, die Lage der Ukraine und der Geist dieses Volkes böten ganz unübersteigliche Hindernisse. Der Zar, der vom Wein aufgeregt war und seinen Jähzorn nicht immer beherrschen konnte, schalt ihn daraufhin einen Verräter und drohte, ihn spießen zu lassen.

Als Mazeppa nach der Ukraine zurückgekehrt war, fasste er den Plan sich zu empören. Die schwedische Armee, welche bald darauf an seiner Grenze erschien, sollte ihm dies ermöglichen. Er beschloss, sich unabhängig zu machen und aus der Ukraine und den Trümmern des russischen Reichs ein neues mächtiges Königreich zu schaffen. Er war ein mutvoller, unternehmender Mann und ungeachtet seines hohen Alters noch von unermüdlicher Tätigkeit. Er verband sich also im geheimen mit dem König von Schweden, um den Sturz des Zaren zu beschleunigen und für sich auszunützen.

Der König verabredete mit ihm ein Zusammentreffen an der Desna. Mazeppa versprach mit dreißigtausend Mann, Kriegsbedürfnissen, Mundvorrat und seinen ungeheuren Schätzen dahin zu kommen. Die schwedische Armee marschierte also zum großen Verdruss aller Offiziere, welche von dieser Abmachung des Königs mit den Kosaken nichts wussten, in der neuen Richtung. Karl schickte Löwenhaupt den Befehl zu, ihm Truppen und Vorräte schleunigst in die Ukraine nachzuführen, wo er den Winter zuzubringen gedachte, um, wenn er sich dieses Landes versichert hätte, im nächsten Frühjahr Russland zu erobern. Einstweilen zog er nach der Desna, die bei Kiew in den Dnjepr fällt.

Die Marschhindernisse, denen man bis dahin begegnet, waren ein Kinderspiel gegen die, welche man auf dieser neuen Straße fand. Man musste einen fünfzig Stunden breiten Wald voller Sümpfe durchziehen. Der General Lagercrona, welcher mit fünftausend Mann und den Pionieren die Vorhut bildete, führte die Armee in östlicher Richtung dreißig Stunden von der richtigen Straße ab. Nach einem viertägigen Marsch erkannte der König, dass Lagercrona irre ging. Mit Not kam man wieder auf den rechten Weg; aber fast die ganze Artillerie und alle Bagagewagen blieben in den Sümpfen stecken und versanken darin.

Endlich nach einem zwölftägigen höchst beschwerlichen Marsch, auf welchem die Schweden den kleinen Rest von Zwieback, den sie noch besaßen, vollends aufzehrten, langte die Armee von Hunger und Strapazen erschöpft an jenem Punkt an der Desna an, den Mazeppa als Rendezvousplatz bezeichnet hatte. Allein statt hier diesen Fürsten zu finden, sahen sich die Schweden einem Korps Russen gegenüber, welches gegen die Flussufer vorrückte. Der König war bestürzt; doch beschloss er sofort die Desna zu passieren und die Feinde anzugreifen. Bei der Steile der Ufer sah man sich genötigt, die Soldaten an Seilen hinabzulassen. Sie passierten dann den Fluss in ihrer gewohnten Weise, die einen auf rasch gefertigten Flößen, die anderen schwimmend. Das russische Korps, welches eben anlangte, war nur achttausend Mann stark; es leistete keinen langen Widerstand und dieses Hindernis war bald überwältigt.

Karl drang nun tiefer in das ungewisse Land ein, der Straße ebensowenig sicher wie der Treue Mazeppas. Endlich erschien der Kosakenfürst, aber eher als Flüchtling denn als mächtiger Bundesgenosse. Die Russen hatten seine Pläne entdeckt und waren ihm zuvorgekommen. Sie hatten sich auf seine Kosaken geworfen und sie in Stücke gehauen; seine vornehmsten Freunde, die mit den Waffen in der Hand gefangen worden waren, wurden dreißig an der Zahl zum Rad verurteilt; seine Städte lagen in Asche, sein Schatz war geplündert, die Vorräte, die er für den König von Schweden gesammelt, weggenommen. Kaum hatte er selbst mit sechstausend Mann und einigen mit Gold und Silber beladenen Pferden entrinnen können. Immerhin brachte er dem König die Hoffnung, dass er sich durch seine Vermittlung und Ortskenntnis und die Zuneigung der Kosaken, die wütend gegen die Russen scharenweise in das Lager kamen und Vorräte brachten, in diesem unbekannten Lande werde erhalten können.

Karl hoffte immer noch, dass wenigstens sein General Löwenhaupt bald erscheinen und sein Missgeschick zum Bessern lenken werde. Er sollte ihm fünfzehntausend Schweden, die mehr wert waren als hunderttausend Kosaken, sowie Kriegs- und Mundvorräte zuführen; aber leider erschien er ungefähr in demselben Zustand wie Mzeppa.

Er hatte den Dnjepr oberhalb Mohilew passiert und war zwanzig Wegstunden jenseits auf der Straße nach der Ukraine vorgerückt. Er führte dem König einen Transport von achttausend Wagen nebst dem Gelde zu, das er unterwegs in Litauen erhoben. Aber als er bei Liesna ankam, wo sich die Pronia und die Soz vereinigen, um sich weiter unterhalb in den Dnjepr zu ergießen, erschien der Zar an der Spitze von fast vierzigtausend Mann.

Der schwedische General hatte zwar kaum sechzehntausend Mann, wollte sich aber gleichwohl nicht verschanzen. Ihre vielen Siege hatten den Schweden ein so großes Selbstvertrauen gegeben, dass sie nie nach der Zahl ihrer Feinde fragten, sondern nur nach dem Ort, wo dieselben standen. Am Nachmittag des 7. Oktober 1708 marschierte daher Löwenhaupt ohne Zaudern gegen den Zaren. Gleich beim ersten Zusammenstoß machten die Schweden fünfzehnhundert Russen nieder. Verwirrung riss in der russischen Armee ein, sie floh nach allen Seiten. Der Zar sah den Moment kommen, wo seine Niederlage eine vollständige würde. Er fühlte, dass das Schicksal seines Reichs von diesem Tage abhinge und dass er verloren sei, wenn Löwenhaupt mit einer siegreichen Armee zu dem Schwedenkönig stoße.

Als der Kaiser daher wahrnahm, dass seine Truppen zu weichen begannen, eilte er zu der Nachhut, die aus Kosaken und Kalmücken bestand. »Ich befehle euch,« rief er ihnen zu, »auf jeden zu feuern, der flieht und mich selbst niederzuschießen, wenn ich so feig sein sollte, den Rücken zu drehen.« Dann kehrte er zur Vorhut zurück und sammelte mit Hilfe des Fürsten Mentschikoff und des Fürsten Gallizin seine Truppen. Löwenhaupt, der den dringenden Befehl hatte, möglichst bald zu seinem Herrn zu stoßen, zog es vor, seinen Marsch fortzusetzen, statt den Kampf wieder aufzunehmen, da er genug getan zu haben glaubte, um dem Feinde die Lust zur Verfolgung zu benehmen.

Aber schon am folgenden Morgen um elf Uhr griff ihn der Zar am Rand eines Sumpfes von neuem an und suchte ihn zu umzingeln. Die Schweden machten nach allen Seiten Front, man schlug sich zwei Stunden lang mit gleicher Hartnäckigkeit von beiden Seiten. Die Russen verloren zwar dreimal mehr Leute, aber keiner von beiden wich und der Sieg blieb unentschieden.

Um vier Uhr führte General Bayer dem Zaren eine Verstärkung zu. Die Schlacht begann zum drittenmal mit vermehrter Erbitterung und dauerte nun bis in die Nacht hinein; endlich siegte die Überzahl; die Reihen der Schweden wurden durchbrochen, und sie bis zu ihrem Gepäck zurückgedrängt. Löwenhaupt sammelte seine Truppen hinter den Wagen. Die Schweden waren besiegt, aber sie flohen nicht. Es waren ungefähr noch neuntausend Mann, von denen nicht einer davonlief. Der General stellte sie mit derselben Leichtigkeit in Schlachtordnung, wie wenn sie nicht besiegt worden wären. Der Zar seinerseits brachte die Nacht unter den Waffen zu; er verbot den Offizieren bei Strafe der Kassation und den Soldaten bei Todesstrafe ihre Reihen zu verlassen, um zu plündern.

Am anderen Morgen bei Tagesanbruch befahl er einen neuen Angriff. Löwenhaupt hatte sich, nachdem er einen Teil seiner Geschütze vernagelt und seine Wagen verbrannt hatte, einige Meilen weit nach einer vorteilhaften Stellung zurückgezogen. Die Russen langten noch rechtzeitig an, um zu verhindern, dass das Feuer alle Wagen ergriff; noch über sechstausend Wagen fielen in ihre Hände. Der Zar wollte die Niederlage der Schweden vollständig machen und ließ durch den General Pflug zum fünftenmal angreifen; dieser General bot den Schweden eine ehrenvolle Kapitulation an. Allein Löwenhaupt schlug sie aus und lieferte eine fünfte gleich blutige Schlacht wie die vier vorhergehenden. Von seinen neuntausend Mann verlor er die Hälfte, die andere Hälfte aber ließ sich nicht überwältigen. Als endlich die Nacht hereinbrach, ging Löwenhaupt, nachdem er fünf Schlachten gegen vierzigtausend Mann geschlagen, mit seinen noch übrigen fünftausend Streitern über die Soz. Zehntausend Mann verlor der Zar in diesen Kämpfen, wo er den Ruhm hatte, die Schweden besiegt, Löwenhaupt aber die Ehre, diesen Sieg drei Tage ihm streitig gemacht zu haben und nicht gewichen zu sein, bis alle seine Stellungen genommen waren. Mit diesem Ruhm tapferster Verteidigung, aber ohne Munition und ohne Armee erreichte Löwenhaupt endlich das Lager seines Herrn. So sah sich der König ohne Lebensmittel, von seiner Verbindung mit Polen abgeschnitten, und inmitten eines Landes, wo er keine andere Hilfsquelle besaß als seinen Mut, überall von Feinden umgeben.

Zu dieser Not kam noch der schwere Winter von 1709, der sich an diesen Grenzen Europas noch fühlbarer machte als bei uns in Frankreich, und einen Teil des schwedischen Heeres vernichtete. Karl wollte der Jahreszeit trotzen, wie er seinen Feinden getrotzt hatte; er ließ während dieser tödlichen Kälte seine Truppen weite Märsche ausführen. Auf einem dieser Märsche sah er einmal zweitausend Mann unter seinen Augen der Kälte erliegen. Die Reiter hatten keine Stiefel, die Fußsoldaten keine Schuhe mehr, und nahezu auch keine Kleider. Sie mussten sich so gut es ging Fußbekleidungen von Tierfellen fertigen; oft fehlte es ihnen an Brot. Aus Mangel an Zugpferden hatte man sich genötigt gesehen, fast alle Geschütze in die Sümpfe und Flüsse zu werfen. Diese einst so blühende Armee zählte nur noch vierundzwanzigtausend Mann, die dem Hungertode nahe waren. Man erhielt keine Nachrichten mehr aus Schweden und konnte keine mehr dahin gelangen lassen. Unter diesen Umständen beklagte sich ein einziger Offizier. »Wie!« rief der König, »Ihr langweilt Euch, weil Ihr fern von Eurer Frau seid? Wenn Ihr ein wahrer Soldat seid, so werdet Ihr schweigen und sollte ich Euch auch so weit von Schweden fortführen, dass Ihr nur einmal in drei Jahren Nachrichten dorther erhalten könnt.«

Der später als Gesandter in Schweden beglaubigte Marquis von Brancas hat mir erzählt: ein Soldat habe es einmal gewagt, vor der ganzen Armee dem König unter Murren ein verschimmeltes, aus Gerste und Hafer gebackenes Schwarzbrot – das einzige Nahrungsmittel, welches sie damals hatten und das nicht einmal ausreichend – hinzubieten. Der König nahm das Stück Brot ohne weiteres, aß es ganz auf und sagte dann ruhig zu dem Soldaten: »Es ist nicht gut, aber man kann es essen.« – Dieser Zug, so klein er war – wenn etwas klein sein kann, was die Achtung und das Vertrauen vermehrt – trug mehr als alles dazu bei, dass die schwedische Armee ein Elend ertrug, welches unter jedem anderen Feldherrn geradezu unerträglich gewesen wäre.

In dieser Lage der Dinge erhielt Karl endlich Nachrichten von Stockholm. Er erfuhr daraus den Tod seiner Schwester, der Herzogin von Holstein, welche im Dezember 1708 in ihrem siebenundzwanzigsten Lebensjahre von den Pocken hingerafft worden war. Diese Prinzessin war ebenso sanftmütig und teilnehmend, als ihr Bruder herrisch in seinen Willensäußerungen und unversöhnlich in seiner Rache. Er war ihr immer mit großer Liebe zugetan gewesen, und war nun um so mehr über ihren Verlust betrübt, als er durch sein beginnendes Unglück weicher geworden war.

Er erfuhr auch, dass man in Ausführung seiner Befehle Truppen ausgehoben und Geld zusammengebracht habe; allein bis in sein Lager konnte nichts davon kommen, denn zwischen ihm und Stockholm lagen fünfhundert Wegstunden und zahlreiche Feinde.

Der Zar war ebenso tatkräftig als Karl, und nachdem er den in Polen unter General Siniawski gegen Stanislaus versammelten Konföderierten neue Truppen zu Hilfe geschickt hatte, rückte er mitten in dem schweren Winter in die Ukraine, um dem König von Schweden die Spitze zu bieten. Hier setzte er seine Taktik, den Feind durch kleine Kämpfe immer mehr zu schwächen, fort, denn er rechnete ganz richtig, dass hierdurch die schwedische Armee, die sich nicht mehr rekrutieren konnte, allmählich ganz würde aufgerieben werden. Die Kälte muss übrigens eine ganz außerordentliche gewesen sein, da sich die beiden Feinde genötigt sahen, sich gegenseitig einen Waffenstillstand zuzugestehen. Doch schon vom 1. Februar an begann man wieder sich mitten im Schnee und Eis zu schlagen.

Nach mehreren kleineren Kämpfen, von denen einige zu seinem Nachteil ausfielen, sah der König im April, dass er nur noch achtzehntausend Schweden hatte. Mazeppa allein sorgte für den Unterhalt derselben; ohne diese Hilfe wäre die Armee in Hunger und Elend umgekommen. Im Hinblick hierauf ließ der Zar Mazeppa Vorschläge machen, die ihn unter seine Herrschaft zurückbringen sollten; allein der Kosake blieb seinem neuen Verbündeten getreu, sei es, dass die schreckliche Hinrichtung durchs Rad, der seine Freunde verfallen waren, ihm einige Besorgnis wegen seiner selbst einflößte, sei es, dass er sie zu rächen gedachte.

Mit seinen achtzehntausend Schweden hatte Karl jedoch weder den Plan noch die Hoffnung aufgegeben bis Moskau zu dringen. Gegen Ende Mai belagerte er Poltawaan der Borskla an der Ostgrenze der Ukraine und dreizehn starke Wegstunden vomDnjepr. Diese Stadt liegt im Gebiet der Zaporogen, eines der merkwürdigsten Völkchen auf der Erde. Es besteht aus Russen, Polen und Tataren, welche eine Art Christentum bekennen und das Räuberhandwerk in der Weise der Flibustier treiben. Sie wählen einen Häuptling, den sie zuweilen absetzen oder erwürgen. Sie dulden keine Frauen bei sich, stehlen aber alle Kinder auf zwanzig bis dreißig Stunden in der Runde und erziehen sie in ihren Sitten. Im Sommer liegen sie beständig im Feld, im Winter zu vier- bis fünfhundert Mann in geräumigen Scheunen. Sie fürchten nichts, führen ein freies Leben und trotzen dem Tod der geringsten Beute wegen, mit derselben Unerschrockenheit wie Karl XII. es tat, um Kronen vergeben zu können. Der Zar ließ ihnen sechzigtausend Gulden auszahlen in der Hoffnung, sie würden auf seine Seite treten; aber sie nahmen sein Geld und erklärten sich dank Mazeppa! für Karl XII. Doch leisteten sie sehr wenig, da sie es lächerlich fanden, für etwas anderes als gute Beute zu kämpfen. Es war schon viel, dass sie nicht feindlich auftraten; höchstens zweitausend Mann taten wirklich Dienst. Man stellte einmal zehn ihrer Führer dem Könige vor und hatte dabei große Mühe sie nüchtern zu erhalten, denn sie beginnen jeden Tag mit Trinken. Matt führte sie nach den Laufgräben; sie zeigten hier ihre Geschicklichkeit im Schießen mit ihren langen Flinten; denn sie stiegen hier auf die äußere Seite der Brustwehr und schossen auf eine Entfernung von sechshundert Schritt alle Feinde nieder, die sie aufs Korn nahmen. Karl gesellte diesen Räubern noch einige tausend Walachen bei, die der Khan der kleinen Tatarei an ihn verkauft hatte. Er belagerte also Poltawamit diesen Zaporogen, Kosaken und Walachen, welche mit seinen achtzehntausend Schweden zusammen eine Armee von etwa dreißigtausend Mann bildeten, aber eine zerrüttete Armee, der es an allem fehlte. Der Zar hatte in Poltawagroße Magazine angelegt. Wenn der König die Stadt nahm, so eröffnete er sich wieder den Weg nach Moskau und konnte mit allem reichlich versehen, die Unterstützungen ruhig abwarten, die er aus Schweden, Livland, Pommern und Polen erwartete. Seine einzige Hoffnung beruhte somit auf der Einnahme von Pultawa, dessen Belagerung er eifrigst betrieb. Mazeppa, welcher Verbindungen in der Stadt hatte, versicherte, dass er sich ihr bald bemeistern würde. Die Hoffnung erwachte aufs neue in der Armee. Die Soldaten betrachteten die Einnahme von Poltawaals das Ende aller ihrer Leiden.

Gleich bei Beginn der Belagerung bemerkte der König, dass er seinen Feinden die Kriegskunst gelehrt hatte. Aller seiner Vorsichtsmaßregeln ungeachtet gelang es dem Fürsten Mentschikoff eine Unterstützung in die Stadt zu werfen, durch welche die Besatzung auf fünftausend Mann wuchs.

Dieselbe machte Ausfälle, die zuweilen mit Erfolg begleitet waren; und ließ Minen springen. Was die Stadt aber uneinnehmbar machte, war das Anrücken des Zaren selbst mit siebzigtausend Streitern. Karl XII. zog am 27. Juni, seinem Geburtstag, auf Rekognoszierung gegen jenen und warf eine seiner Abteilungen zurück; bei seiner Rückkehr nach dem Lager erhielt er aber einen Büchsenschuss, der ihm den Stiefel durchdrang und den Fersenknochen zerschmetterte. Nicht die leiseste Veränderung auf seinem Gesicht ließ ahnen, dass er verwundet sei; er fuhr vielmehr ruhig fort seine Befehle zu erteilen und blieb noch sechs Stunden zu Pferde. Einer seiner Diener bemerkte endlich, dass der untere Teil des Stiefels des Königs voll Blut war und eilte nun nach den Wundärzten. Inzwischen begannen die Schmerzen des Königs so brennend zu werden, dass man ihm vom Pferde helfen und ihn in sein Zelt tragen musste. Die Ärzte untersuchten seine Wunde und wollten ihm das Bein abnehmen. Die Bestürzung, welche sich bei dieser Nachricht der Armee bemächtigte, war ungeheuer. Ein Wundarzt jedoch, namens Neumann, der geschickter und kühner als die anderen war, versprach durch tiefe Einschnitte das Bein des Königs retten zu können. »So geht sofort ans Werk,« sagte der König zu ihm, »schneidet keck zu und fürchtet nichts.« – Er hielt selbst mit beiden Händen sein Bein und beobachtete die Einschnitte, die man machte, wie wenn man die Operation an einem Fremden vornähme. In derselben Stunde, da man ihm einen Verband anlegte, befahl er einen Sturm für den anderen Tag. Kaum aber hatte er diesen Befehl erteilt, als er die Meldung erhielt, dass die ganze feindliche Armee anrücke. Es musste jetzt ein anderer Entschluss gefasst werden. Karl war verwundet und außerstande selbsttätig aufzutreten; er stand hier zwischen dem Dnjepr und dem Flusse, der an Poltawavorbeiführt, in einem wüsten Lande ohne feste Plätze, ohne Munition und gegenüber einer Armee, die ihm den Rückzug verwehrte und ihn von seiner Zufuhr abschnitt. In dieser Not berief er keineswegs einen Kriegsrat zusammen, wie man behauptet hat, sondern ließ in der Nacht vom 7. zum 8. Juli den Feldmarschall Rehnsköld in sein Zelt kommen und befahl ihm ohne vorausgegangene Besprechung und ebenso ohne alle Unruhe alle Maßregeln so zu treffen, um den Zaren am anderen Tag angreifen zu können. Rehnsköld erhob keinen Widerspruch, sondern ging, um den Befehl zu vollziehen. An der Türe des königlichen Zeltes begegnete er dem Grafen Piper, mit dem er seit längerer Zeit sehr schlecht stand, wie das zwischen einem Minister und einem General häufig der Fall ist. Piper fragte ihn, ob es etwas Neues gäbe. »Nein!« erwiderte der General kalt und ging weiter, um seine Befehle zu erteilen. Sobald Graf Piper in das Zelt getreten war, fragte ihn der König: »Hat Euch Rehnsköld nichts mitgeteilt?« – »Nein,« erwiderte Piper. – »Gut, so sage ich Euch, dass wir uns morgen schlagen werden,« fuhr der König fort. Graf Piper erschrak über diesen verzweifelten Entschluss; er wusste aber wohl, dass man seinem Herrn nie eine Idee aus dem Kopfe brachte; er zeigte daher seine Bestürzung nur durch sein Schweigen und ließ Karl bis Tagesanbruch schlafen.

Es war am 8. Juli 1709, dass diese Entscheidungsschlacht von Poltawazwischen den zwei merkwürdigsten Fürsten der damaligen Zeit geschlagen wurde. Der eine, Karl XII., war berühmt durch elfjährige Siege, der andere, Peter Alexjewitsch durch ebenso vieljährige Bemühungen, seine Truppen den schwedischen gleich zu machen; jener hoch angesehen, weil er fremde Länder verschenkt, dieser weil er seine eigenen zivilisiert hatte; Karl ein Freund der

Gefahr, der nur für den Ruhm kämpfte, Peter, der der Gefahr zwar nicht auswich, aber nur Krieg führte, wenn es sein Interesse erheischte; der schwedische Monarch freigebig aus Seelengröße, der russische nur zu einem bestimmten Zweck; jener von beispielloser Mäßigkeit und Enthaltsamkeit, großherzig von Natur und nur ein einziges Mal grausam; dieser der Roheit seiner Erziehung und seines Volks keineswegs entkleidet, furchtbar gegen seine Untertanen, bewundernswürdig für die Fremden, und den Ausschweifungen, die seine Tage kürzten, nur zu sehr ergeben. Karl hieß der Unüberwindliche, ein Beiname, den ein einziger Augenblick ihm entreißen konnte; Peter Alexjewitsch hatte von seinen Völkern bereits den Namen »Der Große« erhalten und keine Niederlage konnte ihm diesen Titel wieder nehmen, den er nicht seinen Siegen verdankte. Um sich einen genauen Begriff von dieser Schlacht und dem Schlachtfeld zu machen, muss man sich vorstellen, dass Poltawanördlich, das schwedische Lager südöstlich lag und das Gepäck derselben sich etwa eine Meile dahinter befand, während die Vorskla nördlich der Stadt und von Osten nach Westen fließt.

Der Zar hatte diesen Fluss eine Wegstunde westlich von Poltawaüberschritten und begann sein Lager zu schlagen.

Mit Tagesanbruch rückten die Schweden aus ihren Laufgräben. Vier eiserne Kanonen bildeten ihre ganze Artillerie. Die übrigen Geschütze mit etwa dreitausend Mann blieben im Lager, viertausend Mann bei dem Gepäck, so dass die schwedische Armee etwa einundzwanzigtausend Mann stark, worunter sechzehntausend Schweden, gegen den Feind rückte. Die Generale Rehnsköld, Roos, Löwenhaupt, Schlippenbach, Horn, Sparre, Hamilton, Prinz von Württemberg, ein Verwandter des Königs und einige andere, welche größtenteils die Schlacht bei Narwa mitgemacht hatten, erinnerten die Offiziere an jenen Tag, wo achttausend Schweden eine Armee von achtzigtausend Russen in einem verschanzten Lager vernichtet hatten. Die Offiziere sagten es den Soldaten und alle sprachen sich während des Marsches Mut ein.

Der König leitete von einer Tragbahre aus an der Spitze seiner Infanterie die Bewegungen. Ein Teil der Reiterei musste auf seinen Befehl vorrücken, um die des Feindes anzugreifen. Um halb fünf Uhr morgens begann hiermit die Schlacht. Die feindliche Reiterei stand gegen Westen und rechts vom russischen Lager. Der Fürst Mentschikoff und der Graf Gollowin hatten sie zwischen den mit Kanonen gespickten Redouten in Zwischenräumen aufgestellt. Der General Schlippenbach stürzte sich nun an der Spitze der Schweden auf diese Kavallerie. Alle, die in den schwedischen Reihen gedient haben, wissen, dass es fast unmöglich war, der Wut ihres ersten Stoßes zu widerstehen. Die russischen Schwadronen wurden durchbrochen und geworfen. Der Zar eilte selbst herbei, um sie wieder zu sammeln, wobei ihm der Hut durch eine Flintenkugel durchbohrt wurde; auch Mentschikoff wurden drei Pferde unter dem Leibe getötet. Die Schweden riefen Viktoria!

Karl zweifelte nicht an dem Gewinn der Schlacht. Er hatte den General Creutz mit fünftausend Reitern oder Dragonern mitten in der Nacht entsendet, um dem Feinde in die Flanke zu fallen, während er selbst in der Front angriffe; aber zu seinem Unglück verirrte sich Creutz und erschien nicht. So erhielt der Zar, der sich bereits verloren geglaubt hatte, Zeit seine Reiterei wieder zu sammeln. Er warf sich nun seinerseits auf die des Königs, welche von Creutz nicht unterstützt, nun in ihrer Tour geworfen wurde. Schlippenbach selbst fiel dabei in Gefangenschaft. Zugleich donnerten zweiundsiebzig Geschütze aus dem russischen Lager auf die schwedische Reiterei und die russische Infanterie rückte aus ihren Linien, um die Karls anzugreifen.

Der Zar entsendete nun den Fürsten Mentschikoff, um sich zwischen Poltawaund die Schweden zu stellen, geschickt und schnell vollzog Mentschikoff diesen Befehl. Er schnitt nicht nur jede Verbindung der schwedischen Armee mit den in ihrem Lager von Poltawagebliebenen Truppen ab, sondern umzingelte dabei auch ein schwedisches Reservekorps von dreitausend Mann, und sprengte es auseinander. Wenn Mentschikoff dieses Manöver aus eigenem Antrieb ausgeführt hat, so verdankt ihm Russland seine Rettung; hatte der Zar es befohlen, so zeigte er sich dadurch als ein würdiger Gegner Karls XII. Unterdessen war die russische Infanterie aus ihren Schanzen vorgebrochen und rückte in die Ebene vor. Die schwedische Reiterei sammelte sich auf eine Viertelstunde von der feindlichen Armee entfernt; und der König ordnete, unterstützt von seinem Feldmarschall Rehnsköld alles zu einem allgemeinen Angriff an. Er stellte den Rest seiner Truppen in zwei Treffen, die Infanterie in die Mitte, die Reiterei auf beiden Flügeln. Der Zar verfügte über seine Armee in ähnlicher Weise; aber er hatte den Vorteil der größeren Zahl und einer Artillerie von zweiundsiebzig Kanonen, denen die Schweden nur vier entgegenzustellen vermochten, welchen es noch dazu bereits an Munition gebrach.

Der russische Kaiser befand sich im Zentrum seiner Armee, er bekleidete hier die Stelle eines Generalmajors und gehorchte zum Schein dem General Scheremeteff. Aber als Kaiser eilte er auf einem türkischen Rosse, einem Geschenk des Großherrn, durch die Reihen, sprach Offizieren und Soldaten zu und verhieß jedem reichen Lohn.

Um neun Uhr morgens begann die Schlacht von neuem. Einer der ersten Schüsse der russischen Artillerie schmetterte die zwei Pferde an Karls Sänfte nieder. Er ließ zwei neue anschirren. Ein zweiter Schuss zerschellte die Sänfte und warf den König heraus. Von vierundzwanzig Trabanten, welche sich dann ablösten, um ihn zu tragen, wurden einundzwanzig getötet. Die bestürzten Schweden gerieten ins Schwanken, die feindliche Artillerie fuhr fort sie niederzuschmettern. Jetzt wich das erste Treffen nach dem zweiten zurück und das zweite ergriff die Flucht. Bei diesem letzten Zusammenstoß waren es nur zehntausend Mann russischer Infanterie, welche die schwedische Armee zersprengten. So sehr hatte sich die Lage der Dinge geändert.

Alle schwedischen Schriftsteller behaupten, sie würden die Schlacht gewonnen haben, wenn nicht grobe Fehler begangen worden wären. Aber alle Offiziere sagen, dass es schon ein großer Fehler war, sie überhaupt zu liefern, und ein noch größerer, sich trotz der Ansicht der einsichtsvollsten Führer auf diesem verlorenen Posten gegen einen kriegsgewohnten Feind festzusetzen, der an Zahl und Hilfsquellen Karl XII. um das Dreifache überlegen war. Allein die Erinnerung an Narwa war die Hauptsache von Karls Unglück bei Pultawa. Bereits war der Prinz von Württemberg, der General Rehnsköld und mancher andere höhere Offizier gefangen, das Lager vor Poltawagenommen und alles in einer Verwirrung, aus der es keinen Ausweg mehr gab. Graf Piper hatte mit mehreren Kanzleibeamten das Lager verlassen. Sie wussten nicht, was anfangen, noch wo der König geblieben war und rannten nach allen Richtungen durch das Feld.

Ein gewisser Major Bär erbot sich, sie nach dem Ort zu bringen, wo sich das Gepäck befinden musste. Aber die Staub- und Rauchwolken, welche das Feld bedeckten und die in einer solchen Lage natürliche Bestürzung und Aufregung führte sie gerade nach der Contrescarpe der Stadt, wo sie sämtlich gefangen genommen wurden.

Der König wollte nicht fliehen und konnte sich doch nicht verteidigen. Niemand war in diesem Augenblick um ihn als der Oberst der schwedischen Garde des Königs Stanislaus, General Poniatowski, ein Mann von seltenem Verdienst, dessen Anhänglichkeit an die Person Karls ihn veranlasst hatte, diesem auch ohne Kommando nach der Ukraine zu folgen. Es war ein Mann, der in allen Lagen und Gefahren des Lebens, wo die anderen höchstens Mut besitzen, immer sofort einen Entschluss zu fassen verstand, und zwar einen richtigen und glücklichen. Er winkte zwei Trabanten herbei, die den König auf den Arm nahmen und trotz der außerordentlichen Schmerzen, die ihm seine Wunde verursachte, auf ein Pferd setzten.

Poniatowski besaß zwar wie gesagt kein Kommando bei der Armee, aber die Not machte ihn hier zum Führer. Er sammelte gegen fünfhundert Mann Kavallerie um die Person des Königs, teils Trabanten, teils Offiziere, teils einfache Reiter. An der Spitze dieser durch das Unglück ihres Fürsten begeisterten Schar brach er sich durch mehr als zehn russische Regimenter Bahn und führte Karl aus der Mitte der Feinde eine Stunde Wegs weit bis zum Gepäck der schwedischen Armee. Dem flüchtigen und verfolgten König wurde jetzt auch noch das Pferd unter dem Leibe getötet, aber der tödlich verwundete Oberst Gierta gab ihm das seinige. So wurde dieser Eroberer, der während der Schlacht nicht hatte zu Pferde steigen können, auf der Flucht zweimal aufs Pferd gesetzt.

Dieser erstaunliche Rückzug war schon viel bei so großem Unglück. Aber man musste weiter: beim Gepäck fand man den Wagen des Grafen Piper, denn der König selbst besaß seit seiner Abreise von Stockholm keinen mehr. Man setzte ihn in den Wagen und schlug eiligst den Weg nach dem Dnjepr ein. Der König, welcher von dem Augenblick an, da man ihn aufs Pferd setzte, bis da er beim Gepäck anlangte, kein Wort gesprochen hatte, fragte nun, was aus dem Grafen Piper geworden sei? »Er ist mit dem ganzen Kanzleipersonal gefangen genommen worden,« erwiderte man ihm. – »Und General Rehnsköld und der Herzog von Württemberg?« fuhr er fort. – »Sie sind gleichfalls gefangen,« versetzte Poniatowski. – »Gefangen bei den Russen!« rief Karl, indem er die Achsel zuckte, »nein! lieber zu den Türken! fort, fort!« – Gleichwohl merkte man ihm keine Niedergeschlagenheit an, und wer ihn da gesehen und weiter nichts gewusst hätte, hätte nicht ahnen können, dass er besiegt und verwundet sei.

Während er sich entfernte, nahmen die Russen seine Artillerie im Lager von Pultawa, sein Gepäck, sowie seine Kriegskasse, wo sie sechs Millionen bar Geld fanden, welches er den Polen und Sachsen abgenommen hatte. Bei neuntausend Schweden und Kosaken fielen in der Schlacht, gegen sechstausend wurden gefangen. Die übrigen sechzehntausend Schweden, Polen und Kosaken flohen unter General Löwenhaupt dem Dnjepr zu. Dieser marschierte mit seinen flüchtigen Truppen auf der einen Straße, der König mit einigen Reitern auf der anderen. Als der Wagen unterwegs in Stücke ging, setzte man ihn wieder aufs Pferd. Um das Unheil voll zu machen, verirrte sich Karl während der Nacht im Walde. Hier vermochte sein Mut die Erschöpfung seiner Kräfte nicht mehr auszugleichen, die Schmerzen seiner Wunde steigerten sich infolge der Anstrengung aufs äußerste, und als nun auch sein Pferd vor Müdigkeit umsank, legte er sich für einige Stunden unter einen Baum, wo er allerdings Gefahr lief, von den Siegern, die ihn nach allen Richtungen suchten, jeden Augenblick überrascht zu werden.

Endlich in der Nacht vom 9. auf den 10. Juli erreichte er den Dnjepr. Auch Löwenhaupt war eben mit den Trümmern der Armee dort angekommen. Die Schweden sahen mit schmerzlicher Freude ihren König wieder, den sie schon tot geglaubt. Aber auch der Feind kam näher; man besaß weder eine Brückenequipage, um den Fluss zu passieren, noch hatte man Zeit, um eine Brücke zu erbauen, noch Pulver, um sich zu verteidigen, noch Lebensmittel, um die Armee, die seit zwei Tagen nichts gegessen, vom Hungertode zu retten. Allein die Reste dieser Armee waren immer noch Schweden und dieser besiegte König war Karl XII. Fast alle Offiziere waren des Glaubens, man werde die Russen stehenden Fußes erwarten und an den Ufern des Dnjepr siegen oder sterben. Ohne Zweifel hätte Karl auch diesen Entschluss gefasst, wenn körperliche Schwäche ihn nicht ganz zu Boden gedrückt hätte. Aber seine Wunde eiterte, er hatte Fieber; und man hat die Bemerkung gemacht, dass auch die unerschrockensten Menschen im Wundfieber jenen instinktiven Mut verlieren, der wie alle anderen Tugenden einen durchaus freien Kopf verlangt. Karl war nicht mehr er selbst; so hat man mich versichert und das ist auch das Wahrscheinlichste. Man schleppte ihn weiter wie einen Menschen, der nicht bei sich ist. Zum Glück fand sich noch eine schlechte Chaise vor, die man zufällig bis hierher mitgeführt hatte. Man schiffte dieselbe auf einem kleinen Boote ein, der König selbst stieg mit Mazeppa in ein zweites. Dieser hatte noch mehrere Geldkisten gerettet; da aber die Strömung zu heftig war und ein heftiger Wind zu blasen begann, warf dieser Kosak über drei Vierteile seiner Schätze in den Strom, um das Boot zu erleichtern. Der Kanzler des Königs, Möller, der Graf Poniatowski, dessen an Auskunftsmitteln stets so reicher Geist dem König jetzt mehr als je nötig war, und einige Offiziere setzten auf anderen Booten über. Dreihundert schwedische Reiter und eine große Anzahl Polen und Kosaken wagten es, im Vertrauen auf die Güte ihrer

Pferde, den Fluß schwimmend zu passieren. Ihre gedrängte Schar widerstand der Strömung und brach die Wellen; aber alle, die ein wenig abkamen, wurden von den Wellen fortgerissen und ertranken. Von allen Fußgängern, welche den Übergang wagten, gelangte nicht einer an das jenseitige Ufer.

Während sich die Trümmer der Armee in dieser äußersten Not befanden, näherte sich ihnen Fürst Mentschikoff mit zehntausend Reitern, von denen jeder einen Fußsoldaten hinter sich hatte. Die Leichname der unterwegs an ihren Wunden, an Erschöpfung und Hunger zugrunde gegangenen Schweden hatten dem Fürsten Mentschikoff den Weg nur zu gut gezeigt, den das Gros der flüchtigen Armee genommen. Der Fürst schickte einen Trompeter an den schwedischen General, um ihm eine Kapitulation anzubieten. Alsbald entsendete Löwenhaupt vier Generale, um die Befehle des Siegers entgegenzunehmen. Vor diesem Tag hätten sechzehntausend Soldaten des Königs Karl alle Streitkräfte des russischen Reichs angegriffen und wären lieber bis auf den letzten Mann gestorben, als dass sie sich ergeben hätten. Aber nach jener verlorenen Schlacht, nach einer zweitägigen Flucht, wo sie ihren König nicht mehr sahen, der selbst hatte fliehen müssen, wo die Kräfte jedes Mannes erschöpft waren und ihr Mut durch keinerlei Hoffnung aufrecht erhalten wurde, da trug die Liebe zum Leben den Sieg über die Unerschrockenheit davon. Der Oberst Trutfeder allein ging beim Anrücken der Russen ihnen mit einem schwedischen Bataillone entgegen, in der Hoffnung, den Rest der Armee mit fortzureißen; allein Löwenhaupt sah sich veranlasst, diese unnütze Bewegung zu hemmen. Die Kapitulation wurde abgeschlossen und die ganze Armee ward kriegsgefangen. Einige Soldaten sprangen aus Verzweiflung in den Dnjepr, nur um nicht in die Hände der Russen zu fallen. Zwei Offiziere vom Regiment des tapferen Trutfeder töteten sich gegenseitig, alle anderen fielen in Sklaverei. Sie defilierten vor dem Fürsten

Mentschikoff vorüber und streckten ihre Waffen vor ihm, wie es dreißigtausend Russen neun Jahre früher vor dem König von Schweden bei Narwa getan hatten. Aber statt wie Karl zu tun, der damals alle russischen Gefangenen, die er ja nicht fürchtete, wieder heimschickte, behielt der Zar die bei Poltawagefangenen Schweden bei sich.

Diese Unglücklichen wurden später in allen Staaten des Zaren zerstreut, besonders in Sibirien, einer ungeheuern Provinz der großen Tatarei, die sich nach Osten zu bis an die Grenzen Chinas erstreckt. In diesem barbarischen Lande, wo man nicht einmal das Brot kannte, übten die Schweden, welche die Not erfinderisch machte, alle Handwerke und Künste, von denen sie nur irgend einen Begriff hatten. Es fielen hier alle Unterschiede, welche das Schicksal oder die Geburt unter den Menschen aufrichtet. Der Offizier, der kein Handwerk verstand, sah sich genötigt, für den Soldaten, der Schneider, Weber, Tischler, Maurer oder Schmied geworden war und dadurch seinen Lebensunterhalt verdiente, Holz zu spalten und zu tragen. Einige Offiziere wurden Maler, andere Architekten. Es gab welche, die Sprachen und Mathematik lehrten; diese gründeten sogar öffentliche Schulen, die mit der Zeit so nützlich wurden und einen solchen Ruf erhielten, dass man von Moskau aus Kinder dahin schickte.

Der Graf Piper, erster Minister des Königs von Schweden, blieb lange Zeit in St. Petersburg eingesperrt. Der Zar war wie das übrige Europa davon überzeugt, dass dieser Minister seinen Herrn an den Herzog von Marlborough verkauft und die Waffen Schwedens, die in Europa hätten den Frieden herstellen können, nach Russland gelockt habe. Er hielt ihn deshalb in sehr strenger Gefangenschaft. Dieser Minister starb einige Jahre später in Russland; seine Familie, die in Stockholm im Wohlstand lebte, hatte ihn nur wenig unterstützt, und sein König, der ihn wohl tief beklagte, wollte sich doch nicht so weit herablassen, für seinen Minister ein Lösegeld zu bieten, das, wie er fürchtete, der Zar nicht annehmen würde; denn es bestand zwischen Karl und dem Zaren kein Auswechselungsvertrag.

Der russische Kaiser, von einer Freude bewegt, die er sich nicht die Mühe gab zu verheimlichen, empfing die Gefangenen, die man ihm in Menge vorführte, noch auf dem Schlachtfelde und fragte dabei alle Augenblicke: »Wo ist denn mein Bruder Karl?«

Er tat den schwedischen Generalen die Ehre an, sie zu seiner Tafel einzuladen. Unter anderem fragte er hierbei den General Rehnsköld, wie stark die Armee des Königs seines Herrn vor der Schlacht gewesen sei. Rehnsköld erwiderte, dass der König allein den Rapport besitze, den er niemand mitgeteilt habe; dass er aber glaube, es werden im ganzen etwa dreißigtausend Mann gewesen sein, nämlich achtzehntausend Schweden und zwölftausend Kosaken. Der Zar schien erstaunt und fragte, wie sie es hätten wagen können, in ein so entlegenes Land einzudringen und Poltawamit so wenig Leuten zu belagern. »Wir sind nicht immer um unsere Meinung gefragt worden,« erwiderte der schwedische General; »aber als treue Diener haben wir den Befehlen unseres Herrn gehorcht, ohne jemals zu widersprechen.« – Bei dieser Antwort wendete sich der Zar gegen einige seiner Höflinge, die im Verdacht standen gegen ihn sich in Verschwörungen eingelassen zu haben, und rief aus: »Ah! so muss man seinem Herrn dienen!« Dann ergriff er ein Glas Wein und fuhr fort: »Auf die Gesundheit meiner Lehrer in der Kriegskunst!« Rehnsköld fragte, wer diejenigen wären, die er mit einem so schönen Titel beehrte. »Das seid ihr, meine schwedischen Herren Generale!« erwiderte der Zar. – »Euer Majestät ist somit sehr undankbar,« versetzte der Graf, »dass Sie ihre Lehrer so sehr misshandelt hat.« – Nach der Tafel ließ der Zar allen Generalen ihre Degen wiedergeben und behandelte sie, als wollte er seinen Untergebenen eine Lektion im Edelmut und in der Artigkeit geben. Aber dieser nämliche

Fürst, der die schwedischen Generale so gut behandelte, ließ alle Kosaken, die in seine Hände gefallen waren, rädern.

Die schwedische Armee, die so triumphierend aus Sachsen ausgezogen war, bestand nicht mehr. Die eine Hälfte war im Elend zugrunde gegangen, die andere war niedergemetzelt oder in Knechtschaft. An einem Tage hatte Karl die Frucht neunjähriger Anstrengungen und von fast hundert Treffen verloren. Er floh in einer elenden Chaise, neben sich den gefährlich verwundeten Generalmajor Hord. Der Rest seiner Leute folgte teils zu Fuß teils zu Pferd, einige auch auf Karren. Sie zogen durch eine Wüste, wo es weder Hütten noch Zelte, weder Menschen noch Tiere, noch auch nur Wege gab; es fehlte hier an allem, sogar an Wasser. Es war zu Anfang Juli. Das Land liegt unter dem 47. Grad. Der trockene Sand der Wüste machte die Hitze des Bodens noch unerträglicher; die Pferde fielen, die Menschen starben fast vor Durst. Ein Bach mit schlammigem Wasser war die einzige Erquickung, die man gegen Abend fand. Man füllte Schläuche mit diesem Wasser, welches der kleinen Truppe des Schwedenkönigs das Leben rettete. Nach fünf Marschtagen sah er sich am Ufer des Hypanis, den die Barbaren heutzutage Bug nennen. Sogar die Namen haben sie in diesem Lande geändert, wo einst griechische Kolonien blühten. Jener Fluss ergießt sich einige Meilen von dort in den Dnjepr und fällt mit ihm in das Schwarze Meer. Jenseits des Bug liegt gegen Süden die kleine Stadt Oczakow, ein Grenzort des türkischen Reichs. Die Einwohner sahen eine Truppe Kriegsleute gegen sie daher kommen, deren Kleidung und Sprache ihnen unbekannt war. Sie weigerten sich daher, dieselben ohne ausdrücklichen Befehl des Gouverneurs der Stadt, Mehemed Pascha, nach Oczakow hereinzulassen. Der König sandte einen Expressen an diesen Gouverneur und bat ihn um die Erlaubnis passieren zu dürfen. Dieser Türke wusste nicht recht, was er tun sollte, da hierzulande ein unrichtiger Schritt gleich den Hals kostet. Er wagte nichts ohne die Erlaubnis des zu Bender in Bessarabien residierenden Statthalters der Provinz. Während man auf diese Erlaubnis wartete, hatte das russische Korps, welches die Armee des Königs gefangen genommen, den Dnjepr passiert und näherte sich rasch, um sich nun auch seiner selbst zu bemächtigen. Endlich ließ der Pascha von Oczakow dem König sagen, er würde ihm für seine Person und einige Leute seines Gefolges ein kleines Schiff senden. In dieser Not nahmen die Schweden mit Gewalt, was sie nicht mit gutem Willen bekommen konnten. Einige gingen in einer Fähre ans andere Ufer und bemächtigten sich einiger Kähne, die sie an ihre Flussseite zogen. Das war ihr Glück; denn die Patrone der türkischen Boote, welche jetzt fürchteten eine Gelegenheit zu verlieren, wo sie viel gewinnen könnten, kamen jetzt in Menge und boten ihre Dienste an. Eben kam auch die günstige Antwort des Statthalters von Bender an; allein auch die Russen erschienen und der König hatte noch den Schmerz, zusehen zu müssen, wie fünfhundert Mann seines Gefolges von seinen Feinden gefangen wurden, die ihm Schmähreden und Prahlereien nachschickten. Der Pascha von Oczakow ließ ihn durch einen Dolmetscher um Verzeihung für sein Säumen, das an der Gefangennehmung der fünfhundert Mann schuld war, bitten und bat dringend, dass er sich beim Großherrn nicht über ihn beklagen möge. Karl versprach es ihm, machte ihn aber dabei herunter, wie wenn er einen seiner Untertanen vor sich hätte.

Der Kommandant von Bender, welcher zugleich Seraskier, was so viel als General bedeutet, und Pascha der Provinz war, was einem Gouverneur und oberstem Verwaltungsbeamten gleichkommt, beeilte sich, einen Aga zur Begrüßung des Königs zu schicken und ihm ein prächtiges Zelt, Lebensmittel, Wagen, sonstige Bequemlichkeiten, Offiziere, kurz eine Umgebung anzubieten, die ihn in den Stand setzte, mit Glanz bis Bender zu gelangen; denn es ist Brauch bei den Türken, nicht nur die Gesandten bis zu ihrem Aufenthaltsorte freizuhalten, sondern auch Fürsten, die sich zu ihnen geflüchtet, für die ganze Zeit ihres dortigen Aufenthalts mit allem reichlich zu versehen.

Fünftes Buch

Zustand der ottomanischen Pforte. Karl verweilt in der Nähe von Bender. Seine Beschäftigung. Seine Intrigen bei der Pforte. Seine Pläne. August besteigt wieder den polnischen Thron. Der König von Dänemark macht einen Einfall in Schweden. Alle anderen Staaten Karls werden angegriffen. Der Zar zieht im Triumph in Moskau ein. Die Geschichte am Pruth und die Zarin, die aus einer Bäuerin Kaiserin wird.

Damals regierte Achmet IV. das türkische Reich. Er war im Jahre 1703 durch eine Revolution, die derjenigen, welche in England die Krone Jakobs II. an seinen Schwiegersohn Wilhelm brachte, ähnelte, an Stelle seines Bruders Mustapha auf den Thron gelangt. Mustapha war nämlich von seinem Mufti beherrscht, den man allgemein verabscheute, und hatte dadurch das ganze Reich gegen sich aufgebracht. Das Heer, mittels dessen er die Unzufriedenen züchtigen wollte, machte bald gemeinschaftliche Sache mit ihnen. Er selbst wurde ergriffen, feierlich abgesetzt und sein Bruder aus dem Serail geholt, um Sultan zu werden, ohne dass dabei ein Tropfen Blut vergossen wurde. Achmet sperrte den abgesetzten Sultan in das Serail von Konstantinopel, wo er zum großen Erstaunen der Türken, die gewöhnt sind, dass der Absetzung ihrer Fürsten immer sofort der Tod folgt, noch einige Jahre lebte.

Der neue Sultan ließ als Dank für eine Krone, die er aus der Hand der Minister, der Generale und der Offiziere der Janitscharen erhalten, diese alle nacheinander beseitigen, weil er fürchtete, sie könnten eines Tags eine zweite Revolution machen. Durch die Aufopferung so vieler tüchtiger Männer schwächte er zwar die Kräfte des Reichs, aber er befestigte seinen Thron, wenigstens für einige Jahre. Er legte sich nun darauf, Schätze zu sammeln. Er war der erste der Ottomanen, der es wagte, die Münze zu ändern und neue Steuern aufzuerlegen. Allein er sah sich bald genötigt, in diesen beiden Unternehmungen inne zu halten, um nicht eine neue Empörung herbeizuführen; denn die Raubsucht und

Tyrannei des Großherrn erstreckte sich sonst immer nur auf die höchsten Beamten des Reichs, die, mögen sie sein wie sie wollen, Haussklaven des Sultans sind. Die übrigen Muselmänner leben in der größten Sicherheit und haben weder für ihr Leben noch für ihr Vermögen noch für ihre Freiheit zu fürchten.

Ein solcher Mann also war der türkische Kaiser, bei dem der Schwedenkönig ein Asyl suchte. Karl schrieb ihm, sobald er sich auf dessen Gebiet befand; dieser Brief ist vom 13. Juli 1709 datiert. Es haben verschiedene Abschriften davon kursiert, die aber sämtlich für falsch gelten; unter allen jedoch, die ich gesehen, befindet sich nicht eine, die nicht von dem hohen Sinne des Königs zeugte und mehr seinem Mut als seiner Lage angemessen war. Der Sultan ließ ihm erst gegen Ende September antworten. Der Hochmut der ottomanischen Pforte gab Karl XII. zu verstehen, dass sie einigen Unterschied zwischen dem türkischen Kaiser und einem christlichen, besiegten und flüchtigen König eines Teils von Skandinavien finde. Im übrigen sind derartige Briefe, welche die Könige sich äußerst selten selbst schreiben, nur leere Förmlichkeiten, aus denen sich weder der Charakter der Souveräne noch ihre Angelegenheiten erkennen lassen.

Karl XII. in der Türkei war in der Tat nichts weiter als ein ehrenvoll behandelter Gefangener. Gleichwohl fasste er den Plan, das ottomanische Reich gegen seine Feinde zu waffnen. Er schmeichelte sich, Polen wieder unter sein Joch zu bekommen und Russland zu unterwerfen. Er besaß einen Gesandten in Konstantinopel; wer ihm aber bei diesen großartigen Projekten am meisten an die Hand ging, war der Graf Poniatowski *(von Poniatowski stammen viele diese Geschichte betreffende und von Voltaire benutzte Manuskripte)* welcher ohne Mission nach Konstantinopel ging und sich bald dem König notwendig, der Pforte angenehm, den Großwesir aber gefährlich machte.

Einer der Männer, der seine Pläne am geschicktesten unterstützte, war der Arzt Fonseca (es war ein französischer Renegat, namens Goin, und erster Wundarzt des Serails. Poniatowski). ein portugiesischer in Konstantinopel ansässiger Jude, ein gelehrter und feiner, geschäftsgewandter Mann und vielleicht der einzige Philosoph seines Volks. Sein Beruf erwarb ihm Zutritt zu der ottomanischen Pforte, und oft das Vertrauen der Wesire. Ich habe ihn in Paris gut gekannt; er hat mir all die Einzelheiten, die ich nun erzählen werde, bestätigt. Der Graf Poniatowski hat mir selbst gesagt und geschrieben, dass es ihm gelungen, Briefe an die Sultanin Valide, Mutter des gegenwärtigen Kaisers gelangen zu lassen, die früher von ihrem Sohne schlecht behandelt worden war, nun aber Einfluss im Serail zu gewinnen begann. Eine Jüdin, die häufig zu dieser Fürstin kam, erzählte ihr unaufhörlich von den Taten des Schwedenkönigs und unterhielt sie trefflich mit diesen Geschichten. Die Sultanin, unter dem Druck einer geheimen Neigung, welche die Frauen in der Regel für außerordentliche Männer empfinden, auch wenn sie sie nicht gesehen haben, ergriff im Serail mit Wärme die Partei dieses Fürsten: sie nannte ihn nur ihren Löwen. »Wann,« pflegte sie zum Sultan, ihrem Sohne zu sagen, »wann willst du einmal meinem Löwen diesen Zaren verschlingen helfen?« – Sie setzte sich sogar über die strengen Gesetze des Serails so weit hinweg, dass sie dem Grafen Poniatowski eigenhändig mehrere Briefe schrieb, welche sich zur Zeit, da diese Geschichte verfasst wurde, noch in dessen Händen befanden.

Inzwischen hatte man den König durch jene Wüste, die ehedem die Gätensteppe hieß, unter Ehrenbezeigungen bis Bender geführt. Die Türken trugen Sorge, dass ihm unterwegs keine der Bequemlichkeiten fehlte, die seine Reise zu einer angenehmen machen konnte. Viele Schweden, Polen und Kosaken, die nach und nach den Händen der Russen entronnen waren, kamen auf verschiedenen Wegen heran und vermehrten sein Gefolge. Als er zu Bender anlangte, hatte er bereits achtzehnhundert Mann bei sich; alle diese Leute wurden nebst ihren Pferden auf Kosten des Großherrn genährt und untergebracht.

Der König wollte lieber in der Nähe von Bender lagern, als in der Stadt wohnen. Der Seraskier Jussuf Pascha ließ daher ein prächtiges Zelt für ihn aufschlagen; auch alle Herren seines Gefolges erhielten solche Zelte. Einige Zeit später ließ sich der König dort ein Haus bauen, seine Offiziere folgten seinem Beispiele nach und die Soldaten errichteten Baracken, so dass aus dem Lager allmählich eine kleine Stadt wurde. Der König war von seiner Verwundung noch nicht ganz hergestellt; man musste ihm einen angefressenen Knochen aus dem Fuße ziehen. Sobald er aber wieder zu Pferde steigen konnte, nahm er auch seine gewöhnlichen Strapazen wieder auf, erhob sich mit der Sonne, ritt täglich drei Pferde müde und ließ seine Soldaten exerzieren. Als einzige Unterhaltung spielte er zuweilen Schach und wenn man aus kleinen Dingen den Menschen erkennen kann, so sei hier verraten, dass er bei diesem Spiel immer den König vorangehen ließ; er bediente sich desselben mehr als aller anderen Figuren und verlor deshalb auch alle Partien.

Karl erfreute sich zu Bender eines solchen Überflusses an allem, wie er sonst bei einem besiegten und flüchtigen Fürsten nicht gefunden wird; denn außer den mehr als hinreichenden Lebensmitteln und den fünfhundert Talern, die er täglich von der freigebigen Pforte erhielt, bezog er auch noch Geld aus Frankreich und entlehnte bei den Kaufleuten in Konstantinopel. Ein Teil dieses Geldes wurde dazu verwendet, Intrigen im Serail zu unterhalten, die Gunst der Wesire zu erkaufen oder ihr Verderben herbeizuführen; den anderen Teil verschwendete er unter seine Offiziere und die Janitscharen, die ihn zu Bender bewachten. Sein Günstling und Schatzmeister Grothusen musste jene Summen auszahlen; es war dies ein Mann, der gegen die Gewohnheit der an solchen Posten angestellten Beamten ebenso gerne gab wie sein Herr. Eines Tags überreichte er dem König eine Rechnung über sechzigtausend Taler, die er in zwei Linien abgemacht hatte: »Zehntausend Taler den Schweden und Janitscharen nach dem großmütigen Befehl Seiner Majestät ausbezahlt, das übrige von mir verbraucht.« – »So lieb' ich es, wenn meine Freunde mir Rechnung ablegen,« bemerkte der König. »Müller lässt mich wegen zehntausend Frank ganze Seiten lesen. Der lakonische Stil Grothusens gefällt mir besser.« – Einer der alten Offiziere, der für etwas geizig galt, beklagte sich, dass Seine Majestät alles an Grothusen hänge. »Ich gebe nur denen Geld, die einen Gebrauch davon zu machen verstehen,« erwiderte der König darauf. Diese Freigebigkeit brachte ihn nicht selten in den Fall, dass er nichts mehr zum Geben hatte. Eine größere Sparsamkeit wäre ebenso nützlich als ehrenwert gewesen; allein es war einmal der Fehler dieses Fürsten, dass er alle Tugenden übertrieb. Von Konstantinopel kamen viele Fremde, um ihn zu sehen. Die Türken und Tataren der Umgegend erschienen in Menge; alle achteten und bewunderten ihn. Seine beharrliche Enthaltsamkeit vom Wein und die Regelmäßigkeit, womit er täglich zweimal den öffentlichen Gebeten anwohnte, veranlassten jene oft zu dem Ausruf: »Es ist ein echter Muselmann.« Sie brannten vor Ungeduld, mit ihm gegen die Russen zu marschieren.

In dieser Muße zu Bender, die länger dauerte als er dachte, gewann er allmählich auch Geschmack am Lesen. Der Baron Fabrice, ein Edelmann des Herzogs von Holstein, ein junger liebenswürdiger Herr von jener Heiterkeit und jenen leichten Umgangsformen, die den Fürsten gefallen, war es, der ihn hierzu veranlasste. Er war an ihn nach Bender gesandt worden, um dort die Interessen des jungen Herzogs von Holstein zu wahren, und es war ihm gelungen, sich bei dem Könige beliebt zu machen. Er hatte alle guten französischen Schriftsteller gelesen und veranlaßte nun den König, die Tragödien von Pierre Corneille, von Racine und die Werke von Despréaux zu lesen. Der König konnte den Satiren des letzteren, die auch wirklich nicht zu dessen besten Sachen gehören, durchaus keinen Geschmack abgewinnen, dagegen liebte er seine anderen Schriften sehr. Als man ihm jene Stelle der achten Satire vorlas, wo der Dichter Alexander als einen Narren und Tollen behandelt, zerriss Karl das Blatt.

Von allen französischen Tragödien gefiel ihm Mithridates am meisten, weil die Lage dieses gefangenen und nach Rache lechzenden Königs ganz der seinigen glich. Er zeigte Fabrice mit dem Finger die Stellen, welche am meisten Eindruck auf ihn gemacht hatten; er wollte aber keine laut lesen, überhaupt kein französisches Wort aussprechen. Selbst als er später zu Bender den französischen Gesandten bei der Pforte Defaleurs, einen höchst verdienstvollen Mann, der aber nur seine Muttersprache verstand, bei sich empfing, gab er demselben nur in lateinischer Sprache Antwort; und als Desaleurs ihm bemerklich machte, dass er nicht vier Worte von dieser Sprache verstehe, ließ der König lieber einen Dolmetscher kommen, als dass er französisch sprach.

Dies waren die Beschäftigungen Karls XII. zu Bender, wo er eine türkische Armee zu seiner Unterstützung erwartete. Sein Gesandter legte dem Großwesir im Namen des Königs hierauf bezügliche Denkschriften vor und

Poniatowski unterstützte dieselben durch die ihm zu Gebote stehenden Mittel. Es gelang diesem sich überall einzuführen; dabei erschien er nur als Türke gekleidet und alle Türen standen ihm offen. Der Großherr ließ ihm einen Beutel mit tausend Dukaten überreichen und der Großwesir sagte zu ihm: »Ich will Euern König an die eine Hand nehmen und einen Säbel in die andere, und will ihn an der Spitze von zweimalhunderttausend Mann nach Moskau führen.« Dieser Großwesir hieß Tschurluli Ali Pascha; er war der Sohn eines Bauern aus dem Dorfe Tschurlu. Eine solche Abstammung ist bei den Türken kein Fehler; man kennt dort keinerlei Adel, weder einen mit Macht und Würde verbundenen, noch einen bloßen Tituladel. Die persönlichen Verdienste allein müssen dort alles tun; fast im ganzen Orient ist dies so, eine sehr natürliche und treffliche Sitte, wenn nur immer das Verdienst mit Würden belohnt würde; aber die Wesire sind in der Regel nur die Geschöpfe eines schwarzen Eunuchen oder einer Lieblingssklavin.

Der erste Minister ward bald anderer Ansicht, der König konnte nur verhandeln, aber der Zar konnte Geld geben; er gab und zwar von dem, welches Karl XII. gehört hatte. Die zu Poltawagenommene Kriegskasse lieferte auf diese Art neue Waffen gegen den Besiegten. Bald war von einem Krieg gegen die Russen nicht mehr die Rede. Der Zar gewann allmählich Einfluss bei der Pforte; sie gestand seinem Gesandten Ehren zu, welche die russischen Minister bis dahin noch nicht in Konstantinopel genossen hatten; man gestattete ihm ein Serail, das heißt einen Palast im Frankenviertel und den Verkehr mit den fremden Ministern. Der Zar glaubte sogar die Auslieferung Mazeppas verlangen zu können, wie Karl einst die des unglücklichen Patkul verlangt hatte. Tschurluli Ali Pascha wusste nicht mehr, was er einem Fürsten verweigern sollte, der ein Verlangen stellte, während er zugleich Millionen gab. So wagte es dieser nämliche Großwesir, der kurz vorher feierlich versprochen hatte, den König von Schweden mit zweimalhunderttausend Mann nach Russland zu führen, ihm die Aufopferung Mazeppas anzusinnen. Karl war außer sich über diese Zumutung. Man weiß nicht, wie weit der Wesir diese Sache getrieben haben würde, wenn nicht der siebzigjährige Mazeppa gerade um diese Zeit gestorben wäre. Der Schmerz und der Zorn des Königs stieg noch höher, als er erfuhr, dass der Gesandte des Zaren bei der Pforte, Tolstoy, sich öffentlich von Schweden bedienen ließ, die bei Poltawagefangen worden waren, und dass man diese braven Soldaten täglich auf dem Markte zu Konstantinopel verkaufte. Der russische Gesandte sprach es sogar laut aus, dass die türkischen Truppen zu Bender eher dort seien, um sich des Königs zu versichern, als um ihm eine Ehre anzutun.

Karl, von dem Großwesir verlassen, von dem Geld des Zaren in der Türkei besiegt, nachdem er in der Ukraine durch dessen Waffen überwältigt worden war, sah sich von der Pforte getäuscht und fast wie ein Gefangener unter den Tataren behandelt. Sein Gefolge begann zu verzweifeln. Er allein blieb fest und schien nicht einen Augenblick niedergeschlagen; er glaubte, der Sultan wisse nicht um die Intrigen seines Großwesirs Tschurluli Ali; er beschloss daher, ihm Mitteilung davon zu machen und Poniatowski nahm diesen kecken Auftrag über sich. Der Großherr geht alle Freitage in die Moschee, umgeben von seinen Solaks, einer Art Garden, deren Turbane mit so hohen Federn geschmückt sind, dass sie den Sultan dem Anblick des Volks entziehen. Wenn man daher dem Großherrn eine Bittschrift zu übergeben hat, sucht man sich unter diese Garden zu mischen und hält die Bittschrift hoch empor. Bisweilen hat der Sultan die Gnade sie selbst abzunehmen; öfters aber beauftragt er einen Aga damit und lässt sich dann beim Verlassen der Moschee die Bittschrift reichen. Er hat nicht zu fürchten, dass er durch unnütze und gleichgültige Bittschriften belästigt werde, denn man schreibt in Konstantinopel in einem

Jahre weniger als zu Paris an einem einzigen Tage. Noch weniger wagt man es Beschwerdeschriften gegen die Minister zu übergeben, weil sie der Sultan in der Regel, ohne sie selbst gelesen zu haben, an jene schickt. Allein Poniatowski hatte eben nur diesen Weg, um dem Großherrn die Klagen des Königs von Schweden zukommen zu lassen. Er entwarf eine den Großwesir schwer beschuldigende Beschwerdeschrift. Der damalige Gesandte von Frankreich de Feriol, der mir diese Tatsache erzählt hat, ließ die Schrift ins Türkische übersetzen. Man gab einem Griechen Geld, um sie zu übergeben. Dieser Grieche mischte sich unter die Garden des Großherrn und hob das Papier so lange und so stark in die Höhe und machte dabei ein solches Geräusch, dass der Sultan darauf aufmerksam wurde und selbst die Denkschrift nahm.

Man hat sich mehrmals dieses Mittels bedient, um dem Sultan Beschwerdeschriften gegen seine Wesire zuzustellen; bald darauf überreichte auch der Schwede Leloing eine solche. Karl XII. war in der Türkei so weit herabgekommen, dass er sich der Hilfsmittel eines unterdrückten Untertans bedienen musste.

Als alle Antwort auf seine Beschwerden schickte der Sultan dem König von Schweden einige Tage nachher fünfundzwanzig arabische Pferde, worunter eins, das Seine Hoheit selbst getragen hatte und das mit einem Sattel und einer Schabracke bedeckt war, die von Edelsteinen strotzte, und Bügel von massivem Gold hatte. Dieses Geschenk war von einem artigen Schreiben begleitet, welches jedoch in allgemeinen Ausdrücken abgefasst war und den Verdacht erweckte, der Minister habe nichts ohne Zustimmung des Sultans getan. Tschurluli, der es verstand seine wahre Ansicht zu verhüllen, schickte dem König gleichfalls fünf seltene Pferde. Aber Karl sagte zu dem, der sie brachte in stolzem Ton: »Kehrt damit zu Euerm Herrn zurück und sagt ihm, dass ich von meinen Feinden keine Geschenke annehme.«

Nachdem Poniatowski es gewagt hatte, eine Beschwerdeschrift gegen den Großwesir überreichen zu lassen, fasste er den kühnen Gedanken ihn zu stürzen. Er wusste, dass dieser Wesir der Königin-Mutter missfiel, dass der Kislar Aga, der Hauptmann der schwarzen Eunuchen und der Aga der Janitscharen ihn hassten; er hetzte daher diese drei sämtlich auf, gegen ihn zu sprechen. Es war gewiss merkwürdig, dass ein Christ, ein Pole, ein unbeglaubigter Agent eines zu den Türken geflüchteten Schwedenkönigs fast offen an der Pforte gegen einen Vizekönig des ottomanischen Reichs, der noch dazu seinem Herrn nützlich und angenehm war, solche Ränke spinnen durfte. Poniatowski würde wohl auch nie durchgedrungen sein, und schon der Gedanke an einen solchen Plan hätte ihm den Hals gekostet, wenn nicht eine stärkere Macht als alle anderen in seinem Interesse Arbeitenden den entscheidenden Schlag gegen das Glück des Großwesirs Tschurluli geführt hätte.

Der Sultan hatte nämlich einen jungen Günstling, welcher später das ottomanische Reich regierte, im Jahre 1716 aber in Ungarn in der vom Prinzen Eugen von Savoyen gegen die Türken gewonnenen Schlacht bei Peterwardein fiel. Er hieß Cumürdschi Ali Pascha. Seine Herkunft war von derjenigen des Tschurluli nicht sehr verschieden: er war nämlich der Sohn eines Kohlenträgers, wie der Name Cumürdschi andeutet, denn Cumür heißt auf türkisch Kohle. Der Kaiser Achmet II., Oheim von Achmet III., hatte in einem Wäldchen bei Adrianopel den Knaben Curmürdschi gefunden. Seine außerordentliche Schönheit machte einen solchen Eindruck auf ihn, dass er ihn in sein Serail führen ließ. Er gefiel auch Mustapha, dem ältesten Sohn von Mohammed IV. und Nachfolger Achmets II. Achmet III. machte ihn zu seinem Günstling. Er hatte zwar damals nur das Amt eines Seliktar Aga, Säbelträgers der Krone inne; seine große Jugend gestattete ihm noch nicht, die Würde eines Großwesirs zu erstreben; aber er besaß den Ehrgeiz, Wesire zu ernennen. Es gelang der schwedischen Partei zwar nie, diesen Günstling für sich zu gewinnen; niemals war er ein Freund von Karl oder irgend einem christlichen Fürsten und Gesandten; bei diesem Anlass aber diente er dem König Karl XII. ohne es zu wollen. Er verband sich mit der Sultanin Valide und den Großoffizieren der Pforte, um Tschurluli zu stürzen, den sie alle hassten. Dieser alte Minister, der seinem Herrn lange und gut gedient hatte, wurde so das Opfer der Laune eines Knaben und den Kabalen eines Fremden. Man nahm ihm seine Würde und seine Schätze; man nahm ihm sogar seine Frau, welche die Tochter des letzten Sultans Mustapha war, und verbannte ihn nach Kaffa, ehedem Theodosia, in der Krim. Das Reichssiegel erhielt Numan Kuprogli, Enkel des großen Kuprogli (Kieuperli), der Candia erobert hatte. Dieser neue Wesir war ein Mann, wie sich übelberichtete Christen einen Türken nicht vorstellen können, das heißt, er war von unbeugsamer Rechtschaffenheit, ein gewissenhafter Beobachter des Gesetzes, der dem Willen des Sultans oft die Forderung der Gerechtigkeit entgegen hielt. Er wollte nichts von einem Krieg gegen die Russen wissen, weil er ihn für unrecht und unnütz hielt. Aber dieselbe Unterwürfigkeit unter sein Gesetz, die ihn abhielt den Zaren gegen die beschworenen Verträge zu befehden, trieb ihn andererseits die Pflichten der Gastfreundschaft gegen den König von Schweden zu achten. Er sagte zu seinem Herrn: »Das Gesetz verbietet dir den Zaren anzugreifen, der dich nicht gekränkt hat; aber es gebietet dir auch, dem König von Schweden beizustehen, der unglücklich ist und sich in deinem Lande befindet.« – Er ließ also diesem Fürsten achthundert Beutel auszahlen (ein Beutel ist fünfhundert Taler), und gab ihm den Rat, durch die Staaten des deutschen Kaisers oder auf den französischen Schiffen, welche sich damals in dem Hafen von Konstantinopel befanden und die der französische Gesandte bei der Pforte, de Feriol, Karl XII. zur Überfahrt nach Marseille zur Verfügung gestellt hatte, friedlich in sein Reich zurückzukehren. Der

Graf Poniatowski verhandelte lebhafter als je mit dem Großwesir und gewann allmählich eine solche Obergewalt bei dem unbestechlichen Wesir dass das Gold der Russen nicht mehr dagegen aufkommen konnte. Die russische Partei kam daher zu der Überzeugung, dass das sicherste Mittel die Vergiftung dieses gefährlichen Unterhändlers sei. Man gewann einen seiner Diener, der ihm im Kaffee Gift beibringen sollte. Das Verbrechen wurde jedoch noch vor der Ausführung entdeckt. Man fand das Gift in den Händen des Dieners in einer kleinen Phiole, die man dem Großherrn brachte. Der Giftmischer wurde vor dem versammelten Diwan gerichtet und zu den Galeeren verurteilt, weil die türkische Justiz Verbrechen, die nicht zur Ausführung gelangen, nie mit dem Tode bestraft.

Aber Karl XII. lebte des festen Glaubens, dass es ihm früher oder später gelingen werde, das türkische Reich gegen das russische zu waffnen, und wollte deshalb keinen der Vorschläge annehmen, der auf eine ruhige Rückkehr in seine Staaten abzielte. Er hörte nicht auf, diesen nämlichen Zaren, den er so lange verachtet hatte, den Türken als einen furchtbaren Feind vorzumalen. Seine Unterhändler mussten unaufhörlich darauf hinweisen, dass Peter Alexewitsch sich zum Herrn des Schwarzen Meeres machen wolle und, nachdem er die Kosaken unterjocht, nunmehr das Auge auf die Krim geworfen habe. Bald setzten diese Vorstellungen die Pforte in Alarm, bald gelang es den russischen Ministern wieder, jene zu entkräften.

Während Karl XII. so sein Geschick von dem Gutdünken der Wesire abhängig machte, und von einer fremden Macht Wohltaten und Kränkungen empfing, während er dem Sultan Beschwerdeschriften überreichen ließ und doch von dessen Großmut lebte, wachten alle seine Feinde wieder auf und griffen seine Staaten an.

Die Schlacht bei Poltawawar zunächst das Signal zu einer Revolution in Polen gewesen. Der König August kehrte dahin zurück, protestierte gegen seine Thronentsagung und gegen den Frieden von Altranstädt und beschuldigte Karl XII., den er nun nicht mehr fürchtete, öffentlich des Raubes und der Barbarei. Er ließ seine Bevollmächtigten Pfingsten und Imhof, welche seine Thronentsagung unterzeichnet hatten, ins Gefängnis werfen, wie wenn sie hierin seine Vollmacht überschritten und ihren Herrn verraten hätten. Seine sächsischen Truppen, die den Vorwand zu seiner Entthronung abgegeben, führten ihn wieder nach Warschau zurück, wohin ihn die meisten polnischen Palatine begleiteten, welche ihm ehedem Treue geschworen, dann Stanislaus den gleichen Eid geleistet hatten und nun wieder August zuschworen. Selbst Siniawski ging zu ihm über, gab die Idee selbst König zu werden auf, und begnügte sich Obergeneral der Krone zu bleiben. Sein erster Minister Flemming, der Sachsen eine Zeitlang hatte verlassen müssen, um nicht mit Patkul ausgeliefert zu werden, trug jetzt durch seine Gewandtheit dazu bei, seinem Herrn einen großen Teil des polnischen Adels wieder zuzuführen.

Der Papst enthob seine Völker des Eids der Treue, den sie Stanislaus geleistet hatten. Dieser zur rechten Zeit erfolgte und von Augusts Streitkräften unterstützte Schritt des heiligen Vaters fiel mächtig in die Waagschale. Er befestigte zugleich den Kredit des römischen Hofs in Polen, wo man damals keine Lust hatte, dem Papst sein schimärisches Recht, sich in die weltliche Macht der Könige zu mischen, zu bestreiten. Alle Welt kehrte freiwillig unter die Herrschaft Augusts zurück und nahm ohne Widerstreben eine nutzlose Absolution entgegen, welche der Nuntius nicht verfehlte als höchst notwendig darzustellen.

Die Macht Karls und die Größe Schwedens neigten damals ihrem Ende zu. Mehr als zehn gekrönte Häupter hatten seit langer Zeit mit Besorgnis und Neid gesehen, wie sich die schwedische Herrschaft über ihre natürliche Grenze, die Ostsee, hinaus von der Düna bis zur Elbe ausdehnte. Die Niederlage Karls und seine lange Abwesenheit riefen die Interessen und die Eifersucht dieser Fürsten, welche lange Zeit durch die Verträge und die Unmacht, sie zu brechen, schlafen gelegt waren, wieder wach.

Der Zar, mächtiger als sie alle miteinander, benützte seinen Sieg nach Kräften, eroberte Wiburg und ganz Carelien, überschwemmte Finnland mit seinen Truppen, belagerte Riga und schickte ein Armeekorps nach Polen, um August wieder auf den Thron zu verhelfen. Dieser Kaiser war nun, was Karl vor ihm gewesen war, der Herr der Geschicke Polens und des Nordens; er aber hörte nur auf die Stimme seines Interesses, während Karl nur von Rache und Ruhm geträumt hatte. Der schwedische Monarch hatte seine Verbündeten unterstützt und seine Feinde niedergeworfen, ohne eine Frucht von seinen Siegen zu verlangen; der Zar, mehr Fürst und weniger Held, wollte dem König von Polen nur unter der Bedingung beistehen, dass er ihm Livland abtrete, und diese Provinz, um derentwillen August den Krieg angezettelt hatte, blieb schließlich für immer den Russen.

Auch der König von Dänemark vergaß den Friedensvertrag von Travendahl, wie August den von Altranstädt vergessen hatte; und gedachte sich der Herzogtümer Holstein und Bremen zu bemächtigen, auf deren Besitz er von neuem Ansprüche erhob. Der König von Preußen hatte alte Rechte auf das preußische Pommern, die er jetzt wieder aufleben lassen wollte. Der Herzog von Mecklenburg sah mit Ärger, dass Schweden noch Wismar, die schönste Stadt des Herzogtums, besaß. Dieser Fürst sollte eine Nichte des russischen Kaisers heiraten, und der Zar sehnte sich nach einem Vorwand, um in Deutschland ebenso festen Fuß fassen zu können wie die Schweden. Auch der Kurfürst von Hannover suchte sich auf Kosten Karls zu bereichern. Selbst der Bischof von Münster hätte gerne einige Rechte geltend gemacht, wenn er nur die Macht dazu besessen hätte.

Zwölf- bis dreizehntausend Schweden verteidigten Pommern und die übrigen Länder, die Karl noch in Deutschland besaß. Dorthin ward jetzt das Kriegstheater verlegt. Dieser Sturm setzte auch den deutschen Kaiser und seine Verbündeten in Alarm. Es ist Reichsgesetz, dass, wer eines der Reichsländer angreift, als Feind des ganzen deutschen Reichskörpers betrachtet wird.

Aber es lag noch eine weitere große Verwicklung vor. Alle diese Fürsten, mit Ausnahme des Zaren, machten damals gegen Ludwig XIV. Front, dessen Macht eine Zeitlang für das deutsche Reich ebenso furchtbar gewesen war wie die Karls.

Deutschland hatte sich zu Anfang des Jahrhunderts zwischen Süden und Norden, den Armeen Frankreichs und Schwedens eingeklemmt befunden. Die Franzosen hatten die Donau überschritten, die Schweden die Oder; wenn ihre damals siegreichen Heere sich vereinigten, war das Reich verloren. Aber das gleiche Missgeschick, welches Schweden niederwarf, hatte auch Frankreich gedemütigt. Immerhin besaß aber Schweden noch Hilfsquellen und Ludwig XIV. führte den Krieg mit Energie weiter, wenn auch nicht glücklich. Wenn Pommern und das Herzogtum Bremen zum Kriegstheater wurden, so war zu befürchten, dass das deutsche Reich darunter litt und dass es hierdurch geschwächt gegen Ludwig XIV. weniger kräftig auftreten konnte. Um diese Gefahr abzuwenden, schlossen daher der deutsche Kaiser, die deutschen Fürsten, die Königin Anna von England und die Generalstaaten von Holland gegen Ende 1709 im Haag einen der sonderbarsten Verträge ab, die je unterzeichnet wurden.

Es wurde durch diese Mächte nämlich festgesetzt, dass die Schweden weder in Pommern noch in einer anderen Provinz Deutschlands bekriegt werden sollten, dass die Feinde Karls XII. ihn dagegen überall sonst angreifen könnten. Der König von Polen und der Zar traten diesem Vertrag bei; sie ließen noch einen Artikel hineinsetzen, der ebenso sonderbar war wie der Vertrag selbst: dass nämlich die zwölftausend Schweden, welche sich in Pommern befanden, dieses Land nicht verlassen dürften, um zur Verteidigung der anderen Provinzen Schwedens verwendet zu werden.

Um die Ausführung dieses Vertrags zu sichern, machte man den Vorschlag, eine Armee aufzustellen, welche diese Scheinneutralität aufrecht erhalten sollte. Sie sollte an den Ufern der Oder lagern. Diese Aufstellung einer Armee, um den Krieg zu verhindern, wäre eine eigentümliche Neuerung gewesen. Diejenigen, welche dieselbe stellen sollten, hatten größtenteils ein wesentliches Interesse den Krieg zu betreiben, den man ferne halten wollte. Der Vertrag bestimmte nämlich, dass die Armee aus Truppen des Kaisers, des Königs von Preußen, des Kurfürsten von Hannover, des Landgrafen von Hessen und des Bischofs von Münster bestehen sollte.

Es geschah denn auch, was von einem derartigen Abkommen anzunehmen war: es wurde nicht durchgeführt. Die Fürsten, welche ihr Kontingent zu dieser Armee stellen sollten, taten es nicht. Man formierte nicht zwei Regimenter. Man sprach viel von Neutralität, aber niemand beobachtete sie. So erhielten alle Fürsten des Nordens, welche einen Span mit dem Schwedenkönig auszufechten hatten, volle Freiheit, sich um den Nachlass dieses Fürsten zu streiten. Während die Sachen so standen, kehrte der Zar, nachdem er seine Truppen in Litauen im Quartier gelassen und die Belagerung von Riga angeordnet hatte, nach Moskau zurück, um seinen Völkern dort ein Schauspiel zu geben, das für sie ebenso neu war, wie alles, was er bis dahin in seinen Staaten getan hatte: es war ein Triumphzug im Geiste der alten Römer. Am 1. Januar 1710 zog er durch sieben Triumphbogen in Moskau ein. Die Straßen, durch welche der Zug ging, waren mit allem geschmückt, was das Klima bieten und der durch seine Bemühungen zur Blüte gebrachte Handel aufbringen konnte. Ein Garderegiment eröffnete den Zug; hinter ihm kamen die den Schweden bei Liesna und Poltawaabgenommenen Geschütze, ein jedes derselben wurde von acht Pferden gezogen, deren scharlachrote Schabracken bis auf den Boden herabhingen. Dann kamen die Standarten, die Heerpauken und die Fahnen, welche in diesen beiden Schlachten erobert worden waren, getragen von den Offizieren und Soldaten, die sie genommen hatten. Diesen Beutestücken folgten die schönsten Truppen des Zaren. Dann erblickte man auf einem eigens dafür erbauten Wagen die Tragbahre Karls XII., die man von zwei Kanonenkugeln zerschmettert auf dem Schlachtfeld von Poltawa gefunden hatte. Hinter derselben folgten paarweise sämtliche Gefangenen. Man sah hier den ersten Minister Schwedens, den Grafen Piper, den berühmten Marschall Rehnsköld, den Grafen Löwenhaupt, die Generale Schlippenbach, Stackelberg, Hamilton, sowie alle Offiziere und Soldaten, die man nachher in Groß-Russland zerstreute. Hinter ihnen erschien der Zar selbst auf dem nämlichen Pferde, das er in der Schlacht bei Poltawa geritten hatte. Einige Schritte hinter ihm ritten die Generale, die am Erfolg dieses Tages Anteil gehabt hatten. Hierauf kam noch ein Garderegiment. Die schwedischen Munitionswagen bildeten den Schluss.

Während dieses Triumphzuges läuteten alle Glocken Moskaus; Trommeln, Pauken und Trompeten und eine Menge anderer Musikinstrumente ertönten in verschiedenen Abteilungen. Dazwischen donnerten die Salven von zweihundert Kanonen, und scholl der Jubelruf von fünfmalhunderttausend Menschen, welche bei jedem Schritt, den der Zar auf diesem Triumphzug tat: »Es lebe der Kaiser! es lebe unser Vater!« riefen.

Dieses großartige Schauspiel vermehrte noch die Verehrung der Völker des Zaren für seine Person. Alles, was er sonst Nützliches zu ihrem Wohle ausgeführt hatte, machte ihn vielleicht in ihren Augen nicht so groß, wie dieser Triumphzug.

Indessen setzte er die Blockade von Riga fort. Seine Generale bemächtigten sich des übrigen Livlands und eines Teils von Finnland. Zugleich erschien der König von Dänemark mit seiner ganzen Flotte und machte einen Einfall in

Schweden, wo er siebzehntausend Mann ausschiffte, über die er dem Grafen von Reventlow den Befehl gab.

Schweden wurde damals durch einen aus einigen Senatoren bestehenden Regentschaftsrat, den der König vor seinem Abgang von Stockholm eingesetzt hatte, verwaltet. Der Senat war auf diese Regentschaft eifersüchtig, da er glaubte, dass sie von Rechts wegen ihm gehöre. Unter diesem Zwiespalt litt der Staat. Aber sobald nach der Schlacht bei Poltawadie Nachricht nach Stockholm kam, dass sich der König zu Bender in der Hand der Tataren und Türken befinde, und zugleich, dass die Dänen in Schonen gelandet seien und die Stadt Helsingborg genommen hätten, hörte jede Eifersüchtelei auf. Man dachte nur daran, Schweden zu retten. Das Land war nachgerade von regulären Truppen entblößt, denn obschon Karl seine großen Heereszüge immer nur an der Spitze kleiner Armeen ausführte, so hatten doch die zahlreichen Gefechte, die er während neun Jahren geliefert, und die Notwendigkeit die Truppen beständig zu ergänzen und Garnisonen und Armeekorps in Finnland, Ingermanland, Livland, Pommern, Bremen, Werden zu unterhalten, Schweden nach und nach über zweimalhundertfünfzigtausend Soldaten gekostet. Es blieben daher jetzt kaum achttausend Mann alter Truppen, die mit den Neuausgehobenen die einzigen Hilfsquellen Schwedens bildeten.

Aber das Schwedenvolk ist von Natur kriegerisch und alle Welt hatte allmählich das Wesen des Königs angenommen. Man unterhielt sich ja von einem Ende des Landes bis zum anderen nur von den wunderbaren Taten Karls und seiner Generale und von den alten Scharen, die unter ihm bei Narwa, an der Düna, bei Clissau, bei Pultusk und Holowein gefochten hatten. Der geringste Schwede ward hierdurch von einem Geist der Nacheiferung und des Ruhms erfüllt. Dazu kam die Liebe zu dem König, das Mitleid mit ihm und der unversöhnliche Dänenhass. In manchen anderen Ländern sind die Bauern

Sklaven oder werden als solche behandelt. Die schwedischen Bauern bildeten ein Glied des Staatskörpers, betrachteten sich als Bürger und waren von hohen Gesinnungen beseelt, so dass aus diesen Milizen bald die besten Truppen des Nordens wurden.

Auf Befehl der Regentschaft setzte sich General Stenbock an die Spitze jener achttausend alten Soldaten und von etwa zwölftausend Rekruten, um die Dänen, welche die Küste von Helsingborg verheerten und ihre Kontributionen bereits weit ins Innere hinein ausdehnten, aus dem Lande zu jagen.

Man besaß weder die Zeit noch die Mittel, um den Rekruten Uniformen zu geben. Die meisten dieser Bauern gingen daher in ihren leinenen Kitteln und hatten die Pistolen im Gürtel mit Schnüren befestigt. Am 10. März 1710 stand Stenbock an der Spitze dieser ungewöhnlichen Armee drei Stunden von Helsingborg den Dänen gegenüber. Er wollte seinen Truppen einige Tage Ruhe gönnen, sich verschanzen und seinen neuen Kriegern Zeit lassen, um sich an den Feind zu gewöhnen; allein die Bauern verlangten sämtlich noch am Tage ihrer Ankunft zur Schlacht geführt zu werden.

Offiziere, welche mit dabei waren, haben mich versichert, die Leute hätten vor Wut geschäumt, so groß ist der Nationalhass der Schweden gegen die Dänen. Stenbock benutzte diese günstige Stimmung, welche am Tag einer Schlacht fast so viel wert ist wie militärische Ausbildung. Er griff die Dänen an und man sah hier das beispiellose Schauspiel, dass ganz neu ausgehobene Leute wie alte Soldaten fochten. Zwei Regimenter dieser schlecht bewaffneten Bauern vernichteten die Garde des Königs von Dänemark, so dass nur zehn Mann von ihr übrigblieben.

Die gänzlich geschlagenen Dänen zogen sich unter die Kanonen von Helsingborg zurück. Die Überfahrt von Schweden nach Seeland ist so kurz, dass der König von Dänemark noch am nämlichen Tage zu Kopenhagen die

Niederlage seiner Armee erfuhr. Er schickte seine Flotte hinüber, um die Trümmer der Armee einzuschiffen. Fünf Tage nach der Schlacht verließen die Dänen Schweden in aller Eile. Da sie aber ihre Pferde nicht mitführen konnten und sie auch nicht dem Feinde lassen wollten, töteten sie dieselben in der Umgegend von Helsingborg, verbrannten zugleich ihre Lebensmittel und ihr Gepäck und ließen in Helsingborg nur viertausend Verwundete zurück, von welchen der größte Teil infolge der Ausdünstung der toten Pferde und aus Mangel an Lebensmitteln starb, da ihre Landsleute ihnen keine zurückließen, damit die Schweden nicht davon zehren könnten.

Um diese Zeit hörten auch die Bauern in Dalekarlien inmitten ihrer Wälder, dass ihr König bei den Türken gefangen sei. Sie schickten alsbald eine Deputation an die Regentschaft zu Stockholm und erboten sich auf ihre Kosten zwanzigtausend Mann stark aufzubrechen, um ihren Herrn aus den Händen seiner Feinde zu befreien. Dieses Anerbieten, welches mehr von Anhänglichkeit und Mut zeugte als es praktisch verwertet werden konnte, wurde zwar mit Beifall entgegen genommen, jedoch abgelehnt. Man verfehlte indessen nicht, den König davon zu unterrichten, als man ihm den Bericht über die Schlacht bei Helsingborg übersandte.

Im Juli 1710 empfing Karl in seinem Lager bei Bender diese tröstlichen Nachrichten. Kurze Zeit darauf befestigte ihn ein anderes Ereignis in seinen Hoffnungen.

Der Großwesir Cuprogli, welcher seinen Plänen entgegen war, wurde abgesetzt, nachdem er nur zwei Monate lang Minister gewesen. Der kleine Hof Karls XII. und seine Anhänger in Polen verbreiteten infolge hiervon das Gerücht, dass Karl Wesire ein- und absetze und von seinem Asyl in Bender aus das türkische Reich regiere. Allein in Wahrheit hatte er durchaus keinen Anteil an der Ungnade dieses Günstlings. Die strenge Rechtlichkeit des Wesirs soll die einzige Ursache seines Sturzes gewesen sein. Sein Vorgänger hatte nämlich die Janitscharen nicht aus dem kaiserlichen Schatze, sondern von dem Gelde bezahlt, das er durch seine Erpressungen aufbrachte. Cuprogli zahlte aus der Schatzkammer. Achmet warf ihm vor, dass er das Interesse der Untertanen dem des Kaisers voranstelle. »Dein Vorgänger Tschurluli,« sagte er zu ihm, »verstand es, andere Mittel zu finden, um meine Truppen zu bezahlen.« Der Großwesir erwiderte: »Wenn er die Kunst besaß, deine Hoheit durch Raub zu bereichern, so rühme ich mich, diese Kunst nicht zu verstehen.«

Das tiefe Geheimnis, in welchem das Serail schwebt, lässt selten zu, dass derartige Unterhaltungen an die Öffentlichkeit gelangen. Obige Reden aber erfuhr man zugleich mit der Ungnade Cuproglis. Dieser Wesir bezahlte übrigens seine Kühnheit nicht mit seinem Kopfe, da die wahre Tugend sich bisweilen Achtung erwirbt, auch wenn sie missfällt. Man gestattete ihm, sich nach der Insel Negroponte zurückzuziehen. Ich habe diese Details aus den Briefen Brus, der ein Verwandter von mir und erster Dragoman bei der Pforte war. Ich teile sie mit, um einen Begriff von dem Geiste dieser Regierung zu geben.

Der Großherr ließ nun Baltadschi Mehemet, Pascha von Syrien, der schon vor Tschurluli Großwesir gewesen war, aus Aleppo kommen. Die Baltadschis des Serails (so genannt von Balta Beil) sind die Sklaven, welche den Prinzen von Geblüt und den Sultanen das Holz machen. Mehemet war in seiner Jugend Baltadschi (Holzspalter) gewesen und hatte diesen Namen nach der Gewohnheit der Türken beibehalten, welche ohne zu erröten den Titel ihres ersten Handwerks oder desjenigen ihres Vaters oder auch den Namen ihres Geburtsortes annehmen.

Als Baltadschi Mehemet noch im Serail diente, war er so glücklich gewesen, dem Prinzen Achmet, damals Staatsgefangenen unter der Regierung seines Bruders Mustapha, einige kleine Dienste zu erweisen. Man gibt den türkischen Prinzen von Geblüt zu ihrer Unterhaltung Frauen, die keine Kinder mehr bekommen – was in der Türkei sehr früh eintritt – die aber immer noch hübsch genug sind, um gefallen zu können. Als Achmet Sultan wurde, gab er eine seiner Sklavinnen, die er sehr geliebt hatte, dem Baltadschi Mehemet zur Frau. Diese Frau wusste durch ihre Intrigen ihren Gemahl zum Großwesir zu erheben; eine andere Intrige stürzte ihn und eine dritte machte ihn wieder zum Großwesir.

Als Baltadschi Mehemet das Reichssiegel erhielt, fand er die Partei des Königs von Schweden als die herrschende im Serail vor. Die Sultanin Valide, Ali Cumürdschi, der Günstling des Großherrn, der Kislar Aga, Chef der schwarzen Eunuchen, und der Aga der Janitscharen wollten den Krieg gegen den Zaren. Der Sultan selbst war dazu entschlossen. Der erste Befehl, den er dem Großwesir erteilte, lautete dahin, er solle die Russen mit zweimalhunderttausend Mann angreifen. Baltadschi Mehemet hatte noch nie einen Krieg geführt, aber er war keineswegs ein Dummkopf, wie die Schweden, die nicht mit ihm zufrieden waren, nachher behaupteten. Er sagte zum Großherrn, als ihm dieser einen mit Edelsteinen gezierten Säbel übergab: »Deine Hoheit weiß, dass ich gelernt habe mit einer Axt Holz zu spalten, nicht aber mit einem Säbel Armeen zu kommandieren; gleichwohl werde ich versuchen, dir gut zu dienen. Wenn es mir aber nicht gelingt, so erinnere dich, dass ich dich gebeten habe, es mir nicht anzurechnen.« – Der Sultan versicherte ihn seiner Freundschaft und der Wesir schickte sich an, ihm zu gehorchen.

Der erste Schritt der ottomanischen Pforte bestand darin, dass der russische Gesandte in das Schloss der Sieben Türme gesperrt wurde. Es ist nämlich Gewohnheit bei den Türken, dass sie damit anfangen, die Minister der Fürsten, denen sie den Krieg erklären, verhaften zu lassen. Während sie sonst strenge Gastfreundschaft halten, verletzen sie hierin das heiligste Recht der Nationen. Sie verüben diese Ungerechtigkeit unter dem Vorwand, dass dies nicht mehr als billig sei. Sie bilden sich nämlich ein, sie führen immer nur gerechte Kriege, da dieselben durch die Zustimmung ihres Mufti geheiligt seien. Nach diesem Grundsatz glauben sie die Waffen nur zu führen, um diejenigen zu züchtigen, welche die Verträge verletzen, ungeachtet sie dieselben oft selbst brechen, und vermeinen deshalb auch die Gesandten der ihnen feindlichen Fürsten als Mitschuldige der Untreue ihrer Herren strafen zu müssen.

Zu diesem Grunde kommt noch die lächerliche Verachtung, welche sie gegen christliche Fürsten und deren Gesandte erheucheln, die sie in der Regel nur wie Handelskonsuln betrachten.

Der Han der krimschen Tataren, den wir Khan nennen, erhielt Befehl sich mit vierzigtausend Tataren marschbereit zu halten. Dieser Fürst regiert die nogaische Steppe, Budziack nebst einem Teil von Cirkassien und die ganze Krim, welch letztere Provinz im Altertum unter dem Namen der taurische Chersones bekannt war, wohin die Griechen ihren Handel und ihre Waffen trugen, wo sie mächtige Städte gründeten, und wo sich später auch die Genuesen einnisteten, als sie die Herren des europäischen Handels wurden. Man sieht in diesem Lande Ruinen griechischer Städte und Denkmäler der Genuesen, welche noch mitten aus der Öde und der Barbarei hervorragen.

Der Khan wird von seinen Untertanen Kaiser genannt; aber trotz diesem großen Titel ist er doch Sklave der Pforte. Das ottomanische Blut, dem die Khane entstammen und das Recht, das sie für den Fall des Aussterbens der Familie des Großherrn auf den Thron des türkischen Reichs haben, machen ihre Familie selbst dem Sultan achtbar und ihre Personen furchtbar. Der Großherr hat deshalb auch die Rasse der tatarischen Khane nicht auszurotten gewagt; aber er lässt diese Fürsten auch nie alt auf ihrem Throne werden. Ihr Verhalten wird stets durch die benachbarten Paschas beobachtet, ihre Länder sind von Janitscharen umgeben, ihr Wille wird durch den der Großwesire gekreuzt, ihre Absichten erscheinen stets verdächtig. Wenn sich die Tataren über den Khan beklagen, so ergreift die Pforte diesen Vorwand, um ihn abzusetzen; wird er zu sehr geliebt, so ist dies ein noch größeres Verbrechen, welches alsbald bestraft wird. So gelangen fast alle vom Herrscherthron in die Verbannung und enden ihre Tage auf Rhodus, ihrem gewöhnlichen Gefängnis und Grab.

Ihre Untertanen, die Tataren, sind die raubsüchtigsten Völker der Erde, aber auch zugleich, was nicht damit zu stimmen scheint, die gastlichsten. Sie ziehen auf fünfzig Stunden weit aus ihrem Lande, um eine Karawane anzugreifen und Städte zu zerstören; wenn aber ein Fremdling, wer er immer sei, in ihr Land kommt, wird er dort nicht nur überall gut aufgenommen, logiert und bewirtet, sondern an jedem Ort, den er passiert, streiten sich die Einwohner darum, ihn als Gast zu beherbergen. Der Herr des Hauses, seine Frau und seine Töchter bedienen ihn um die Wette. Die Skythen, ihre Vorfahren, haben ihnen diese unverletzliche Achtung vor dem Gastrecht hinterlassen, das sie um so leichter ausüben können, als die wenigen Fremden, die bei ihnen reisen, und der niedere Preis aller Lebensmittel ihnen diese Tugend nicht allzu lästig machen.

Wenn die Tataren mit der türkischen Armee zu Felde ziehen, werden sie auf Kosten des Großherrn unterhalten und die Beute, die sie machen, ist ihre einzige Bezahlung, sie taugen auch mehr zum Plündern als zu einem regelmäßigen Kampfe.

Der durch die Geschenke und die Intrigen des Schwedenkönigs gewonnene Khan hatte anfangs herausgeschlagen, dass zum allgemeinen Sammelplatz der Truppen Bender selbst bestimmt würde, damit durch diese Operation unter den Augen Karls XII. es um so deutlicher hervorträte, dass man den Krieg um seinetwillen führe.

Allein der neue Wesir Baltadschi Mehemet hatte nicht die gleichen Verbindlichkeiten wie der Khan und wollte einem fremden Fürsten nicht in diesem Maße schmeicheln. Er änderte daher den Befehl dahin ab, dass die große Armee sich zu Adrianopel sammeln solle. In den weiten und fruchtbaren Ebenen Adrianopels sammeln sich die türkischen Armeen in der Regel, wenn dieses Volk Krieg mit den Christen führt. Die aus Asien und Afrika gekommenen Truppen ruhen dort aus und erfrischen sich einige Wochen. Um jedoch dem Zaren zuvorzukommen, ließ der Großwesir die Armee diesmal nur drei Tage ausruhen und marschierte dann gegen die Donau und von da nach Bessarabien.

Die türkischen Truppen sind heutzutage nicht mehr so furchtbar wie ehedem, wo sie so viele Reiche in Asien, Afrika und Europa eroberten. Damals triumphierte die Körperstärke, die Tapferkeit und die Zahl der Türken über ihre weniger kräftigen und schlechter disziplinierten Gegner. Heutzutage aber, wo die Christen die Kriegskunst besser verstehen, schlagen sie beinahe immer die Türken in einer regelmäßigen Schlacht, selbst wenn sie nicht so stark sind wie jene. Wenn das türkische Reich in letzter Zeit einige Eroberungen gemacht hat, so geschah dies nur gegenüber der Republik Venedig, die für mehr klug als kriegerisch gilt, von Fremden verteidigt und von den stets unter sich uneinigen christlichen Fürsten nicht gehörig unterstützt war.

Die Janitscharen und Spahis greifen in Unordnung an und sind nicht imstande auf ein Kommando zu hören und sich nach dem Angriff wieder zu sammeln. Ihre Reiterei, die wegen der Güte und Leichtigkeit ihrer Pferde vortrefflich sein sollte, kann den Stoß einer deutschen Reiterei nicht aushalten. Die Infanterie wußte damals noch keinen rechten Gebrauch vom Bajonett zu machen. Überdies haben die Türken seit Cuprogli, der die Insel Candia eroberte, keinen großen General zu Lande mehr gehabt. – Ein im Müßiggang und im Schweigen des Serails aufgewachsener Sklave, der dann aus Gunst zum Wesir und gegen seinen Willen zum General gemacht wurde, führte diesmal eine in der Eile ausgehobene Armee, die weder Kriegserfahrung noch Disziplin besaß, gegen die russischen, nun seit zwölf

Jahren an den Krieg gewöhnten Truppen, welche stolz darauf waren, die Schweden besiegt zu haben.

Aller menschlichen Berechnung nach musste daher der Zar den Baltadschi Mehemet besiegen; allein er beging denselben Fehler gegen die Türken, den der König von Schweden gegen ihn begangen hatte: Er verachtete seinen Feind zu sehr. Auf die Nachricht von den Rüstungen der Türken verließ er Moskau und nachdem er befohlen, dass die Belagerung Rigas in eine Blockade verwandelt werden sollte, sammelte er an den Grenzen Polens achtzigtausend Mann seiner Truppen. Mit dieser Armee nahm er den Weg durch die Moldau und Walachei, das alte Land der Dacier, welches gegenwärtig von griechischen Christen bewohnt wird, die dem Großherrn tributpflichtig sind.

Die Moldau beherrschte damals Fürst Cantemir, ein Grieche von Geburt, der das Talent der alten Griechen, die Bekanntschaft mit den Wissenschaften und die Kriegskunst in sich vereinigte. Man leitete seine Abstammung von dem berühmten Timur her, der unter dem Namen Tamerlan bekannt ist. Diese Abstammung erschien schöner als eine von den Griechen; man suchte sie durch den Namen jenes Eroberers zu beweisen. Timur, sagte man, ist so viel wie Temir; der Titel Khan, den Timur hatte, ehe er Asien eroberte, findet sich wieder in dem Namen Chan-temir, Cantemir; also ist der Fürst Cantemir ein Abkömmling von Tamerlan. Auf diese Art werden übrigens die meisten Genealogien gemacht.

Welchem Hause aber auch Cantemir entstammen mochte, er verdankte seine ganze Stellung der ottomanischen Pforte. Allein kaum war er in die Fürstenwürde eingesetzt, als er den türkischen Kaiser, seinen Wohltäter, an den Zaren verriet, von dem er noch mehr erhoffte. Er schmeichelte sich, dass der Besieger eines Karl XII. leicht über einen elenden Wesir triumphieren würde, der noch niemals einen Krieg geführt und zu seinem Kiaia (das heißt Leutnant) den Verwalter der türkischen Maut gewählt hatte. Er rechnete darauf, dass alle Griechen auf seine Seite treten würden; auch munterten ihn die griechischen Patriarchen zu diesem Abfall auf. Nachdem daher der Zar einen geheimen Vertrag mit diesem Fürsten abgeschlossen und ihn in seine Armee aufgenommen hatte, rückte er in dessen Lande ein und langte im Juni 1711 an dem nördlichen Ufer des Hierasus, heute Pruth, unweit der Hauptstadt der Moldau Jassy, an.

Sobald der Großwesir erfuhr, dass Peter Alexjewitsch nach dieser Richtung marschiere, verließ er sofort sein Lager und marschierte der Donau entlang, die er auf einer Schiffbrücke bei Saccia passierte, dem nämlichen Punkte, wo vor alten Zeiten Darius die Brücke erbaut hatte, die seinen Namen trug. Die türkische Armee marschierte so rasch, dass sie bald angesichts der Russen erschien. Nur der Pruth trennte die beiden Heere.

Der Zar war des Fürsten der Moldau so sicher, dass er nicht entfernt daran dachte, die Moldauer könnten ihm entgehen; aber nicht selten sind die Interessen eines Fürsten und die seiner Untertanen sehr verschieden. Die Moldauer liebten die türkische Herrschaft, die nur den großen Herren verhängnisvoll war, ihren tributpflichtigen Völkern gegenüber aber mit Milde auftrat. Sie fürchteten dagegen die Christen und besonders die Russen, welche sie stets mit Unmenschlichkeit behandelt hatten. Sie trugen daher alle ihre Vorräte der türkischen Armee zu; die Lieferanten, welche sich verpflichtet hatten, den Russen ihre Bedürfnisse zu liefern, vollzogen die Verträge, welche sie mit dem Zaren geschlossen, im Lager des Großwesirs. Die Walachen, Nachbarn der Moldauer, zeigten die gleiche Anhänglichkeit an die Türken. So sehr hatte die alte Idee von der Barbarei der Russen ihnen alle Herzen entfremdet.

Der Zar sah sich so in seinen Hoffnungen, die er vielleicht allzu leichtgläubig gefasst hatte, betrogen, seine Armee aber plötzlich ohne Lebensmittel und ohne Fourage. Die Soldaten desertierten haufenweise und bald zählte sein Heer keine dreißigtausend Mann mehr, die noch dazu nahe daran waren, vor Elend zugrunde zu gehen. So erfuhr der Zar am Pruth, weil er sich auf Cantemir verlassen, genau dasselbe, was Karl XII. bei Poltawaerfahren, da er allzuviel von Mazeppa hoffte. Bald überschritten die Türken den Fluss, umzingelten die Russen und errichteten vor ihnen ein verschanztes Lager. Es ist zu verwundern, dass der Zar ihnen den Flussübergang nicht streitig machte, oder dass er nicht wenigstens diesen Fehler dadurch wieder ausglich, dass er den Türken alsbald nach dem Übergang eine Schlacht lieferte, statt dass er ihnen nun Zeit ließ, seine Armee durch Hunger und Anstrengungen zugrunde zu richten. Peter Alexjewitsch scheint in diesem Feldzug alles getan zu haben, um sich zu verderben. Er war ohne Lebensmittel, hatte den Pruth hinter, hundertfünfzigtausend Türken vor sich und vierzigtausend Tataren rechts und links, die ihn unaufhörlich beunruhigten. In dieser Not rief er einmal öffentlich aus: »Jetzt bin ich wenigstens ebenso übel daran, wie es mein Bruder Karl bei Poltawawar!«

Der unermüdliche Agent des Schwedenkönigs, Graf Poniatowski, befand sich mit einigen Polen und Schweden, welche sämtlich die Vernichtung des Zaren für unvermeidlich hielten, im Lager des Großwesirs.

Sobald Poniatowski sah, dass die Armeen unfehlbar aneinander geraten müssten, ließ er es dem König von Schweden sagen, der von vierzig Offizieren begleitet, sofort von Bender abreiste und schon im voraus sich darauf freute, den russischen Kaiser wieder bekämpfen zu dürfen. Nach vielen Verlusten und verderblichen Märschen sah sich der Zar gegen den Pruth gedrängt, wo er sich nur durch spanische Reiter und seine Wagenburg decken konnte. Einige Abteilungen Janitscharen und Spahis warfen sich jetzt auf seine so übel situierte Armee, aber sie griffen in Unordnung an und die Russen verteidigten sich mit all der Energie, welche die Gegenwart ihres Fürsten und die Verzweiflung ihnen gab.

Zweimal wurden die Türken zurückgetrieben. Am zweiten Tage riet Poniatowski dem Großwesir die russische Armee auszuhungern. Da es ihr ja an allem gebräche, müsste sie sich bald mit ihrem Kaiser auf Gnade oder Ungnade ergeben.

Der Zar hat seither mehr als einmal zugestanden, dass er nie in seinem Leben eine peinlichere Empfindung gehabt habe, als in jener Nacht der Angst und Besorgnis. Alles, was er seit so viel Jahren für den Ruhm und das Glück seines Volkes getan, ging jetzt an seinem Geiste vorüber: so viele gewaltige Werke, welche allerdings stets von Kriegen unterbrochen wurden, gingen jetzt vielleicht mit ihm zugrunde, ohne ihre Vollendung erreicht zu haben. Er musste entweder durch Hunger umkommen oder mit seinen erschöpften, auf die Hälfte herabgesunkenen Truppen, einer fast nicht mehr berittenen Reiterei und einer durch Hunger und Strapazen herabgekommenen Infanterie hundertachtzigtausend Mann angreifen.

Gegen Einbruch der Nacht berief er den General Scheremeteff zu sich und befahl ihm, ohne Zaudern und ohne lange um Rat zu fragen alles so vorzubereiten, um bei Anbruch des Tages die Türken mit aufgepflanztem Bajonett angreifen zu können.

Er gab ferner den ausdrücklichen Befehl, dass man die ganze Bagage verbrennen solle; auch die höheren Offiziere sollten nur je einen Wagen behalten, damit, wenn sie besiegt würden, der Feind wenigstens nicht die gehoffte Beute mache.

Nachdem er so alles mit dem General für die Schlacht geregelt hatte, zog er sich in sein Zelt zurück, wo ihn der Schmerz ganz zu Boden warf und Krämpfe ihn befielen, was immer geschah, wenn er sehr aufgeregt war. Er verbot, dass jemand, unter welchem Vorwand es immer sei, nachts sein Zelt betrete, da er keine Vorstellungen gegen einen Entschluss hören wollte, der wohl verzweifelt, aber durchaus notwendig schien und er noch weniger einen Zeugen seines traurigen Zustandes brauchen konnte.

Inzwischen wurde seinem Befehle gemäß der größte Teil des Gepäcks verbrannt. Die ganze Armee folgte diesem Beispiel, obschon mit Überwindung; viele vergruben ihre Kostbarkeiten. Die Generale gaben bereits Befehl zum Antreten und suchten den Truppen ein Vertrauen einzuflößen, das sie selbst nicht besaßen. Die von Anstrengungen und Hunger heruntergekommenen Leute marschierten ohne Schwung, ohne Hoffnung. Die Frauen, deren das Heer nur zu viele hatte, stießen Wehklagen aus, welche die Herzen noch tiefer herabstimmten. Alle Welt erwartete für den nächsten Morgen den Tod oder die Sklaverei. Es ist dies keine Übertreibung, genau so sprachen sich die Offiziere, welche dieser Armee angehört hatten, später aus.

Damals befand sich im russischen Lager eine Frau, die vielleicht ebenso eigentümlicher Natur war wie der Zar selbst. Sie war nur unter dem Namen Katharina bekannt. Ihre Mutter war eine elende Bäuerin, namens Erb Magden *(nach anderen war ihr Vater der schwedische Quartiermeister Rabe und sie zu Germunderyd in Schweden (1682) geboren).* im Dorfe Ringen in Estland, einer Provinz, wo das Volk leibeigen ist, und die damals zu Schweden gehörte. Ihren Vater hat sie nie gekannt; sie wurde Martha getauft. Der Pfarrer der Gemeinde erzog sie aus Mitleid bis in ihr vierzehntes Jahr. Dann wurde sie Magd bei einem lutherischen Geistlichen zu Marienburg, namens Glück.

In ihrem achtzehnten Jahre (1702) heiratete sie einen schwedischen Dragoner. Am Tage nach der Hochzeit wurde die schwedische Abteilung, welcher der Dragoner angehörte, von den Russen geschlagen und dieser erschien nicht wieder. Seine Frau erfuhr nicht, ob er gefangen worden oder gefallen, hörte überhaupt niemals wieder etwas von ihm. Einige Tage später wurde auch sie durch den General Bauer gefangen und diente nun bei diesem und später beim Marschall Scheremeteff. Dieser schenkte sie dem

Fürsten Mentschikoff, einem Manne, der die äußersten Glückswechsel an sich erfahren hat, welcher erst Pastetenbäckerjunge war, dann General und Fürst, und endlich alles Glanzes beraubt nach Sibirien verbannt wurde, wo er in Kummer und Elend starb.

Bei einem Abendessen bei Fürst Mentschikoff sah sie der Kaiser zum erstenmal und verliebte sich in sie. Er heiratete sie im geheimen im Jahre 1707; nicht Weiberkünste verführten ihn hierzu, sondern weil er in ihr eine Seelenstärke fand, die imstande war, seine Unternehmungen zu unterstützen und sogar sie nach ihm weiter zu führen. Bereits seit längerer Zeit hatte er seine erste Frau Ottokesa, die Tochter eines Bojaren, verstoßen, weil sie beschuldigt war, sich gegen die Änderungen aufzulehnen, die er in seinen Staaten vornahm. In den Augen des Zaren war dies ja das größte Verbrechen. Er wollte in seiner Familie nur Personen, die dachten wie er selbst. In dieser fremden Sklavin nun glaubte er die Eigenschaften einer Herrscherin zu finden, obschon sie keine der Tugenden ihres Geschlechts besaß. Er verachtete ihr gegenüber die Vorurteile, welche einen gewöhnlichen Menschen zurückgehalten hätten, und ließ sie zur Kaiserin krönen. Das nämliche Genie, das sie zur Gemahlin Peters Alexjewitsch erhoben, gab ihr nach dem Tode ihres Gemahls das Reich. Europa sah mit Erstaunen, wie eine Frau, die weder lesen noch schreiben konnte (La Motraye behauptet zwar, sie habe eine schöne Erziehung genossen und sehr gut lesen und schreiben können. Allein das Gegenteil ist der Fall: in Livland dürfen die Bauern wegen des Benefiziums der Schreiber, welches dort bei den neuen Christen eingeführt wurde und damals noch bestand, weder lesen noch schreiben lernen. Es unterzeichnete deshalb stets die Prinzessin (später Kaiserin) Elisabeth von früher Jugend an für ihre Mutter. Beuchot). die Mängel ihrer Erziehung und ihre Schwächen durch ihren Mut ausglich und den Thron eines Gesetzgebers mit Ruhm einnahm.

Als sie den Zaren heiratete, gab sie die lutherische Religion, in der sie erzogen worden war, auf und nahm die griechische an. Man taufte sie nach russischem Ritus um; für den Namen Martha erhielt sie den Katharina, unter welchem sie seitdem bekannt wurde.

Diese Frau befand sich ebenfalls im Lager am Pruth und hielt, während der Zar in seinem Zelte lag, mit den Generalen und dem Vizekanzler Schawirow Rat. Man beschloss, die Türken um Frieden zu bitten und den Zaren zu diesem Schritt zu bewegen. Der Vizekanzler schrieb im Namen seines Herrn einen Brief an den Großwesir. Mit diesem Brief trat die Zarin trotz dem Verbot in das Zelt des Zaren. Als sie dann nach vielen Bitten, Vorstellungen und Tränen seine Unterschrift erlangt hatte, nahm sie ihre Juwelen, ihre Kostbarkeiten und ihr Geld zusammen, entlehnte dazu noch von den Generalen, so dass ein schönes Geschenk zusammen kam, das sie nun mit dem vom russischen Kaiser unterzeichneten Briefe an den Leutnant des Großwesirs Osman Aga schickte. Mehemet Baltadschi hüllte sich anfangs in den Stolz eines Wesirs und Siegers und gab zur Antwort: »Der Zar soll mir seinen ersten Minister schicken; dann will ich sehen, was geschehen kann.« – Alsbald erschien der Vizekanzler Schawirow mit einigen Geschenken, die er dem Großwesir öffentlich überreichte, und die beträchtlich genug waren, um ihm zu zeigen, dass man seiner bedurfte, und doch zu klein, um ihn zu bestechen.

Zuerst verlangte der Wesir, der Zar sollte sich mit seiner ganzen Armee auf Gnade oder Ungnade ergeben. Der Vizekanzler erwiderte hierauf, sein Herr werde in einer Viertelstunde zum Angriff vorgehen und sie würden lieber sämtlich sterben, als dass sie sich so schmählichen Bedingungen unterwürfen. Osman begleitete die Worte Schawirows mit Vorstellungen zu dessen Gunsten.

Mehemet Baltadschi war selbst kein Soldat; er hatte gesehen, wie die Janitscharen am Tage vorher zurückgeschlagen worden waren. Osman überredete ihn deshalb ohne Mühe, den gewissen Vorteil nicht durch eine Schlacht aufs Spiel zu setzen. Er gewährte daher zunächst einen sechsstündigen Waffenstillstand, während dessen man über die Friedensbedingungen übereinkommen sollte.

Während man unterhandelte, trat ein kleiner Zwischenfall ein, aus dem hervorgehen mag, dass die Türken manchmal eifersüchtiger auf ihr gegebenes Wort sind, als man glaubt. Zwei italienische Herren, Verwandte des Oberstleutnants Brillo, der ein Grenadierregiment im Dienste des Kaisers befehligte, waren aus dem Lager gegangen, um Fourage zu suchen, und dabei von Tataren gefangen worden, die sie nach ihrem Lager schleppten und sie einem Janitscharenoffizier zum Kaufe anboten. Der Türke, empört darüber, dass man es wage den Waffenstillstand in dieser Weise zu verletzen, ließ die Tataren verhaften und führte sie selbst mit den Gefangenen vor den Großwesir.

Der Wesir schickte die zwei Edelleute in das Lager des Zaren zurück und ließ den bei dieser Sache hauptsächlich beteiligten Tataren den Kopf abschlagen.

Inzwischen aber widersetzte sich der Khan der Tataren dem Abschluss eines Vertrags, der ihm die Hoffnung auf Plünderung benahm. Poniatowski unterstützte den Khan durch die dringendsten Vorstellungen; aber Osman trug den Sieg über die Verdrießlichkeit des Khan und die Einflüsterungen Poniatowskis davon.

Der Wesir war der Ansicht, dass er für den Großherrn genug tue, wenn er einen vorteilhaften Frieden abschließe. Er verlangte also, dass die Russen Asow herausgeben, die Galeeren, welche sich in dem dortigen Hafen befanden, verbrennen, die wichtigen Forts, die sie am Asowschen Meere angelegt, schleifen und alle Geschütze und Munition derselben dem Großherrn ausliefern sollten; dass der Zar seine Truppen aus Polen zurückziehen, die kleine Zahl Kosaken, die sich unter den Schutz der Polen gestellt, sowie diejenigen, welche unter der Oberhoheit der Türkei standen, ferner nicht beunruhigen, auch den Tataren künftig einen jährlichen Tribut von vierzigtausend Zechinen ausbezahlen solle. Es war dies ein lästiger, seit lange bestehender Tribut, von dem der Zar sein Land befreit hatte.

Endlich wurde der Friedensvertrag unterzeichnet, ohne dass man des Königs von Schweden darin nur Erwähnung getan hätte. Alles, was Poniatowski erreichen konnte, war, dass ein Artikel eingeschoben wurde, nach welchem sich der Russe verpflichtete, der Rückkehr Karls XII. nichts in den Weg legen zu wollen; und was ganz sonderbar ist, es wurde in dem Vertrage ausgesprochen, dass der Zar und der König von Schweden miteinander Frieden schließen könnten, wenn sie Lust dazu hätten und wenn sie sich darüber vereinigen könnten.

Unter diesen Bedingungen durfte der Zar mit seiner Armee, seiner Artillerie, seinen Fahnen und seiner Bagage frei abziehen. Die Türken lieferten ihm Lebensmittel und zwei Stunden nach Abschluss des Friedensvertrags, der am 21. Juli 1711 eingeleitet und am 1. August unterzeichnet worden war, war alles im Überfluß im russischen Lager vorhanden.

Gerade als der Zar unter Trommelschlag und mit fliegenden Fahnen abzog, langte der Schwedenkönig an, der es kaum hatte erwarten können, bis er fechten und sich seines Feindes bemächtigen durfte. Er hatte von Bender bis Jassy fünfzig Stunden zu Pferde zurückgelegt. Er kam, als die Russen ihren friedlichen Abzug begannen. Um in das türkische Lager zu gelangen, musste man den Pruth drei Wegstunden von da auf einer Brücke passieren. Karl XII., der nichts wie andere Menschen tat, passierte den Fluss schwimmend, wobei er Gefahr lief zu ertrinken, und ritt dann durch das russische Lager, auf die Gefahr hin, aufgefangen zu werden. Sobald er die türkische Armee erreicht hatte, stieg er beim Zelte des Grafen Poniatowski ab, der mir diese Szene selbst beschrieben hat. Der Graf trat ihm traurig entgegen und teilte ihm mit, dass eine Gelegenheit, die wohl nie wieder kommen werde, verloren sei.

Der König, außer sich vor Wut, ging nach dem Zelte des Großwesirs und warf ihm mit flammenden Blicken vor, wie er einen solchen Vertrag habe abschließen können. »Ich habe das Recht, Krieg oder Frieden zu machen,« erwiderte ihm ruhig der Großwesir. – »Aber du hattest ja die ganze russische Armee in deiner Gewalt,« versetzte der König. – »Unser Gesetz,« gab der Wesir ernst zur Antwort, »gebietet uns, unsern Feinden den Frieden zu schenken, wenn sie uns darum anflehen.« – »Und gebietet es dir auch,« rief der König wütend, »einen schlechten Frieden zu schließen, wenn du Bedingungen auferlegen kannst, wie du nur willst? Hing es nicht von dir ab, den Zaren gefangen nach Konstantinopel zu führen?«

Der Türke, auf diese Art in die Enge getrieben, erwiderte trocken: »Und wer würde dann in seiner Abwesenheit sein Land regieren? Es müssen nicht gerade alle Könige außer Landes sein.« – Karl hatte hierauf nur ein ingrimmiges Lächeln; er warf sich auf ein Sofa, starrte den Wesir voll Zorn und Verachtung an und streckte das Bein so weit gegen ihn, dass sich sein Sporn im Gewande des Türken fing. Dann zerriss er es ihm, fuhr in die Höhe, stieg auf sein Pferd und kehrte mit Verzweiflung im Herzen nach Bender zurück.

Poniatowski blieb noch eine Weile bei dem Großwesir und versuchte ihn in einer milderen Form zu bestimmen, den Zaren nicht so leichten Kaufs entwischen zu lassen, inzwischen war aber die Stunde zum Gebet herangekommen und der Türke ging, ohne ein Wort zu erwidern, um seine Waschungen vorzunehmen und zu seinem Gott zu beten.

Sechstes Buch

Intrigen an der hohen Pforte. Der Khan der Tataren und der Pascha von Bender wollen Karl zur Abreise zwingen. Er verteidigt sich mit vierzig Dienern gegen eine Armee. Man bemächtigt sich seiner und behandelt ihn als Gefangenen.

Das Glück des Schwedenkönigs hatte sich in ein Missgeschick verwandelt, welches ihn bis in die geringsten Kleinigkeiten verfolgte. Bei seiner Rückkehr fand er sein kleines Lager zu Bender von den Wassern des Dniester überschwemmt. Er zog sich nun einige Meilen weit nach dem Dorfe Warnitza zurück, wo er sich, als ob er ein Vorgefühl von dem hätte, was ihm hier begegnen sollte, ein großes steinernes Haus erbauen ließ, das im Notfall einige Stunden lang einen Sturm aushalten konnte. Er möblierte es gegen seine Gewohnheit mit Pracht, um den Türken einen größern Respekt einzuflößen.

Er baute dann noch zwei Häuser, das eine für seine Kanzlei, das andere für seinen Günstling Grothusen, der einer seiner Tafeln vorstand. Während der König so bei Bender baute, wie wenn er für immer in der Türkei bleiben wollte, hatte Baltadschi Mehemet, welcher mehr als je die Intrigen und Klagen dieses Fürsten bei der Pforte fürchtete, den Gesandten des deutschen Kaisers nach Wien geschickt, um dort um einen freien Durchzug des Königs von Schweden durch die Erbländer des Hauses Österreich nachzusuchen. Dieser Gesandte hatte nach drei Wochen ein Versprechen von der kaiserlichen Regierung zurückgebracht, dass sie Karl die ihm gebührenden Ehren erweisen und ihn in voller Sicherheit nach Pommern geleiten lassen wolle.

Man hatte sich an die Regierung in Wien gewendet, weil der deutsche Kaiser Karl, der Nachfolger Josefs I. sich in Spanien befand, wo er mit Philipp V. um die Krone stritt. Während der deutsche Gesandte diesen Auftrag in Wien vollzog, schickte der Großwesir drei Paschas an den König von Schweden, um ihm anzukündigen, dass er das Gebiet des türkischen Reichs zu verlassen habe.

Der König hatte erfahren, welchen Befehl sie an ihn ausrichten sollten; er ließ ihnen daher gleich sagen, wenn sie wagen würden, ihm einen ehrenrührigen Vorschlag zu machen und den schuldigen Respekt zu verletzen, würde er sie alle drei sofort hängen lassen. Der Pascha von Salonichi, welcher das Wort führte, wusste seinen harten Auftrag in die achtungsvollsten Phrasen zu hüllen. Karl machte der Audienz ein Ende, ohne die drei Paschas eines Wortes zu würdigen. Sein Kanzler Müller blieb bei denselben zurück und setzte ihnen mit wenig Worten die Weigerung seines Gebieters auseinander, welche sie schon aus seinem Stillschweigen abgenommen hatten.

Der Großwesir gab nicht nach: er befahl dem neuen Seraskier von Bender, Ismael Pascha, den König mit der Ungnade des Sultans zu bedrohen, wenn er sich nicht ohne Verzug zur Abreise entschlösse. Dieser Seraskier war von einem milden, versöhnlichen Wesen, und genoss das Wohlwollen Karls und die Freundschaft aller Schweden. Der König ließ sich mit ihm in ein Gespräch ein, jedoch nur, um ihm zu sagen, er werde nicht früher gehen, bis Achmet ihm zwei Dinge zugestanden habe, die Bestrafung seines Großwesirs und hunderttausend Mann, um an ihrer Spitze nach Polen zu rücken.

Baltadschi Mehemet fühlte wohl, dass Karl nur in der Türkei bleibe, um ihn zu verderben; er ließ deshalb alle Straßen von Bender nach Konstantinopel bewachen, um die Briefe des Königs aufzufangen. Er tat noch mehr, er verminderte sein Thaim, das heißt den Lebensunterhalt, welchen die Pforte den Fürsten liefert, denen sie Zuflucht gewährt. Die dem Schwedenkönig ausgesetzte Unterstützung war ungewöhnlich groß: sie bestand aus täglich fünfhundert Silbertalern und allem, was der Unterhalt eines Hofes erfordert, in Überfluss und Pracht.

Sobald der König hörte, dass der Wesir gewagt habe, seinen Unterhalt zu vermindern, rief er seinen Haushofmeister und sagte zu ihm: »Ihr habt bis jetzt nur zwei Tafeln gehabt; ich befehle, dass von morgen an deren vier hergestellt werden.«

Die Offiziere Karls XII. waren gewöhnt, nichts für unmöglich zu halten, was er befahl. Indessen besaß der König weder Vorräte noch Geld; und war daher genötigt, zu 20, 30 und 40 Prozenten von den durch die Freigebigkeit des Königs reich gewordenen Offizieren, Dienern und Janitscharen zu entlehnen. Der Gesandte von Holstein Fabrice, der englische Minister Jeffrey, sowie deren Sekretäre und Freunde gaben her, was sie besaßen. Der König lebte mit seinem gewöhnlichen Stolz und ohne für den nächsten Tag zu sorgen, von diesen Gaben, die nicht lange ausreichen konnten. Man musste die Wachsamkeit der Wachen täuschen und im geheimen nach Konstantinopel schicken, um Geld von europäischen Kaufleuten zu entlehnen. Alle weigerten sich, einem Könige etwas zu leihen, der außerstande schien, es jemals wieder heimzuzahlen. Ein einziger englischer Kaufmann, namens Cook, wagte es endlich vierzigtausend Taler vorzustrecken, auf die Gefahr hin sie zu verlieren, wenn der König von Schweden sterben sollte. Das Geld kam gerade in dem kleinen Lager des Königs an, als man begann an allem Mangel zu leiden und auf keine Hilfe mehr zu hoffen.

Inzwischen hatte Poniatowski vom Lager des Großwesirs aus einen Bericht über den Feldzug am Pruth geschrieben, worin er den Baltadschi Mehemet der Feigheit und Treulosigkeit beschuldigte. Ein alter Janitschar, der empört über die Schwäche des Wesirs und noch dazu durch die Geschenke Poniatowskis gewonnen war, nahm diesen Bericht zur Hand, bat um Urlaub und überreichte das Schreiben dem Sultan.

Poniatowski reiste einige Tage später aus dem Lager ab und ging nach der hohen Pforte, um dort seiner Gewohnheit gemäß Intrigen gegen den Großwesir anzuzetteln.

Die Umstände waren günstig; seit der Zar sich wieder frei sah, beeilte er sich nicht seine Versprechungen zu erfüllen; die Schlüssel von Asow kamen nicht; der Großwesir, der dafür verantwortlich war, fürchtete mit Recht den Zorn seines Herrn und wagte es nicht, sich vor ihm zu zeigen

Das Serail war damals mehr als je durch Intrigen und Parteiungen gespalten. Derartige Kabalen finden sich zwar an allen Höfen, allein sie endigen dort gewöhnlich mit einem Ministerwechsel, oder höchstens mit einer Landesverweisung, während in Konstantinopel bei einer solchen Gelegenheit immer mehr als ein Kopf fällt. Diesmal kostete es dem alten Wesir Tschurluli und dem Leutnant Baltadschi Mehemets, Osman, das Leben, da dieser der Haupturheber des Friedens vom Pruth gewesen war und seitdem eine wichtige Stelle an der Pforte bekleidet hatte. Man fand unter den Schätzen Osmans den Ring der Kaiserin und zwanzigtausend sächsische und russische Dukaten. Hiermit war der Beweis geliefert, dass Geld allein den Zaren vom Abgrund gerettet und das Glück Karls XII. zu Fall gebracht hatte. Der Wesir Baltadschi Mehemet wurde nach der Insel Lemnos verbannt, wo er drei Jahre später starb. Der Sultan nahm sein Vermögen weder bei seiner Verbannung noch bei seinem Tode in Beschlag; er war nicht reich und seine Armut die beste Rechtfertigung seines aufrichtigen Handelns.

Auf diesen Großwesir folgte Jussuf, das heißt Josef, dessen Schicksale ebenso merkwürdig waren wie die seiner Vorgänger. An den Grenzen Russlands geboren und durch die Türken in einem Alter von sechs Jahren mit seiner Familie gefangen, war er an einen Janitscharen verkauft worden. Dann war er lange Zeit Diener im Serail und wurde endlich die zweite Person des Reichs, in welchem er Sklave gewesen war; doch war er nur Scheinminister. Der junge Seliktar Ali Cumürdschi erhob ihn auf so lange zu diesem schlüpfrigen Posten, bis er sich selbst dort festsetzen könnte; und Jussuf, sein Geschöpf, hatte nichts weiter zu tun, als die Willensäußerungen des

Günstlings durch das Reichssiegel zu bekräftigen. Die Politik des ottomanischen Hofs schien seit den ersten Tagen dieses Wesirats eine andere geworden zu sein. Die teils als Minister, teils als Geiseln zu Konstantinopel befindlichen Bevollmächtigten des Zaren wurden besser als je behandelt, der Großwesir erneuerte mit ihnen den Pruther Frieden; was aber den König von Schweden am tiefsten kränkte, war die Mitteilung, die er erhielt, dass die geheimen Verbindungen, welche man zu Konstantinopel mit den Zaren einleitete, die Frucht der Bemühungen des englischen und des holländischen Gesandten seien. Seit dem Rückzug Karls nach Bender war Konstantinopel geworden, was Rom so oft war: der Mittelpunkt der diplomatischen Verhandlungen der Christenheit. Der französische Gesandte Graf Desaleurs vertrat dort die Interessen Karls und Stanislaus'; der Minister des deutschen Kaisers durchkreuzte diese Bemühungen. Die schwedische und die russische Partei platzten aufeinander, wie man die französische und die spanische lange Zeit am römischen Hofe einander bekämpfen sah.

England und Holland, welche neutral schienen, waren es doch nicht; die neue Handelsquelle, welche der Zar in St. Petersburg eröffnet hatte, zog die Aufmerksamkeit dieser zwei handeltreibenden Nationen auf sich.

Die Engländer und Holländer werden stets für denjenigen Fürsten sein, der ihren Handel am meisten begünstigt. Bei dem Zaren war viel zu gewinnen; man darf sich daher nicht wundern, wenn die Gesandten von England und Holland ihm bei der ottomanischen Pforte im geheimen an die Hand gingen. Eine der Bedingungen dieser neuen Freundschaft war, dass Karl sofort das türkische Gebiet verlassen müsse; sei es, weil der Zar sich seiner Person unterwegs zu bemächtigen hoffte, sei es, weil er Karl in seinen eigenen Staaten für weniger gefährlich hielt als in der Türkei, wo er beständig auf dem Punkte war, die ottomanischen Streitkräfte gegen das russische Reich in Bewegung zu setzen.

Der König von Schweden bestürmte fortwährend die Pforte, sie möchte ihn doch an der Spitze einer zahlreichen Armee durch Polen heimschicken. Der Diwan war in der Tat entschlossen, ihn zurückkehren zu lassen, aber nur unter einer Bedeckung von sieben- bis achttausend Mann, also nicht wie einen König, den man unterstützen will, sondern wie einen Gast, dessen man sich gerne entledigt. Zu dem Ende schrieb ihm der Sultan Achmet folgenden Brief: »Großmächtiger unter den Königen, die Jesum anbeten, Rächer des Unrechts und der Beleidigungen, Schirmherr der Gerechtigkeit in den Häfen und Staaten des Mittags und Abends, leuchtend an Majestät, Freund der Ehre und des Ruhms und unserer hohen Pforte, Karl, König von Schweden, dessen Unternehmungen Gott mit Glück kröne!

Sobald der durchlauchtige Achmet, früher geheimer Kabinettschef, die Ehre gehabt haben wird, Euch diesen mit unserem kaiserlichen Siegel gezierten Brief zu übergeben, möget Ihr von der Wahrheit der darin enthaltenen Absichten überzeugt und versichert sein. Obschon wir nämlich geneigt waren, unsere stets siegreichen Truppen von neuem gegen den Zaren marschieren zu lassen, so hat doch dieser Fürst, um den gerechten Zorn zu besänftigen, in den uns seine Zögerung in Ausführung des am Ufer des Pruth abgeschlossenen Friedens versetzte, seither denselben bei unserer hohen Pforte erneuert und unserem Reich Schloss und Stadt Asow übergeben, auch durch Vermittlung der Gesandten von England und Holland, unseren alten Freunden, die Bande eines beständigen Friedens mit uns zu knüpfen gesucht. Also haben wir ihm Solches gewährt und seinen bei und als Geisel befindlichen Bevollmächtigten unsere kaiserliche Friedensbestätigung erteilt, nachdem wir die seinige aus ihren Händen empfangen.

Wir haben unserem vielgeehrten und tapferen Delvet Gherai, Khan von Cudziak, der Krim, der nogaischen Steppe und Zirkassiens sowie unserem sehr weisen Rat und edeln Seraskier Ismael zu Bender, deren Herrlichkeit und

Klugheit Gott verewigen und vermehren möge, unsern unverbrüchlichen und heilsamen Befehl zu Eurer Rückkehr durch Polen erteilt, entsprechend Eurer ersten Absicht, die uns von Eurer Seite wiederholt zu erkennen gegeben worden ist. Ihr habt Euch also vorzubereiten, unter dem Schutze der Vorsehung und mit einer ehrenvollen Begleitung noch vor nächstem Winter abzureisen, und Euch nach Euern Provinzen zurückzubegeben, wobei ihr Sorge tragen werdet, Polen als Freund zu passieren.

Alles, was noch für Eure Reise notwendig sein wird, an Geld, Menschen, Pferden und Wagen, wird Euch von meiner hohen Pforte geliefert werden. Wir ermahnen Euch insbesondere und empfehlen Euch, allen Schweden und anderen Leuten, die sich in Eurer Umgebung befinden, die bestimmtesten und deutlichsten Befehle zu erteilen, keinerlei Unordnung zu begehen und sich keine Handlung zuschulden kommen zu lassen, welche mittelbar oder unmittelbar diesen Frieden und diese Freundschaft verletzen könnte.

Ihr werdet Euch hierdurch unser Wohlwollen, von welchem wir Euch so große und so häufige Proben gegeben, als sich Gelegenheit dazu bot, bewahren. Unsere zu Eurer Begleitung bestimmten Truppen werden die unseren kaiserlichen Absichten entsprechenden Befehle erhalten.

Gegeben in unserer hohen Pforte von Konstantinopel am 19. des Monats rebyul eurech 1124. (19. April 1712.)«

Trotz diesem Brief gab der König von Schweden die Hoffnung nicht auf. Er schrieb dem Sultan, er werde sein Leben lang dankbar für die Gunstbezeigungen sein, mit denen seine Hoheit ihn überhäuft habe; er halte aber den Sultan für zu gerecht, um ihn durch ein noch von den Truppen des Zaren überschwemmtes Land mit einer einfachen Eskorte zu schicken. In der Tat hatte der russische Kaiser, dem ersten Artikel des Pruther Friedens zum Trotz, in welchem er sich verbindlich machte, alle seine Truppen aus Polen zurückzuziehen, noch neue Truppen dahin abgehen lassen; und was wirklich zu verwundern ist, der Großherr wusste nichts davon.

Die schlechte Politik der Pforte, wonach sie aus Eitelkeit stets Gesandte der christlichen Fürsten in Konstantinopel behält, dagegen selbst keine Agenten an die christlichen Höfe schickt, ist schuld, dass die letzteren oft die geheimsten Pläne des Sultans erfahren und Einfluss auf sie üben, während sich der Diwan stets in der tiefsten Unwissenheit über das, was bei den Christen offen passiert, befindet.

Der Sultan verschließt sich unter seine Frauen und Eunuchen ins Serail und sieht nur durch die Augen seines Großwesirs. Dieser ebenso unzugängliche Minister wie sein Herr ist stets nur mit Serailintrigen beschäftigt, führt keine Korrespondenz nach außen und wird deshalb in der Regel getäuscht, oder er selbst täuscht den Sultan, der ihn dann beim ersten Fehler absetzt oder erdrosseln lässt, um dann einen anderen ebenso unwissenden oder ebenso treulosen zu wählen, der sich gerade so benimmt wie seine Vorgänger und bald wie sie fällt.

Die Untätigkeit und Sorglosigkeit dieses Hofes ist in der Regel so groß, dass, wenn die christlichen Fürsten sich miteinander vereinigen wollten, ihre Flotten in den Dardanellen und ihre Landarmee an den Toren von Adrianopel sein könnten, ehe die Türken an eine Verteidigung dächten. Aber die verschiedenen Interessen, welche die Christenheit immer trennen werden, retten die Türken vor einem Schicksal, das ihnen sonst ihre schwache Politik und ihre Unwissenheit im Land- und Seekrieg bereiten würde.

Achmet war von dem, was in Polen vorging, so wenig unterrichtet, dass er einen Aga dahin schickte, um zu sehen, ob es wahr sei, dass die Truppen des Zaren sich noch dort befänden. Zwei Sekretäre des Königs von Schweden, welche türkisch verstanden, begleiteten den Aga, um als Zeugen gegen ihn zu dienen, wenn er einen falschen Rapport machen sollte.

Dieser Aga sah die Wahrheit mit eigenen Augen und legte dem Sultan selbst Rechenschaft hierüber ab. Achmet war wütend und wollte den Großwesir erdrosseln lassen; aber der Günstling, der ihn beschützte und der ihn noch zu bedürfen glaubte, wirkte seine Begnadigung aus und erhielt ihn noch eine Zeitlang im Ministerium.

Die Russen wurden durch den Wesir offen, durch Ali Cumürdschi, der die entgegengesetzte Partei ergriffen hatte, im geheimen begünstigt; aber der Sultan war so erbost, der Vertragsbruch so offenbar, und die Janitscharen, welche oft Minister, Günstlinge und Sultane zittern machen, verlangten so laut den Krieg, dass niemand im Serail eine gemäßigte Ansicht zu äußern wagte.

Der Großherr ließ also die russischen Gesandten, welche bereits ebenso gewöhnt waren ins Gefängnis zu wanderen als zur Audienz zu gehen, in die sieben Türme sperren. Von neuem wurde der Krieg gegen den Zaren erklärt, die Roßschweife aufgepflanzt und Befehle an alle Paschas erlassen, eine Armee von zweimalhunderttausend Mann zu sammeln. Der Sultan selbst verließ Konstantinopel und verlegte seinen Hof nach Adrianopel, um dem Kriegsschauplatz näher zu sein.

Um diese Zeit nahm eine von seiten Augusts und der Republik Polen an den Großherrn geschickte feierliche Gesandtschaft den Weg nach Adrianopel; der Palatin von Masowien stand an der Spitze dieser aus über dreihundert Personen bestehenden Gesandtschaft.

Was zu dieser Gesandtschaft gehörte, wurde in einer der Vorstädte Adrianopels angehalten und gefangen gesetzt. Nie hatte sich die Partei des Königs von Schweden mit schöneren Hoffnungen getragen; aber dieser große Anlauf verlief abermals im Sande und ihre Hoffnung ward getäuscht.

Wenn wir einem weisen und weitsehenden öffentlichen Minister, der damals in Konstantinopel lebte, glauben dürfen, so trug sich der junge Cumürdschi schon damals mit anderen Plänen, als dem russischen Zaren in einem zweifelhaften Kriege Steppen streitig zu machen. Er wollte den Venezianern den Peloponnes, das jetzige Morea wegnehmen und sich zum Herrn von Ungarn machen.

Um diese großen Pläne auszuführen, wartete er nur, bis er erster Wesir sein würde, von welcher Stelle ihn nur seine Jugend noch ausschloss. Bei solchen Plänen brauchte er den Zaren eher zum Verbündeten als zum Feind. Es lag weder in seinem Interesse noch in seinem Willen den König von Schweden noch länger zu hüten, noch weniger die Türkei zu dessen Gunsten zu waffnen. Er wollte nicht nur diesen Fürsten wieder heimschicken, sondern er sprach es auch offen aus, dass man künftig keinen christlichen Minister mehr in Konstantinopel dulden sollte. Alle Gesandte seien ja doch nichts anderes, als anständige Spione, welche die Wesire verderbten und verrieten und seit langer Zeit alle Intrigen im Serail anzettelten; die in Pera und an den Handelsplätzen der Levante ansässigen Franken bedürften nur einen Konsul aber keinen Gesandten. Der Großwesir, der seine Erhebung, ja sogar sein Leben dem Günstling zu verdanken hatte, und denselben überdies fürchtete, bequemte sich um so leichter dessen Absichten an, als er sich den Russen verkauft hatte und er sich so an dem König von Schweden, der ihn hatte verderben wollen, zu rächen hoffte. Der Mufti, ein Geschöpf Ali Cumürdschis, war gleichfalls ein Sklave seines Willens; er hatte den Krieg gegen den Zaren angeraten, als der Günstling ihn wollte, er fand ihn jedoch ungerecht, sobald dieser junge Mensch seine Ansicht in dieser Richtung geändert hatte. Kaum war daher die Armee versammelt, als man Vergleichsvorschläge in Beratung zog. Der Vizekanzler Schawirow und der junge Scheremeteff, die Gesandten und Geißeln des Zaren bei der Pforte, versprachen nach langen Verhandlungen, dass der Zar seine Truppen aus Polen zurückziehen würde. Der Großwesir wusste zwar recht wohl, dass der Zar dieses Versprechen niemals ausführen würde, unterzeichnete aber gleichwohl das Abkommen und der Sultan begnügte sich mit dem

Schein, als ob er den Russen Gesetze auferlegt habe, und blieb in Adrianopel. Man sah somit in weniger als sechs Monaten, wie der Frieden mit dem Zaren beschworen, wieder Krieg erklärt und dann der Frieden aufs neue festgestellt wurde.

Der Hauptartikel bei all diesen Friedensverträgen war immer die Fortschaffung des Königs von Schweden. Der Sultan wollte seine Ehre und die des türkischen Reichs nicht dadurch schädigen, dass man den König der Gefahr aussetzte, unterwegs von seinen Feinden aufgehoben zu werden. Es ward daher bestimmt, dass er fort solle, dass aber die Gesandten von Polen und Russland für die Sicherheit seiner Person einstehen müssten. Diese Gesandten schwuren nun im Namen ihrer Herren, dass weder der Zar noch der König August der Durchreise Karls ein Hindernis in den Weg legen würden. Er dürfe aber auch seinerseits keine Bewegung in Polen veranlassen. Nachdem der Diwan so das Geschick Karls festgestellt hatte, begab sich der Seraskier von Bender, Ismael, nach Warnitza, wo der König lagerte und teilte ihm die Beschlüsse der Pforte mit, wobei er ihm in geschickter Weise zu verstehen gab, dass jetzt kein Aufschub mehr möglich sei und er fort müsse.

Karl erwiderte nur, dass der Großherr ihm eine Armee versprochen habe und keine Eskorte, und dass Fürsten ihr Wort halten müssten.

Um diese Zeit unterhielt der General Flemming, der Minister und Günstling des Königs August, einen geheimen Briefwechsel mit dem Khan der Tatarei und dem Seraskier von Bender. Der sächsische Oberst La Mare, ein französischer Edelmann, hatte mehrere Reisen von Bender nach Dresden gemacht, die alle einen verdächtigen Charakter trugen.

Der König von Schweden ließ endlich an der walachischen Grenze einen Kurier festnehmen, welcher von Flemming an den Fürsten der Tatarei ging. Die Briefe wurden Karl gebracht; man entzifferte sie und er sah daraus ein bestimmtes Einverständnis zwischen den Tataren und dem Dresdener Hofe; doch waren sie in so zweideutigen und allgemeinen Ausdrücken gehalten, dass man nicht daraus entnehmen konnte, ob König August die Türken nur der schwedischen Partei abtrünnig machen oder ob er den Khan veranlassen wollte, Karl bei dessen Rückkehr durch Polen seinen Sachsen auszuliefern.

Es ließ sich schwer denken, dass ein so großherziger Fürst wie August durch die Festnahme der Person des Schwedenkönigs das Leben seiner Gesandten und von dreihundert polnischen Edelleuten, die man als Geiseln für die Sicherheit Karls in Adrianopel behalten hatte, aufs Spiel setzen werde.

Andererseits wusste man, dass Flemming, dieser absolute Minister Augusts, sehr gewandt und sehr wenig skrupulös sei. Die dem Kurfürsten durch den König von Schweden zugefügten Beleidigungen schienen jede Rache verzeihlich zu machen; man konnte denken, dass, wenn der Dresdener Hof Karl dem Tatarenkhan abkaufte, er leicht auch die Freiheit der polnischen Geiseln der hohen Pforte werde abkaufen können.

Diese Gründe wurden zwischen dem König, seinem Geheimsekretär Müller und seinem Günstling Grothusen hin und her erwogen. Sie lasen die Briefe zu wiederholten Malen und da die fatale Lage, in welcher sie sich befanden, sie noch argwöhnischer machte, glaubten sie endlich das ärgste.

Einige Tage später wurde des Königs Verdacht durch die plötzliche Abreise eines Grafen Sapieha bestätigt, der sich zu ihm geflüchtet hatte und ihn nun jäh verließ, um nach Polen zu gehen und sich in die Arme Augusts zu werfen. Zu jeder anderen Zeit wäre ihm Sapieha nur als ein Missvergnügter erschienen; aber unter so eigentümlichen Verhältnissen zögerte er nicht, ihn für einen Verräter zu halten. Der Umstand, dass man wiederholt in ihn drang, dass er abreisen möge, verwandelte seinen Verdacht in Gewissheit. Nachdem er sich dies einmal in den Kopf gesetzt hatte, blieb er bei seinem eigensinnigen Wesen dabei, dass man ihn verraten und seinen Feinden ausliefern wolle, obschon dieses Komplott niemals sicher erwiesen worden ist.

Er konnte sich täuschen, wenn er glaubte, die Tataren hätten seine Person an König August verhandelt; er täuschte sich aber ganz sicher, wenn er auf die Unterstützung des ottomanischen Hofs rechnete. Wie dem sei, er beschloss Zeit zu gewinnen.

Er sagte dem Pascha von Bender, er könne nicht fort, wenn er nicht vorher seine Schulden bezahlt habe; denn obschon man ihm längst sein Thaim wieder gegeben, hatte ihn seine Freigebigkeit immer genötigt, Geld zu entlehnen. Der Pascha fragte, wie viel er brauche, der König erwiderte aufs Geratewohl: tausend Beutel, oder eine Million fünfmalhunderttausend Frank in unserem Gelde. Der Pascha schrieb deshalb an die Pforte; der Sultan gewährte statt der verlangten tausend Beutel zwölfhundert und schrieb folgenden Brief an den Pascha:

»Brief des Großherrn an den Pascha von Bender

Der Zweck dieses kaiserlichen Briefs ist, Euch zu wissen zu tun, dass auf Eure Empfehlung und Vorstellung, sowie auf die des sehr edeln Delvet Gherai, Khans Unserer hohen Pforte, Unsere kaiserliche Huld dem König von Schweden tausend Beutel bewilligt hat, welche unter Leitung und Obhut des erlauchten Mehemet Pascha, ehedem geheimen Kabinettschefs, nach Bender werden geschickt werden, um dort unter Eurer Verwahrung bis zur Abreise des Königs von Schweden, dessen Schritte Gott lenken möge, zu verbleiben und ihm dann nebst zweihundert weiteren Beuteln ausgehändigt zu werden, die Wir ihm in unserer kaiserlichen Großmut bewilligen.

Was die Straßen nach Polen betrifft, welche der König zu nehmen gesonnen ist, so werdet Ihr und der Khan, die Ihr ihn zu begleiten habt, so vorsichtige und weise Maßregeln treffen, dass während dieses Zugs weder die Truppen, welche sich unter Eurem Kommando befinden, noch die Leute des Königs von Schweden irgend einen Schaden tun oder eine Handlung unternehmen, welche als dem Frieden, der zwischen Unserer hohen Pforte und dem Königreich und Freistaat Polen herrscht, entgegenstehend angesehen werden könnten, so dass der König als Freund unter Unserem Schutze zieht.

Wenn er so tut, wie Ihr ihm ausdrücklich empfehlen werdet, soll er von seiten der Polen alle seiner Majestät schuldigen Ehren und Rücksichten genießen, wie Uns die Gesandten des Königs August und der Republik versichert haben, indem sie unter dieser Bedingung sich selbst, wie auch einige andere edele Polen, als Geiseln und Bürgschaften seines unbehelligten Durchzugs angeboten haben.

Wenn der Zeitpunkt, den Ihr mit dem sehr edeln Delvet Gherai für den Marsch ausgemacht habt, gekommen sein wird, werdet Ihr Euch an die Spitze Eurer tapferen Soldaten setzen, worunter auch die Tataren mit ihrem Khan sein werden, und den König von Schweden mit seinen Leuten zum Lande hinaus geleiten.

Also möge es dem alleinigen und allmächtigen Gotte gefallen, Eure Schritte und die ihrigen zu lenken. Der Pascha von Aulos hat während Eurer Abwesenheit Bender mit einem Korps Spahis und Janitscharen zu bewachen. Wenn Ihr Unsere Befehle und Willensmeinungen in allen diesen Punkten und Artikeln befolgt, werdet Ihr Euch der Fortdauer Unserer kaiserlichen Huld sowie der Belobungen und Belohnungen würdig machen, welche allen denen, die solche beobachten, gebühren.

Geschehen in Unserer kaiserlichen Residenz von Konstantinopel am 2. des Pferdemonats und im 1124. Jahre der Hegira.«

Während man diese Antwort des Großherrn noch erwartete, schrieb der König an die Pforte, um sich über den Verrat, dessen ihm der Khan der Tataren verdächtig schien, zu beklagen. Aber die Wege waren wohl bewacht, überdies war der Minister ihm feindselig gesinnt und so gelangten seine Briefe nicht an den Sultan. Der Wesir verhinderte sogar den französischen Gesandten Desaleurs nach Adrianopel zu gehen, wo sich die Pforte befand, weil er fürchtete, dieser Minister, der im Interesse des Königs von Schweden handelte, werde den Reiseplan stören wollen.

Karl, empört darüber, dass man ihn gewissermaßen aus dem Gebiet des Großherrn fortjagen wolle, beschloss, überhaupt nicht zu gehen.

Er hätte darum nachsuchen können, über deutsches Gebiet zurückzukehren oder sich auf dem Schwarzen Meer einzuschiffen, um dann über das Mittelländische Meer nach Marseille zu gehen; aber er zog es vor, überhaupt um nichts nachzusuchen und die Ereignisse abzuwarten.

Als die zwölfhundert Beutel angelangt waren, ging sein Schatzmeister Grothusen, der während dieser langen Zeit die türkische Sprache erlernt hatte, ohne Dolmetscher zum Pascha, um ihm die zwölfhundert Beutel abzuschwatzen und aufs neue irgend eine Intrige an der Pforte anzuzetteln, immer in der falschen Annahme, die schwedische Partei werde doch noch endlich das ottomanische Reich gegen den Zaren in Krieg verwickeln.

Grothusen sagte dem Pascha, der König könne seine Reisevorkehrungen nicht treffen ohne Geld. »Aber,« erwiderte ihm der Pascha, »wir werden ja alle Kosten eurer Abreise bestreiten; Euer Gebieter hat, so lange er sich unter dem Schütze des meinigen befindet, nichts zu bezahlen.«

Grothusen behauptete, die türkischen Reiseequipagen seien so sehr von den fränkischen verschieden, dass man sich der in Warnitza befindlichen schwedischen und polnischen Arbeiter bedienen müsse.

Er versicherte, sein Herr sei geneigt zu gehen und dieses Geld werde seine Abreise erleichtern und beschleunigen. Der allzu vertrauensvolle Pascha gab ihm die zwölfhundert Beutel. Einige Tage später kam er zum König und erbat in ehrfurchtsvollstem Tone seine Befehle wegen der Abreise. Seine Bestürzung war nicht gering, als der König ihm sagte, er sei noch nicht reisefertig und brauche noch tausend

Beutel. Der Pascha war einige Zeit lang sprachlos über diese Antwort. Er trat an ein Fenster und vergoß Tränen. Dann wandte er sich wieder an den König und sprach: »Es wird mir den Kopf kosten, dass ich deiner Majestät gefällig war. Ich habe die zwölfhundert Beutel gegen den ausdrücklichen Befehl meines Herrn gegeben.« – Nach diesen Worten zog er sich in größter Betrübnis zurück.

Der König hielt ihn auf und sagte zu ihm, er werde sich bei dem Sultan entschuldigen. »Ach!« erwiderte der Türke, indem er fortging, »mein Herr kennt keine Entschuldigung, er kennt nur Strafe.«

Ismael Pascha teilte die Sache dem Khan der Tataren mit, welcher gleichfalls den Befehl erhalten hatte, nicht zu dulden, dass die zwölfhundert Beutel vor der Abreise des Königs abgegeben würden, und nun, weil er ebenfalls in die Abgabe des Geldes gewilligt hatte, wie der Pascha den Zorn des Großherrn fürchten musste. Beide schrieben deshalb an die Pforte, und suchten sich zu rechtfertigen; sie beteuerten, dass sie die zwölfhundert Beutel nur auf das bestimmteste Versprechen eines königlichen Ministers, dass sein Herr dann ohne Verzug abreisen werde, abgegeben hätten; und baten dringend, es möchte die Weigerung des Königs nicht ihrem Ungehorsam beigemessen werden.

Karl, immer in der Meinung, der Khan und der Pascha wollten ihn seinen Feinden ausliefern, befahl seinem Gesandten beim Großherrn, Funk, gegen jene Klage zu erheben und noch tausend Beutel zu verlangen. Seine außerordentliche Freigebigkeit, sowie seine Geringschätzung des Geldes ließen ihn das Erniedrigende nicht erkennen, das in einem derartigen Begehren lag. Er stellte es übrigens nur, um eine abschlägige Antwort zu erhalten und so einen neuen Vorwand zu haben, um nicht fort zu müssen; aber man musste doch schon aufs äußerste gebracht sein, ehe man zu derartigen Mitteln griff. Sein Unterhändler Savari, ein geschickter und unternehmender Mensch, brachte den Brief trotz der Strenge, womit der Großwesir alle Wege bewachen ließ, nach Adrianopel.

Funk sah sich somit genötigt, jene gefährliche Forderung zu stellen. Statt aller Antwort steckte man ihn ins Gefängnis. Der Sultan versammelte in seinem Zorn einen außerordentlichen Diwan und sprach selbst darin, was er sehr selten tut.

Seine Rede lautete nach der damals gefertigten Übersetzung folgendermaßen:

»Ich kannte den König von Schweden nur durch seine Niederlage bei Poltawaund die Bitte, die er damals an mich stellte, ihm ein Asyl zu gewähren. Ich glaube nicht, dass ich ihn nötig habe, und habe auch keinen Grund ihn zu lieben oder zu fürchten. Ohne jedoch etwas anderes im Auge zu haben, als die Gastfreundschaft des Muselmans und meine Großmut, welche den Tau ihrer Gnade über die Großen wie über die Kleinen, über die Fremden wie über meine eigenen Untertanen verbreitet, habe ich ihn aufgenommen und ihn, seine Minister, seine Offiziere, seine Soldaten mit allen Bedürfnissen versehen und drei und ein halbes Jahr lang nicht aufgehört, ihn mit Geschenken zu überschütten.

Ich habe ihm eine stattliche Begleitung zugestanden, um ihn in seine Staaten zu geleiten. Er hat tausend Beutel verlangt, um einige Unkosten zu bestreiten, obschon ich selbst alles besorge; statt tausend habe ich ihm zwölfhundert Beutel gewährt. Nachdem er sie dem Seraskier von Bender abgelockt, verlangt er noch einmal tausend, und will nicht abreisen, unter dem Vorwand, seine Eskorte sei zu klein, während sie eigentlich für den Durchzug durch ein befreundetes Land viel zu groß ist.

Ich frage euch daher, ob es die Gesetze der Gastfreundschaft verletzen heißt, wenn ich diesen Fürsten heimschicke, und ob die fremden Mächte mich einer Gewalttat und Ungerechtigkeit zeihen können, wenn ich genötigt sein sollte, ihn mit Gewalt fortzuschaffen?«

Der ganze Diwan antwortete, dass der Großherr nur gerecht handle.

Der Mufti erklärte, der Muselman sei den Ungläubigen keine Gastfreundschaft schuldig, noch weniger den Undankbaren. Er gab zugleich sein Fetfa, eine Art Genehmigung, welche alle bedeutenden Verordnungen des Großherrn begleiten muss. Diese Fetfas werden wie Orakelsprüche verehrt, obschon diejenigen, von welchen sie ausgehen, nicht weniger Sklaven des Sultans sind, wie die anderen.

Der Befehl und das Fetfa wurden durch den Buyuk Imraur (Großstallmeister) und einen Schiau-Pascha (Oberhoffurier), nach Bender gebracht. Der Pascha von Bender erhielt den Befehl bei dem Khan der Tataren; er ging sofort nach Warnitza und fragte an, ob der König als Freund abreisen oder ihn zwingen wolle, den Befehlen des Sultans mit Gewalt Geltung zu verschaffen.
Diese Drohung brachte Karl XII. ganz außer sich. »Gehorche deinem Herrn, wenn du es wagst,« rief er ihm zu, »und entferne dich augenblicklich!« – Der erzürnte Pascha kehrte gegen die Sitte der Türken im Galopp zurück, wobei er Fabrice begegnete und diesem zurief: »Der König will keine Vernunft annehmen; jetzt wirst du sonderbare Dinge sehen!« – Noch am nämlichen Tage ließ er dem Könige keine Lebensmittel mehr zukommen und nahm ihm seine Janitscharenwache. Dann ließ er den Polen und Kosaken, welche sich noch zu Warnitza befanden, sagen, wenn sie Nahrungsmittel haben wollten, müssten sie das Lager des Schwedenkönigs verlassen und sich nach der Stadt Bender unter den Schutz der Pforte begeben. Alle gehorchten; dem König blieben nur noch die Offiziere seines Hauses und dreihundert schwedische Soldaten gegen zwanzigtausend Tataren und sechstausend Türken.

Es gab im Lager keine Vorräte mehr, weder für die Menschen noch für die Pferde. Der König befahl, man solle außerhalb des Lagers zwanzig jener schönen arabischen

Pferde, die der Großherr ihm zum Geschenk gemacht hatte, niederschießen, wobei er bemerkte: »Ich will weder ihre Lebensmittel noch ihre Pferde.« – Es war dies ein Fest für die Tataren, welche bekanntlich das Pferdefleisch vortrefflich finden.

Mittlerweile umschlossen Türken und Tataren das kleine Lager des Königs von allen Seiten. Ohne deshalb bange zu werden, ließ dieser Fürst durch seine dreihundert Schweden regelmäßige Verschanzungen aufwerfen. Er arbeitete selbst mit daran: sein Kanzler, sein Schatzmeister, seine Sekretäre, die Kammerlakaien und alle Diener des Hauses beteiligten sich an dem Werke. Die einen verbarrikadierten die Fenster, die anderen befestigten Balken in Form von Strebepfeilern hinter die Türen.

Nachdem das Haus verbarrikadiert war und der König die Runde durch seine sogenannten Befestigungen gemacht hatte, setzte er sich ruhig mit seinem Günstling Grothusen zum Schachspiel nieder, als ob alles im tiefsten Frieden wäre. Zum Glück wohnte der holsteinische Gesandte Fabrice nicht zu Warnitza, sondern in einem kleinen Dorfe zwischen Warnitza und Bender, wo auch der englische Gesandte bei Karl, Jeffreys, residierte. Als diese beiden Minister sahen, dass der Sturm am Ausbrechen sei, boten sie sich zu Vermittlern zwischen den Türken und dem Könige an. Der Khan, besonders aber der Pascha von Bender, der keine Lust hatte diesem Monarchen Gewalt anzutun, nahmen das Anerbieten der beiden Minister mit Dank an. Sie hatten zu Bender zwei Besprechungen miteinander, denen der Serailfurier und der Großstallmeister, die den Befehl des Sultans und das Fetfa des Mufti überbracht hatten, anwohnten.

Fabrice erklärte ihnen, dass Seine schwedische Majestät allerdings triftige Gründe habe, um zu glauben, man wolle ihn seinen Feinden in Polen ausliefern. Der Khan, der Pascha und die anderen schwuren bei ihren Köpfen, und nahmen Gott zum Zeugen, dass sie einen so schändlichen Verrat aufs tiefste verabscheuten. Sie wollten, sagten sie, lieber den letzten Blutstropfen vergießen als dulden, dass man es unterwegs auch nur an Achtung gegen den König fehlen lasse. Sie hätten ja die russischen und polnischen Gesandten in der Hand, die mit ihrem Leben zahlen müssten, wenn man gegen den König von Schweden die geringste Kränkung verüben wollte. Sie beklagten sich bitter, dass der König einen so beleidigenden Verdacht gegen Personen hege, die ihn so gut aufgenommen und behandelt hätten. Obschon die Schwüre nicht selten die Sprache der Lüge sind, so ließ sich Fabrice doch durch die Türken überzeugen; er glaubte in ihren Beteuerungen jenes Wesen der Wahrheit zu erkennen, welches die Lüge immer nur in unvollkommener Weise nachzuahmen vermag. Wohl wusste er, dass zwischen dem Tatarenkhan und dem König August ein geheimer Briefwechsel bestanden habe, allein er war überzeugt, dass es sich bei diesen Verhandlungen nur darum gehandelt haben könne, Karl XII. von dem Gebiet des Großherrn zu entfernen. Mochte sich nun Fabrice hierin täuschen oder nicht, er versicherte die türkischen Würdenträger, dass er dem Könige das Ungerechte seines Misstrauens vorstellen wolle. »Aber,« setzte er hinzu, »wollt Ihr ihn denn wirklich mit Gewalt forttreiben?« – »Ja,« erwiderte der Pascha, »so lautet der Befehl unseres Herrn.« – Nun bat sie Fabrice nochmals ernstlich zu überlegen, ob dieser Befehl sie auch ermächtige, das Blut eines gekrönten Hauptes zu vergießen. – »Allerdings,« versetzte der Khan wütend, »wenn dieses gekrönte Haupt dem Großherrn auf dem Boden seines Reiches den Gehorsam verweigert.«

Da mittlerweile alles zum Sturme bereit war, wobei der Tod Karls XII. unvermeidlich erschien, während doch der Befehl des Sultans nicht gerade bestimmt aussprach, dass man ihn im Falle des Widerstandes töten solle, so beredete der Pascha den Khan, dass noch einmal ein Eilbote an den Großherrn nach Adrianopel geschickt wurde, um den letzten Befehl Seiner Hoheit einzuholen.

Sobald Jeffreys und Fabrice diesen kurzen Aufschub erlangt hatten, eilten sie zum König und benachrichtigten ihn davon. Sie kamen mit dem Eifer von Leuten, welche eine glückliche Nachricht bringen, wurden jedoch sehr kalt empfangen. Der König nannte sie freiwillige Unterhändler und behauptete, der Befehl des Sultans und das Fetfa des Mufti seien gefälscht, sonst hätte man nicht um neue Verhaltungsbefehle an die Pforte schicken müssen.

Darauf hin zog sich der englische Minister zurück; er hatte es satt, sich weiter mit den Angelegenheiten eines so starrsinnigen Fürsten zu befassen. Fabrice dagegen, den der König liebte, und der besser als der englische Gesandte an dessen Launen gewöhnt war, blieb bei ihm und beschwor ihn, nie wieder ein so kostbares Leben bei einem so nichtigen Anlass aufs Spiel zu setzen. Statt aller Antwort zeigte ihm der König seine Verschanzungen und bat ihn seine Vermittlung nur in der Richtung ins Leben treten zu lassen, dass er ihm Lebensmittel verschaffe. Man schlug es leicht bei den Türken heraus, dass sie so lange Vorräte in das Lager des Königs gelangen ließen, bis der Kurier von Adrianopel zurück wäre. Der Khan selbst hatte seinen plünderungssüchtigen Tataren befohlen, bis auf neuen Befehl nichts gegen die Schweden zu unternehmen; so dass Karl XII. bisweilen mit vierzig Reitern das Lager verließ und mitten durch die tatarischen Truppen sprengte, die ihm ehrerbietigst freie Bahn ließen. Er ging sogar geradezu auf sie los, wobei sie weit entfernt ihm Widerstand zu leisten, ihre Reihen vor ihm öffneten.

Endlich kam der Befehl vom Großherrn, alle Schweden, welche den geringsten Widerstand leisten würden, über die Klinge springen zu lassen und das Leben des Königs selbst nicht zu schonen. Der Pascha hatte die Gefälligkeit, Fabrice diesen Befehl zu zeigen, damit er bei Karl einen letzten Versuch mache. Fabrice machte diesem sofort die traurige Meldung. »Habt Ihr den Befehl gesehen, von dem Ihr sprecht?« fragte der König. – »Ja,« erwiderte Fabrice. – »Nun gut, so sagt ihnen von mir aus, dass dies ein zweiter Befehl sei, den sie unterschoben haben, und dass ich nicht abreisen werde.« – Fabrice warf sich ihm zu Füßen, wurde zuletzt selbst aufgebracht und warf ihm seinen Eigensinn vor. Alles war umsonst. »Kehrt zu Euern Türken zurück,« sagte der König lächelnd zu ihm: »sie sollen mich nur angreifen, ich werde mich schon zu verteidigen wissen.« Auch die Kapläne des Königs warfen sich ihm zu Füßen und beschworen ihn, jene unglücklichen Überreste von Poltawaund besonders seine eigene geheiligte Person nicht einem sicheren Verderben auszusetzen. Sie führten ihm zu Gemüte, dass ein solcher Widerstand ein Unrecht sei, dass er die Rechte der Gastfreundschaft verletze, wenn er mit Gewalt bei Fremden bleiben wolle, die ihn so lange und auf eine so großmütige Weise unterstützt hätten. Der König, der gegenüber von Fabrice nicht zornig geworden war, wurde es gegen seine Geistlichen und sagte ihnen, er habe sie mitgenommen, um Gebete zu sprechen, nicht um ihm ihre Ansichten zu sagen.

Die Generale Hord und Dahldorf, welche stets gegen einen Kampf gewesen waren, dessen Ausgang nur ein unseliger sein konnte, zeigten dem Könige ihre in seinem Dienst erhaltenen zahlreichen Wunden und beteuerten ihm, dass sie bereit seien, für ihn zu sterben, aber er möchte doch einen Anlass abwarten, wo dies nötiger wäre. – »Aus euern und meinen Wunden ersehe ich, dass wir tapfer zusammen gekämpft haben,« gab ihnen Karl XII. zur Antwort. »Ihr habt bis jetzt eure Pflicht getan, ihr müsst sie aber auch heute tun.« – Jetzt konnte man nur noch gehorchen; ein jeder schämte sich, dem Tod an der Seite des Königs auszuweichen. Dieser Fürst glaubte sich so gut gegen einen Sturm vorbereitet, dass er im geheimen ein Vergnügen und eine Ehre darin fand, mit dreihundert Schweden einer ganzen Armee Trotz zu bieten. Er wies einem jeden seinen Posten an; sein Kanzler Müller, der Sekretär Ehrenpreiß und die Schreiber sollten die Kanzlei verteidigen; dem Baron Fies an der Spitze der Küchenoffizianten war ein anderer Posten angewiesen; die Stallknechte hatten wieder einen anderen Ort zu hüten, denn bei ihm war jeder Soldat. Er eilte zu Pferd von seinen Schanzen nach seinem Hause, versprach jedem Belohnungen, ernannte Offiziere und versprach die geringsten Diener zu Kapitäns zu befördern, wenn sie mit Mut kämpfen würden.

Bald sah man die Armee der Türken und Tataren mit zehn Kanonen und zwei Mörsern zum Angriff der kleinen Schanze anrücken. Die Rossschweife flatterten durch die Luft, die Trompeten erschallten, von allen Seiten ertönte das Allahgeschrei. Der Baron von Grothusen machte dabei die Bemerkung, dass die Türken keine Schmähung gegen den König in ihre Rufe mischten und dass sie ihn nur Demirbash, den Eisenkopf, nannten. Alsbald fasst er den Entschluss, allein, ohne Waffen aus den Schanzen vorzutreten. Er ging auf die Reihen der Janitscharen los, die fast alle Geld von ihm erhalten hatten. »Wie, meine Freunde!« rief er ihnen in dem geeigneten Tone zu, »ihr wollt dreihundert waffenlose Schweden niedermetzeln? Ihr tapferen Janitscharen, die ihr fünfzigtausend Russen Gnade geschenkt habt, als sie euch ihr Amman (Gnade) zuriefen! Habt ihr die Wohltaten ganz vergessen, die ihr von uns erhalten habt? Wollt ihr diesen großen Schwedenkönig, den ihr so sehr liebt und der euch so viele Geschenke gemacht hat, dafür umbringen? Liebe Freunde, er verlangt ja nur drei Tage und die Befehle des Sultans sind nicht so strenge, als man euch glauben machen will.«

Diese Worte hatten eine größere Wirkung, als Grothusen selbst erwartet hatte. Die Janitscharen schwuren bei ihren Bärten, sie würden den König nicht angreifen, sie gewährten ihm die drei Tage, die er verlangte. Vergebens gab man das Signal zum Sturm, die Janitscharen, weit entfernt zu gehorchen, drohten sich auf ihre Führer zu werfen, wenn man dem Schwedenkönig nicht drei Tage verwillige. Sie drangen tumultuarisch vor das Zelt des Pascha von Bender und schrien, die Befehle des Sultans seien gefälscht. Diesem unerwarteten Aufruhr wusste der Pascha nur Geduld entgegenzusetzen.

Er tat, als ob er mit dem edelmütigen Beschlusse der Janitscharen ganz einverstanden sei und befahl ihnen, nach Bender zurück zu marschieren. Der Tatarenkhan, ein heftiger Charakter, wollte indessen mit seinen Truppen sofort zum Sturm schreiten, aber der Pascha, den durchaus nicht danach verlangte, den Tataren die Ehre zu lassen, den König gefangen zu nehmen, während der Ungehorsam seiner Janitscharen vielleicht an ihm selbst geahndet würde, redete dem Khan zu, noch bis zum anderen Tage zu warten.

Sobald der Pascha nach Bender zurückgekehrt war, versammelte er alle Offiziere der Janitscharen und die ältesten Soldaten; er las ihnen den bestimmten Befehl des Sultans und den Fetfa des Mufti vor und zeigte ihnen beide. Sechzig der ältesten Janitscharen mit ehrwürdigen weißen Bärten, die schon zahllose Geschenke aus den Händen des Königs erhalten hatten, machten darauf von selbst den Vorschlag, sie wollten gehen und ihn bitten, dass er sich ihren Händen anvertraue und gestatte, dass sie ihm als Leibwache dienten.

Der Pascha erlaubte es. Lieber wollte er jedes Mittel versuchen als diesen Fürsten töten lassen. Jene sechzig alte Bursche gingen also am anderen Morgen nach Warnitza, mit nichts bewaffnet als ihren langen weißen Stäben, welche die Janitscharen immer tragen, wenn sie nicht zum Gefechte gehen; denn die Türken halten die Gewohnheit der Christen, auch im Frieden Waffen zu tragen und zu Freunden und sogar in die Kirchen bewaffnet zu kommen, für eine Barbarei. Sie wendeten sich zunächst an den Baron von Grothusen und den Kanzler Müller, sie sagten denselben, sie kämen, um dem König als treue Garden zu dienen. Wenn er wolle, würden sie ihn nach Adrianopel führen, wo er selbst mit dem Großherrn sprechen könne. Während sie diesen Vorschlag machten, las der König

Briefe, die von Konstantinopel kamen, und die Fabrice, der ihn nicht mehr sprechen durfte, durch einen Janitscharen ihm insgeheim hatte zustellen lassen. Sie kamen vom Grafen Poniatowski, welcher ihm weder zu Bender noch zu Adrianopel an die Hand gehen konnte, da er seit der unverschämten Forderung der tausend Beutel auf Befehl der Pforte in Konstantinopel zurückgehalten wurde. Er meldete dem König, dass die Befehle des Sultans, seine königliche Person in Haft zu nehmen oder umzubringen, falls er sich zur Wehr setze, nur zu sehr existierten; dass der Sultan allerdings durch seine Minister getäuscht worden sei, dass er aber, je mehr er in dieser Sache in Täuschung befangen sei, desto hartnäckiger darauf bestände, dass man ihm gehorche. Man müsse deshalb den Verhältnissen Rechnung tragen und sich in das Unvermeidliche fügen. Er nähme sich die Freiheit, dem Könige den Rat zu erteilen, dass er bei den Ministern auf dem Wege der Unterhandlungen sein Heil versuche; er solle doch ja nicht Starrsinn zeigen, wo nur Nachgiebigkeit etwas helfen könne, und möge von der Politik und der Zeit das Heilmittel gegen ein Übel erwarten, welches Gewalttätigkeit nur unheilbar machen könne.

Aber weder die Vorschläge der alten Janitscharen noch die Briefe Poniatowskis vermochten den König zu überzeugen, dass er nachgeben könne, ohne eine Schmach zu begehen. Er wollte lieber von der Hand der Türken sterben, als in irgend einer Form ihr Gefangener sein. Er schickte daher die Janitscharen zurück, ohne sie nur vorzulassen, und ließ ihnen sagen, wenn sie nicht gingen, lasse er ihnen den Bart scheren, was im Orient die größte aller Beleidigungen ist. Die alten Leute waren außer sich vor Unwillen hierüber und gingen mit dem Rufe: »O der Eisenkopf! wenn er zugrunde gehen will, so soll er zugrunde gehen!« – Sie berichteten dem Pascha über den Misserfolg ihrer Sendung und teilten auch ihren Kameraden in Bender mit, auf welch sonderbare Art sie empfangen worden seien. Alle schwuren darauf, den Befehlen des Paschas ohne Verzug Gehorsam leisten zu wollen und zeigten nun ebensoviel Eifer den Sturm zu unternehmen, als sie am Tage vorher Unlust gehabt hatten. Alsbald wurde auch der Befehl zum Angriff erteilt: die Türken rückten gegen die Schanzen, wo die Tataren bereits ihrer warteten, und die Kanonen eröffneten das Feuer.

Die Janitscharen auf der einen, die Tataren auf der anderen Seite nahmen im Nu das kleine Lager. Kaum zwanzig Schweden zogen dabei den Degen, die dreihundert Mann wurden umzingelt und ohne Widerstand zu Gefangenen gemacht. Der König befand sich um diese Zeit mit den Generalen Hord, Dahldorf und Sparre zu Pferd zwischen seinem Hause und seinem Lager.

Als er sah, dass sich seine Soldaten in seiner Gegenwart gefangen nehmen ließen, sagte er kaltblütig zu diesen drei Offizieren: »Gehen wir und verteidigen wir das Haus. Wir werden heute pro aris et focis kämpfen,« setzte er lächelnd hinzu.

Sofort galoppierte er mit ihnen nach jenem Hause, wo er etwa vierzig Diener als Schildwachen aufgestellt hatte, und das nach Kräften befestigt worden war.

So sehr diese Generale an die starrsinnige Unerschrockenheit ihres Herrn gewöhnt waren, konnten sie ihm doch ihre Bewunderung nicht versagen, als er sich so mit kaltem Blute und scherzend anschickte, zehn Geschützen und einer ganzen Armee die Stirne zu bieten. Sie folgten ihm mit einigen Gardisten und Dienern, im ganzen etwa zwanzig Personen. Als sie aber an der Türe anlangten, fanden sie dieselbe bereits von den Janitscharen belagert. Schon waren sogar bei zweihundert Türken und Tataren durch ein Fenster eingedrungen und hatten sich aller Zimmer bemeistert, mit Ausnahme eines großen Saals, wohin sich die königlichen Diener zurückgezogen hatten. Dieser Saal lag zum Glück in der Nähe der Türe, durch welche der König mit seinem kleinen Gefolge von zwanzig Personen eindringen wollte. Er sprang vom Pferde, und ergriff Pistole und Degen, sein Gefolge folgte seinem Beispiel.

Die Janitscharen fielen von allen Seiten über ihn her; sie waren durch das Versprechen des Paschas, jedem acht Dukaten zahlen zu wollen, der bei der Gefangennehmung des Königs auch nur dessen Rock berührt haben würde, noch mehr angespornt. Er verwundete oder tötete aber alle, die sich ihm näherten. Ein Janitschar, den er verwundet hatte, richtete bereits seine Flinte gegen das Gesicht des Königs. Wenn der Arm des Türken nicht eine Bewegung infolge des Drängens der Menge gemacht hätte, die wie Wellen heran und zurück wogte, so war es um jenen geschehen. Die Kugel streifte seine Nase, nahm ihm ein Stück vom Ohr hinweg und zerschmetterte dem General Hord, der stets das Geschick hatte, an der Seite seines Herrn verwundet zu werden, den Arm.

Der König stieß dem Janitscharen den Degen in den Leib; zu gleicher Zeit öffneten ihm seine Diener, die sich in den großen Saal eingeschlossen hatten, die Tür. Der König sprang wie der Blitz hinein, seine kleine Truppe folgte. Die Türe wurde alsbald wieder verschlossen und mit allem, was man eben fand, verbarrikadiert. So war denn Karl XII. mit seiner ganzen Schar, die aus nahezu sechzig Mann bestand, Offizieren, Gardisten, Sekretären, Kammerdienern und Dienern jeder Sorte, in diesen Saal eingeschlossen.

Die Janitscharen und Tataren plünderten das übrige Haus und füllten die Zimmer. »Kommt, wir wollen diese Barbaren ein wenig hinausjagen,« sagte der König, setzte sich an die Spitze seiner Leute und öffnete selbst diejenige Tür des Saales, welche in sein Schlafzimmer führte. Er trat ein und gab Feuer auf die Plünderer.

Die mit Beutestücken beladenen Türken erschraken über die plötzliche Erscheinung des Königs, den sie gewöhnt waren zu respektieren, warfen die Waffen weg und sprangen durch das Fenster oder flüchteten in den Keller. Der König benutzte die Verwirrung und seine Leute, durch den Erfolg begeistert, verfolgen nun die Türken von Zimmer zu Zimmer, töten oder verwunden alle, welche nicht fliehen und säubern in Zeit von einer Viertelstunde das Haus von Feinden.

In der Hitze des Gefechts bemerkte der König zwei Janitscharen, die sich unter sein Bett verborgen hatten; er stieß den einen nieder, der andere schrie Amman und bat um Gnade. »Ich schenke dir das Leben,« sagte der König zu dem Türken, »unter der Bedingung, dass du dem Pascha getreulich erzählst, was du gesehen hast.« – Der Türke versprach das gern und man gestattete ihm nun, wie die übrigen aus dem Fenster zu springen.

Als die Schweden endlich Herren des Hauses waren, verschlossen und verbarrikadierten sie alle Fenster. Es fehlte ihnen nicht an Waffen: ein Zimmer im unteren Stockwerk, das voll Gewehre und Munition steckte, war den tumultuarischen Nachforschungen der Janitscharen entgangen. Das kam den Schweden nun zustatten, sie schossen aus den Fenstern in nächster Nähe auf die Masse der Türken, von denen sie in weniger als einer Viertelstunde zweihundert töteten.

Jetzt beschossen diese das Haus mit Kanonen; da die Steine aber sehr weich waren, gab es nur Löcher, ohne dass etwas einfiel.

Da der Tatarenkhan und der Pascha den König gern lebendig gefangen hätten und sich doch schämten, so viele Leute dabei zu verlieren und mit einer ganzen Armee sechzig Personen zu Leibe gehen zu müssen, beschlossen sie das Haus in Brand zu stecken, um den König so zur Übergabe zu zwingen. Sie ließen also Pfeile mit angezündeten Lunten daran gegen Dach, Türen und Fenster schießen. In einem Augenblick stand das Haus in Flammen. Das glühende Dach war schon im Begriff auf die Schweden herabzustürzen. Da gab der König ruhig seine Befehle zum Löschen der Flammen. Er hatte ein kleines Fass mit Flüssigkeit gefunden, ergriff es nun selbst und schleuderte es, unterstützt von zwei Schweden an den Ort, wo das Feuer am heftigsten war. Dieses Fass war zufällig mit Branntwein gefüllt; aber in der Eile und Aufregung des Augenblicks dachte man nicht daran. Jetzt wüteten natürlich die Flammen mit erneuerter Kraft und verzehrten das Zimmer des Königs. Der große Saal, in welchem die Schweden sich bisher hielten, war mit einem furchtbaren Rauche angefüllt, in den sich Flammensäulen mischten, die durch die Türen der Nebenzimmer hereinzuckten. Die Hälfte des Daches stürzte in das Haus, die andere darüber hinaus und zerstob in Flammen.

In dieser äußersten Not schrie ein Gardist namens Walberg, man müsse sich jetzt ergeben. »Sonderbarer Kautz!« rief der König, »Er weiß nicht, dass verbrennen besser ist als gefangen werden!« – Ein anderer Gardist namens Rosen bemerkte nun, das Haus der Kanzlei, welches nur fünfzig Schritte entfernt lag, habe ein steinernes Dach und sei somit feuerfest. Man sollte einen Ausfall machen, dieses Haus zu erreichen suchen und sich aufs neue verteidigen. »Das ist ein echter Schwede!« rief der König. Er umarmte den Gardisten und ernannte ihn auf der Stelle zum Obersten. »Vorwärts, meine Freunde,« rief er dann, »nehmt so viel Pulver und Blei mit euch, als ihr könnt. Dann wollen wir mit dem Degen in der Hand die Kanzlei erobern.«

Die Türken, welche das in Flammen stehende Haus umgaben, gewahrten halb mit Bewunderung, halb mit Entsetzen, dass die Schweden sich nicht anschickten, es zu verlassen. Ihr Erstaunen stieg aber aufs höchste, als sie sahen wie die Tore sich öffneten und der König mit den Seinigen wie Verzweifelte gegen sie stürzten. Karl und seine Offiziere waren mit Degen und Pistolen bewaffnet; jeder tat mit dem Aufgehen der Türe zwei Schuss, dann warfen sie die Pistolen weg, griffen zu den Degen und trieben die Türken über fünfzig Schritte weit zurück. Aber einen Augenblick später sah sich die kleine Abteilung umzingelt. Der König, der nach seiner Gewohnheit gestiefelt war. verwickelte sich mit seinen Sporen und fiel. Einundzwanzig Janitscharen warfen sich sofort über ihn; er warf seinen Degen in die Luft, um so des Schmerzes überhoben zu sein, ihn abgeben zu müssen. Die Türken schleppten ihn nach dem Quartier des Pascha, wobei ihn die einen an den Beinen, die anderen unter den Armen hielten wie einen Kranken, den man zu belästigen fürchtet.

Sobald sich der König ergriffen sah, machte die Heftigkeit seines Wesens und die Wut, in die ihn der lange und furchtbare Kampf versetzt hatte, der Sanftmut und Ruhe Platz. Es entschlüpfte ihm kein Wort der Ungeduld, kein Blick des Zornes. Lächelnd sah er auf die Janitscharen, die ihn unter Allahrufen und in einem mit Hochachtung gemischtem Ingrimme forttrugen. Zugleich wurden auch seine Offiziere gefangen und von den Türken und Tataren ausgeplündert. Es war der 12. Februar 1713, als dieses merkwürdige Ereignis stattfand, welches weitere merkwürdige Folgen hatte.

Siebentes Buch

Die Türken bringen Karl nach Demirtasch. Der König Stanislaus wird zu gleicher Zeit gefangen genommen. Kühne Tat des Herrn von Villelongue. Serailrevolution. Schlacht in Pommern. Altona wird von den Schweden verbrannt. Karl reist endlich ab, um in seine Staaten zurückzukehren. Seine sonderbare Art zu reisen. Seine Ankunft in Stralsund. Unfälle Karls. Erfolge Peters des Großen. Sein Triumph in St. Petersburg.

Der Pascha von Bender erwartete Karl gravitätisch in seinem Zelte, wobei ihm Marco als Dolmetscher diente. Er empfing den Fürsten mit allen Zeichen des größten Respekts und bat ihn, sich auf ein Sofa niederzulassen; aber der König achtete nicht auf die Artigkeit des Türken und blieb mitten im Zelte stehen.

»Der Allmächtige sei gepriesen, dass Deine Majestät lebt,« sagte der Pascha; »meine Verzweiflung ist groß, dass Deine Majestät mich gezwungen hat, die Befehle Seiner Hoheit auszuführen.« Der König, den nichts ärgerte, als dass seine dreihundert Schweden sich in ihren Schanzen hatten fangen lassen, sagte zu dem Pascha: »O, wenn meine Leute sich verteidigt hätten, wie sie hätten sollen, so hätte man uns in zehn Tagen nicht überwältigt.« – »Ach,« erwiderte der Türke, »das wäre eine sehr übel angebrachte Tapferkeit gewesen.« – Hierauf ließ er den König auf einem reich geschmückten Pferde nach Bender bringen. Seine Schweden waren tot oder gefangen; seine ganze Ausrüstung, seine Mobilien, seine Papiere, seine notwendigsten Kleidungsstücke geplündert oder verbrannt. Man sah die schwedischen Offiziere fast nackt und zu zweien aneinander gekettet auf der Straße marschieren, Tataren und Janitscharen eskortierten sie zu Fuß. Der Kanzler und die Generale hatten das gleiche Los; sie waren die Sklaven der Soldaten, denen sie bei der Teilung zugefallen waren. Nachdem Ismail Pascha Karl XII. in sein Serail nach Bender geführt hatte, trat er ihm sein eigenes

Zimmer ab und ließ ihn ganz als König bedienen, wobei er ihm jedoch Janitscharen als Schildwachen vor die Türe stellte. Man bereitete ein Bett für ihn, er warf sich jedoch gestiefelt auf ein Sofa und schlief fest ein. Ein Offizier, der bei ihm wachte, bedeckte ihm den Kopf mit einer Mütze, die der König beim Erwachen wegwarf; und der Türke sah mit Erstaunen, wie ein Herrscher gestiefelt und barhäuptig schlief. Am anderen Morgen führte Ismail Herrn von Fabrice in das Zimmer des Königs. Fabrice fand diesen Fürsten in zerrissenen Kleidern, Stiefel, Hände und die ganze Gestalt mit Blut und Pulver bedeckt, die Augenbrauen verbrannt, aber trotz diesem schrecklichen Aufzug heiteren Sinnes. Er warf sich ihm zu Füßen, ohne ein Wort sprechen zu können; durch die freie und sanfte Weise, in der der König zu ihm redete, beruhigt, sprach er wieder in der gewöhnlichen Vertraulichkeit mit ihm und beide unterhielten sich lachend von dem Kampfe bei Bender. »Man will behaupten,« bemerkte Fabrice, »Eure Majestät habe zwanzig Janitscharen eigenhändig getötet.« – »Lasst es gut sein!« erwiderte der König, »Ihr wisst, man pflegt derartige Dinge immer um die Hälfte zu übertreiben.« – Während dieser Unterhaltung stellte der Pascha dem König seinen Günstling Grothusen und den Obersten Ribing vor, welche er großmütigerweise auf seine Kosten losgekauft hatte. Fabrice befasste sich mit dem Loskauf der übrigen Gefangenen.

Der englische Gesandte Jeffreys schloss sich ihm zur Deckung seiner Auslagen an. Ein Franzose, den die Neugierde nach Bender geführt hatte, und der einen Teil der hier erzählten Ereignisse beschrieben hat, gab gleichfalls, was er hatte. Diese Fremden, denen der Pascha hierbei in jeder Beziehung sogar mit seinem Gelde an die Hand ging, kauften nicht nur die Offiziere los. sondern lösten auch deren Kleider aus den Händen der Türken und Tataren.

Schon am nächsten Tage führte man den gefangenen König in einem mit Scharlach ausgeschlagenen Wagen Adrianopel zu; sein Schatzmeister Grothusen saß bei ihm.

Der Kanzler Müller und einige Offiziere folgten in einem anderen Wagen. Mehrere andere waren zu Pferde, und wenn sie die Blicke auf den Wagen warfen, in welchem sich der König befand, konnten sie sich der Tränen nicht erwehren. Der Pascha befand sich an der Spitze der Eskorte. Fabrice stellte ihm vor, dass es eine Schande sei, den König ohne Degen zu lassen und bat ihn, ihm einen zu reichen. »Gott soll mich davor bewahren!« erwiderte der Pascha; »er würde uns den Hals damit abschneiden.« Indessen gab er ihm doch einige Stunden später seinen Degen zurück.

Während man so diesen König, der wenige Jahre vorher so vielen Staaten Gesetze gegeben hatte, welcher der Schiedsrichter des Nordens und der Schrecken Europas gewesen war, gefangen und entwaffnet fortführte, tauchte ebendort noch ein anderes Beispiel der Hinfälligkeit menschlicher Größe auf.

Der König Stanislaus war ebenfalls auf türkischem Gebiete verhaftet worden und man führte ihn zur selben Zeit nach Bender, wo man Karl XII. von da fortbrachte.

Als Stanislaus durch die Hand, die ihn zum König gemacht hatte, nicht mehr gehalten wurde, als das Geld ihm ausging und eben damit auch seine Partei in Polen sich auflöste, zog er sich zuerst nach Pommern zurück und verteidigte, da er sein eigenes Reich nicht mehr halten konnte, die Staaten seines Wohltäters nach Kräften. Er war sogar nach Schweden gegangen, um den Nachschub der Hilfstruppen zu betreiben, deren man in Pommern und Livland bedurfte. Er hatte alles getan, was man vom Freunde Karls XII. erwarten durfte. Um diese Zeit fasste der erste König von Preußen, ein sehr weiser Fürst, den die Nachbarschaft der Russen mit Recht beunruhigte, die Idee, sich mit August und der Republik Polen zu verbinden, um die Russen in ihr eigenes Land zurückzuwerfen. Er wollte auch Karl XII. für diesen Plan gewinnen. Drei große Ereignisse sollten die Früchte dieses Bündnisses sein: Der Frieden des Nordens, die Rückkehr Karls in seine Staaten und die Aufrichtung einer Schranke gegen die Russen, welche Europa furchtbar zu werden begannen. Die Einleitung zu diesem Bunde, von welchem die öffentliche Ruhe abhing, musste aber die Thronentsagung von Stanislaus bilden. Stanislaus ging nicht nur darauf ein, er nahm es sogar auf sich, als Vermittler eines Friedens zu dienen, der ihn der Krone berauben sollte: die Notwendigkeit, das öffentliche Wohl, der Ruhm, den ein solches Opfer gewähren musste und das Interesse Karls, dem er alles verdankte und den er liebte, bestimmten ihn dazu. Er schrieb nach Bender und setzte dem König von Schweden den Stand der Sache auseinander, die Unglücksfälle und das Gegenmittel; er beschwor ihn, sich seiner Abdankung nicht zu widersetzen, welche durch die Verhältnisse notwendig geworden und im Hinblick auf die Beweggründe eine ehrenvolle sei; er redete ihm zu, die Interessen Schwedens nicht denen eines unglücklichen Freundes aufzuopfern, der sich selbst dem öffentlichen Wohl gerne zum Opfer bringe. Karl XII. erhielt diese Briefe noch zu Warnitza; er sagte in Gegenwart mehrerer Zeugen voll Zorn zu dem Kurier: »Wenn mein Freund nicht mehr König sein will, werde ich einen anderen zu machen wissen.«

Aber Stanislaus beharrte auf dem Opfer, von dem Karl nichts wissen wollte. Jene Tage sollten nun einmal Zeuge von seltsamen Empfindungen und seltsamen Handlungen sein. Stanislaus wollte selbst zu Karl gehen, um ihn umzustimmen. Um einem Thron zu entsagen, wagte er mehr, als er getan hatte, um sich seiner zu bemächtigen. Eines Tages verließ er abends zehn Uhr heimlich die schwedische Armee, die er in Pommern kommandierte; ihn begleitete der Baron Sparre, der seitdem Gesandter in England und Frankreich gewesen ist, und ein anderer Oberst. Er selbst nahm den Namen Haran von einem Franzosen an, der damals Major in schwedischen Diensten war und später als Kommandant von Danzig gestorben ist. Nun eilte er der ganzen feindlichen Armee entlang. Mehrere Male festgenommen und jedesmal wieder auf Grund eines auf Haran ausgestellten Passes frei gelassen, kam er endlich nach mancherlei Gefahren an die Grenzen der Türkei.

Als er in der Moldau angelangt war, schickte er den Baron Sparre zu seiner Armee zurück und ging selbst nach Jassy, der Hauptstadt der Moldau, wo er sich sicher glaubte, da man ja dort den König von Schweden so hochgeschätzt hatte. Er ahnte nicht im entferntesten, wie anders die Dinge jetzt standen.

Man fragt ihn, wer er sei; er erwidert, er sei Major in einem Regimente im Dienste Karls XII. Dieser Name genügt, um ihn zu verhaften; man führt ihn vor den Hospodar der Moldau, der bereits durch die Zeitungen erfahren hatte, dass Stanislaus von seiner Armee verschwunden sei, und deshalb sofort Verdacht schöpfte. Man hatte ihm die Gestalt des Königs beschrieben, dessen liebenswürdige Züge und mildes Wesen leicht wieder zu erkennen waren.

Der Hospodar verhörte ihn, stellte mehrere verfängliche Fragen und erkundigte sich endlich, welche Stelle er in der schwedischen Armee bekleide. Stanislaus und der Hospodar sprachen lateinisch. »Major sum,« erwiderte Stanislaus auf jene Frage. »Imo, Maximus es,« entgegnete der Moldauer. Sofort bot er ihm einen Sessel an und behandelte ihn als König, aber auch als einen gefangenen König. Man umstellte das griechische Kloster, in welchem er bleiben sollte, bis Befehle vom Sultan eingingen, mit einer eigenen Sicherheitswache. Der Befehl kam, man solle ihn nach Bender führen, von wo man Karl eben fortbrachte.

Der Pascha erhielt diese Nachricht, als er eben den König von Schweden begleitete, und teilte sie Fabrice mit. Dieser näherte sich dem Wagen des Königs und erzählte diesem, dass er nicht mehr der einzige bei den Türken gefangene König sei und Stanislaus, von Soldaten eskortiert, sich nur wenige Meilen entfernt befinde. »Eilt zu ihm, lieber Fabrice,« erwiderte der König, ohne sich durch dies Ereignis im mindesten aus der Fassung bringen zu lassen, »und sagt ihm, er solle doch ja nie Frieden mit König August machen, und versichert ihn, dass Unsere Angelegenheiten binnen kurzem eine Änderung erfahren werden.«

So unerschütterlich war Karl in seinen einmal gefassten Meinungen, dass er, trotzdem Polen ihn verlassen hatte, trotzdem man ihn schon in seinen eigenen Staaten angriff, trotzdem er als Gefangener in einer türkischen Sänfte wer weiß wohin geführt wurde, noch fest auf sein Glück baute und immer noch glaubte, die Pforte werde ihn mit hunderttausend Mann unterstützen. Fabrice ging von einem Janitscharen begleitet, mit Erlaubnis des Paschas, um sich seines Auftrags zu entledigen. In der Entfernung von einigen Meilen stieß er auf die Truppenabteilung, welche Stanislaus eskortierte. In der Mitte jener Truppen erblickte er einen französisch gekleideten und ziemlich schlecht berittenen Herrn, den er auf deutsch fragte, wo sich der König von Polen befinde. Der Angeredete war Stanislaus selbst, den Fabrice in diesem Aufzug nicht wieder erkannt hatte. »Wie!« rief der König, »erinnert Ihr Euch denn meiner nicht mehr?« – Nun teilte ihm Fabrice mit, in welch trauriger Lage sich der König von Schweden befinde und wie er trotzdem ebenso unerschütterlich wie unnütz bei seinen Plänen beharre.

Als Stanislaus sich Bender näherte, schickte der Pascha, der von seiner Begleitung Karls inzwischen zurückgekehrt war, dem König von Polen ein arabisches Pferd mit prächtiger Ausrüstung. Stanislaus wurde zu Bender mit Kanonendonner empfangen und abgesehen davon, dass er anfangs nicht frei war, hatte er sich über die ihm dort widerfahrene Behandlung nicht zu beklagen. – Inzwischen führte man Karl Konstantinopel zu. Diese Stadt war bereits voll von Gerüchten über seinen letzten Kampf. Die Türken verdammten und bewunderten ihn zugleich; aber der ergrimmte Diwan drohte bereits, ihn nach einer Insel des Archipel zu senden.

Der König von Polen, Stanislaus, der die Gnade hatte, mir die meisten dieser Einzelheiten mitzuteilen, hat mich auch versichert, dass im Diwan die Rede davon gewesen sei, ihn selbst auf eine griechische Insel zu verweisen; einige Monate später wurde der Großherr jedoch milder und ließ ihn ziehen.

Desaleurs. welcher die Partei Karls hätte ergreifen und verhindern können, dass man den christlichen Königen diese Schmach antat, wurde, wie auch Poniatowski, dessen auskunftsreichen Geist man immer fürchtete, in Konstantinopel zurückgehalten. Die meisten zu Adrianopel gebliebenen Schweden befanden sich im Gefängnis, der Thron des Sultans schien somit für die Klagen des Königs von Schweden von allen Seiten unnahbar.

Der Marquis von Fierville, der von seiten Frankreichs eine geheime Sendung an Karl nach Bender gehabt hatte, war damals noch in Adrianopel. Er fasste den Entschluss, diesem Fürsten eine hilfreiche Hand zu reichen, während alle Welt ihn verließ oder auf ihn drückte. Hierbei unterstützte ihn ein französischer Edelmann aus einem alten Geschlecht der Champagne namens de Villelongue, ein unerschrockener Kamerad, der damals nicht so mit Glück gesegnet war, wie er es bei seinem Mute zu verdienen glaubte, und der von dem Rufe des Königs von Schweden begeistert eigens nach der Türkei gegangen war, um sich diesem Fürsten zur Verfügung zu stellen

Fierville schrieb mit Hilfe dieses jungen Mannes einen Bericht im Namen des Königs von Schweden, in welchem dieser Monarch vom Sultan für die Schmach, die in seiner Person allen gekrönten Häuptern angetan worden, so wie für den wahren oder falschen Verrat des Khans und des Paschas von Bender Genugtuung forderte.

In diesem Denkschreiben wurde der Großwesir und die übrigen Minister beschuldigt, dass sie sich von den Russen hätten bestechen lassen, dass sie den Großherrn getäuscht, die Briefe des Königs an Seine Hoheit unterschlagen und durch ihre Ränke dem Sultan jenen Befehl, der der Gastfreundschaft des Muselmans so sehr ins Gesicht schlage und wodurch das Völkerrecht auf eine eines großen Kaisers so unwürdige Weise verletzt worden sei, abgeschwindelt hätten, indem man mit zwanzigtausend Mann einen König angegriffen habe, der zu seiner Verteidigung niemand besessen habe als seine Diener und der sich auf das geheiligte Wort des Sultans verlassen.

Als dieses Denkschreiben angefertigt war, musste man es ins Türkische übersetzen und es in einer eigenen Schrift und auf besonders zu dem Zwecke bereiteten Papier, dessen man sich zu allem, was vor den Sultan kommt, bedienen muss, niederschreiben lassen.

Man wendete sich dieserhalb an einige französische Dolmetscher, welche sich in der Stadt befanden; allein die Angelegenheiten des Königs von Schweden standen so verzweifelt und der Wesir hatte sich so offen gegen ihn erklärt, dass kein Dolmetscher die Schrift des Herrn von Fierville auch nur zu übersetzen wagte. Man fand endlich einen anderen Fremden, dessen Hand bei der Pforte nicht bekannt war und der durch eine reiche Belohnung und die Versicherung tiefsten Stillschweigens vermocht wurde, die Denkschrift ins Türkische zu übersetzen und sie auf das passende Papier zu schreiben. Der Baron Arvidson, ein Offizier der schwedischen Armee, machte die Handschrift des Königs nach. Fierville, der das königliche Siegel besaß, heftete es an das Schreiben und siegelte das Ganze mit dem schwedischen Wappen. Villelongue nahm es auf sich, das Paket selbst in die Hände des Großherrn zu liefern, wenn derselbe nach seiner Gewohnheit sich nach der Moschee begebe. Man hatte sich schon öfter eines ähnlichen Wegs bedient, um dem Sultan Denkschriften gegen seine Minister zu überreichen; aber gerade das machte den Erfolg dieser Unternehmung um so zweifelhafter und die Gefahr um so größer.

Der Wesir konnte sich wohl denken, dass die Schweden Gerechtigkeit von seinem Herrn fordern würden und war durch das Unglück seiner Vorgänger in dieser Richtung belehrt. Er hatte deshalb ausdrücklich verboten, irgend jemand dem Großherrn nahe kommen zu lassen und noch besonders eingeschärft, alle sofort abzufassen, welche sich mit Schriften der Moschee nähern würden.

Villelongue kannte diesen Befehl und wusste wohl, dass es sich hierbei um seinen Kopf handle. Er entledigte sich daher seines französischen Anzugs und zog ein griechisches Gewand an. Dann verbarg er den Brief, den er übergeben wollte, in seinem Busen und begab sich zu guter Stunde in die Nähe der Moschee, nach der der Großherr zu gehen pflegte. Dort spielte er den Verrückten und ging tanzend durch das Spalier der Janitscharen, durch welches der Großherr passieren musste; dabei ließ er absichtlich einige Silbermünzen aus seiner Tasche fallen, um die Garden bei guter Laune zu erhalten.

Als der Sultan sich näherte, wollte man Villelongue entfernen. Er warf sich aber auf die Kniee und wehrte sich gegen die Janitscharen. Hierbei entfiel ihm seine Mütze und die langen Haare ließen ihn alsbald als Franken erkennen. Er erhielt nun mehrere Schläge und wurde arg misshandelt. Der Großherr, welcher bereits nahe war, hörte den Lärm und fragte nach der Ursache desselben. Villelongue rief ihm mit aller Kraft zu: »Amman! Amman! Gnade!« – und dabei zog er den Brief aus dem Busen. Der Sultan befahl, ihn näher treten zu lassen. Villelongue lief alsbald herzu, umfasste seinen Steigbügel und übergab ihm das Schreiben mit den Worten: »Suet kral dan, es kommt vom Schwedenkönig.« Der Sultan steckte den Brief zu sich und setzte seinen Weg nach der Moschee fort. Zugleich wurde jedoch Villelongue ergriffen und als Gefangener nach den Außengebäuden des Serails geführt.

Als der Sultan die Moschee verlassen und den Brief gelesen hatte, wollte er selbst den Gefangenen verhören. Was ich jetzt erzähle, mag vielleicht nicht sehr wahrscheinlich erscheinen, allein ich führe nichts an, was nicht in den

Briefen des Herrn von Villelongue selbst steht. Wenn ein so wackerer Offizier eine Tatsache auf sein Ehrenwort versichert, verdient er wohl einigen Glauben. Er erzählte mir also, der Sultan habe sein kaiserliches Gewand, wie auch den ihm eigentümlichen Turban abgelegt, und sich als Janitscharenoffizier verkleidet, was dort nicht selten vorkommt. Er war von einem alten Malteser begleitet, der ihm als Dolmetscher diente. Dank dieser Verkleidung genoss Villelongue einer Ehre, die keinem christlichen Gesandten jemals zu teil wurde: er hatte eine viertelstündige Unterredung unter vier Augen mit dem türkischen Kaiser. Er verfehlte dabei nicht, die Klagen des Königs von Schweden ins klare zu setzen, die Minister anzuklagen, und mit um so größerer Ungeniertheit Genugtuung zu fordern, als er, während er mit dem Sultan sprach, annehmen durfte, er rede nur mit seinesgleichen. Er hatte übrigens trotz der Dunkelheit des Kerkers den Großherrn wohl erkannt und war in seiner Unterredung deshalb nur um so freier. Der vorgebliche Janitscharenoffizier sprach zu Villelongue folgende Worte: »Christ, beruhige dich, der Sultan, mein Herr, hat die Seele eines Kaisers, und wenn dein König von Schweden recht hat, wird ihm auch Recht werden.« – Villelongue wurde bald darauf auf freien Fuß gesetzt; einige Wochen später aber fand eine plötzliche Veränderung im Serail statt, welche die Schweden dieser merkwürdigen Unterredung zuschrieben. Der Mufti wurde abgesetzt, der Khan der Tataren nach Rhodus verbannt und der Seraskier Pascha von Bender nach einer Insel des Archipels verwiesen.

Die ottomanische Pforte ist derartigen Stürmen so häufig ausgesetzt, dass es sehr schwer ist zu entscheiden, ob der Sultan wirklich durch diese Opfer den König von Schweden versöhnen wollte. Die Art, wie dieser Fürst behandelt wurde, beweist keineswegs, dass sich die Pforte sehr beeilt habe, ihm zu Gefallen zu sein.

Man glaubt vielmehr, der Günstling Ali Cumürdschi allein habe alle diese Veränderungen in seinem Privatinteresse herbeigeführt. Er soll den Khan der Tataren und den Seraskier von Bender unter dem Vorwand haben verbannen lassen, sie hätten die zwölfhundert Beutel dem König trotz dem ausdrücklichen Befehl des Großherrn ausgefolgt. Auf den Thron der Tataren setzte er den Bruder des abgesetzten Khans, einen jungen Mann seines Alters, der seinen Bruder nicht sehr liebte, und auf den Ali Cumürdschi bei den Kriegen, die er vor hatte, sehr zählte. Was den Großwesir Jussuf betrifft, so wurde er erst einige Wochen später abgesetzt, und Soliman Pascha erhielt den Titel eines ersten Wesirs.

Ich muss hier erwähnen, dass Herr von Villelongue sowie mehrere Schweden mich versicherten, jener einfache Brief, der dem Sultan im Namen des Königs übergeben wurde, habe alle diese großen Veränderungen bei der Pforte hervorgerufen, während Herr von Fierville ganz das Gegenteil behauptete. Ich habe bisweilen ähnliche Widersprüche in den mir anvertrauten Papieren gefunden. In einem solchen Falle kann der Geschichtschreiber nichts weiter tun, als die Tatsache ungeschminkt anführen, ohne sich auf die Beweggründe einzulassen, und sich darauf beschränken, genau zu sagen, was er weiß, statt erraten zu wollen, was er nicht weiß.

Inzwischen hatte man Karl XII. nach dem kleinen Schlosse Demirtasch bei Adrianopel gebracht. Eine zahllose Menge Türken waren dorthin gereist, um den Fürsten ankommen zu sehen. Man trug ihn aus seinem Wagen auf einem Sofa nach dem Schlosse, allein Karl legte sich ein Kissen auf das Gesicht, um von der Menge nicht gesehen zu werden.

Einige Tage später ließ er die Pforte bitten, in Demotica wohnen zu dürfen, einer kleinen Stadt sechs Stunden von Adrianopel an dem bekannten Flusse Hebrus, jetzt Maritza. Cumürdschi sagte bei diesem Anlass zum Großwesir Soliman: »Geh', lass dem König von Schweden sagen, er könne sein Leben lang in Demotica bleiben; ich stehe dir dafür, dass ehe ein Jahr vergeht, er von selber bitten wird, es verlassen zu dürfen; aber vor allem gib ihm kein Geld.«

Man brachte also den König nach dem Städtchen Demotica, wo die Pforte ihm und seinem Gefolge ein beträchtliches Quantum Mundvorrat anwies; an Geld aber bewilligte man ihm nur fünfundzwanzig Taler täglich, um Schweinefleisch und Wein zu kaufen, da diese beiden Artikel von den Türken nicht geliefert wurden. Die fünfhundert Taler täglich, die er in Bender gehabt hatte, fielen weg.

Kaum war er mit seinem kleinen Hofe zu Demotica, als auch der Großwesir Soliman abgesetzt wurde; seine Stelle erhielt Ibrahim Molla, ein tapferer, stolzer und über die Maßen derber Mann. Es wird nicht unnütz sein, auch seine Vorgeschichte zu erfahren, um alle diese Vizekönige des Türkenlandes, von denen das Schicksal Karls so lange Zeit abhing, näher kennen zu lernen.

Als Sultan Achmet III. zur Regierung kam, war er noch einfacher Matrose. Dieser Kaiser verkleidete sich oft als Privatmann, als Iman, oder als Derwisch. Dann stahl er sich abends in die Kaffeehäuser von Konstantinopel und an andere öffentliche Orte, um zu hören, was man von ihm sprach, und so die Anschauungen des Volks kennen zu lernen. Eines Tages hörte er, wie dieser Molla sich darüber beklagte, dass die türkischen Schiffe nie mit Prisen heimkehrten und beteuerte, wenn er Schiffskapitän wäre, würde er nie in den Hafen von Konstantinopel einlaufen, ohne irgend ein Fahrzeug der Ungläubigen mitzubringen. Der Großherr befahl gleich am nächsten Tag, man solle ihm ein Schiff zu kommandieren geben und ihn in See schicken. Der neue Kapitän kam richtig wenige Tage später mit einer maltesischen Barke und einer genuesischen Galiote zurück. Nach zwei Jahren war er oberster Admiral und endlich Großwesir.

Als er diesen Posten erreicht hatte, glaubte er den Günstling entbehren zu können. Um sich nützlich zu machen, beschloss er die Russen zu bekriegen. In dieser Absicht ließ er in der Nähe des Orts, wo der König von Schweden weilte, sein Zelt aufschlagen.

Er lud diesen Fürsten ein, ihn dort mit dem neuen Tatarenkhan und dem französischen Gesandten zu besuchen. Der König, dessen Stolz durch das Unglück nur noch gesteigert wurde, erachtete es als die gröbste Beleidigung, dass ein Untertan es wagte, ihn zu sich zu bitten. Er befahl seinem Kanzler Müller an seiner Statt dahin zu gehen: und aus Angst, die Türken möchten ihm nicht die gehörige Achtung bezeigen und ihn zwingen seine Würde bloß zu stellen, legte sich dieser in allem extreme Fürst zu Bette und beschloss, es nicht mehr zu verlassen, so lange er in Demotica verweilen müsste. Zehn Monate lang blieb er so zu Bette und stellte sich krank. Der Kanzler Müller, Grothusen und der Oberst Düben waren die einzigen, welche mit ihm aßen. Sie hatten hier keine der Bequemlichkeiten, deren sich die Kranken sonst erfreuen. Man hatte ihnen ja in dem Kampfe bei Bender alles geraubt, so dass es ihren Mahlzeiten an jeder äußeren Pracht und Feinheit gebrach. Sie bedienten sich selbst und während der ganzen Zeit verrichtete der Kanzler Müller Kochsdienste.

Während Karl XII. sein Leben im Bette verbrachte, musste er hören, dass alle seine außerhalb Schweden gelegenen Provinzen verheert wurden. Der General Stenbock, der sich dadurch einen Namen gemacht hatte, dass er die Dänen aus Schonen jagte und ihre besten Truppen mit Bauern besiegte, hielt noch eine Zeitlang den Ruhm der schwedischen Waffen aufrecht. Er verteidigte Pommern, Bremen und was der König sonst noch in Deutschland besaß, möglichst gut; konnte jedoch nicht hindern, dass die vereinigten Dänen und Sachsen Stade, eine starke und bedeutende Stadt unweit der Elbe und im Herzogtum Bremen gelegen, belagerten. Die Stadt wurde bombardiert und eingeäschert und die Garnison musste sich auf Gnade oder Ungnade ergeben, ehe Stenbock zu ihrem Entsatz herankommen konnte.

Dieser General, welcher etwa zwölftausend Mann, worunter die Hälfte Reiterei kommandierte, verfolgte die noch einmal so starken Feinde und erreichte sie endlich im Herzogtum Mecklenburg bei Gadebusch und einem Flüsschen dieses Namens. Am 20. Dezember 1712 marschierte er angesichts der Sachsen und Dänen auf. Ein Sumpf trennte sie von ihm. Die Feinde, welche hinter dem Sumpfe lagerten, lehnten sich zugleich an einen Wald. Sie hatten somit den Vorteil der Zahl und des Terrains, und man konnte nur an sie gelangen, wenn man unter dem Feuer ihrer Artillerie den Sumpf passierte.

Stenbock ging gleichwohl an der Spitze seiner Truppen hindurch, marschierte in Linie auf und begann einen der blutigsten und erbittertsten Kämpfe, die je zwischen diesen beiden rivalisierenden Völkern geschlagen wurden. Nach einem dreistündigen heftigen Kampfe wurden die Reihen der Dänen und Sachsen durchbrochen und sie mussten das Schlachtfeld räumen.

Ein Sohn des Königs August und der Gräfin Königsmark, der seither unter dem Namen des Grafen von Sachsen bekannt geworden ist, erhielt in dieser Schlacht seine erste Lektion in der Kriegskunst. Es ist dies der nämliche Graf von Sachsen, welchem nachher die Ehre ward, zum Herzog von Kurland erwählt zu werden, und dem nur die Macht fehlte, um das unbestreitbarste Recht, das es auf einen Thron geben kann, nämlich die einstimmige Wahl des Volks, auszunützen. Er ist es, der seitdem noch einen reelleren Ruhm errungen hat, indem er durch die Schlacht bei Fontenoi Frankreich rettete, Flanderen eroberte und den Ruf des größten Generals unserer Zeit erwarb. Bei Gadebusch kommandierte er ein Regiment; und ein Pferd wurde ihm unter dem Leibe getötet. Ich hörte ihn erzählen, dass die Schweden in dieser Schlacht streng in ihren Reihen geblieben seien, und dass selbst als der Sieg erfochten war, aus den vordersten Linien dieser wackeren Truppen, zu deren Füßen ihre toten Feinde lagen, nicht ein Soldat sich zu bücken wagte, um diese auszuplündern, ehe das Gebet auf dem Schlachtfeld abgehalten war.

So unverbrüchlich verharrten sie in der strengen Disziplin, an die ihr König sie gewöhnt hatte.

Nach diesem Siege erinnerte sich Stenbock, dass die Dänen Stade eingeäschert hatten; er wollte sich dafür an Altona, das dem König von Dänemark gehörte, rächen. Altona liegt unterhalb Hamburg an der Elbe, welche dort ziemlich große Schiffe aufnimmt. Der König von Dänemark hatte die Stadt durch mancherlei Privilegien begünstigt; es war seine Absicht, sie zum Sitze eines blühenden Handels zu machen. Bereits begann auch der Gewerbefleiß der Altonaer, durch die weisen Maßregeln des Königs gehoben, seine Früchte zu tragen, so dass Altona schon zu den reichen Handelsstädten zählte und die Eifersucht Hamburgs erregte, welches nichts sehnlicher als dessen Zerstörung wünschte. Sobald Stenbock vor Altona angelangt war, ließ er den Einwohnern durch einen Trompeter sagen, sie sollten ihre Stadt mit allem, was sie an Habseligkeiten fortschleppen könnten, verlassen, er werde dieselbe von Grund aus zerstören.

Der Magistrat warf sich ihm zu Füßen und erbot sich, ein Lösegeld von hunderttausend Talern zu bezahlen. Stenbock verlangte zweimalhunderttausend. Die Altonaer baten um die Erlaubnis, wenigstens nach Hamburg schicken zu dürfen, wo sich ihre Korrespondenzen befänden und versicherten, dass sie am anderen Tage die Summe bringen würden. Aber der schwedische General erwiderte, er müsse sie auf der Stelle haben oder er werde Altona ohne Verzug niederbrennen.

Seine Truppen standen mit den Fackeln in der Hand schon in der Vorstadt; ein schwaches hölzernes Tor und ein bereits ausgefüllter Graben waren die einzigen Verteidigungsmittel der Altonaer. Die Unglücklichen sahen sich somit genötigt, ihre Häuser mitten in der Nacht in aller Eile zu verlassen. Es war am 9. Januar 1713. Die Kälte war strenge, ein heftiger Nordwind vermehrte sie noch und verbreitete zugleich die Feuersbrunst mit Windeseile über die Stadt hin. Er machte auch den Zustand der Leute, die auf das Feld hinausgetrieben waren, noch unerträglicher. Männer und Frauen flohen mit ihren Habseligkeiten belastet heulend und schreiend nach den nahen, eisbedeckten Höhen. Man sah manche junge Leute, welche gelähmte Greise auf ihren Schultern hinaustrugen. Frauen, die eben geboren hatten, flüchteten mit ihren Säuglingen und gingen mit ihnen angesichts der Flammen, die ihre Vaterstadt verzehrten, vor Kälte zugrunde. Noch hatten nicht alle Einwohner die Stadt verlassen, als die Schweden sie bereits in Brand steckten. Altona brannte von Mitternacht bis zehn Uhr morgens. Fast alle Häuser waren von Holz, somit ging alles in Flammen auf und man merkte am anderen Tage kaum, dass hier einmal eine Stadt gestanden hatte.

Die Greise, die Kranken und die zarten Frauen, welche, während ihre Häuser von den Flammen verzehrt wurden, in die eisige Landschaft geflohen waren, schleppten sich bis an die Tore Hamburgs und flehten um Einlass und Rettung ihres Lebens. Man weigerte sich jedoch, sie aufzunehmen, weil in Altona ansteckende Krankheiten herrschten, und die Hamburger liebten die Altonaer nicht so sehr, dass sie sich durch ihre Aufnahme der Gefahr hätten aussetzen mögen, die Ansteckung auch in ihre Stadt zu verpflanzen. So gingen die meisten dieser Unglücklichen unter den Mauern Hamburgs zugrunde, wobei sie den Himmel zum Zeugen der Barbarei der Schweden und auch der Hamburger anriefen, welche letztere nicht weniger unmenschlich erschienen.

Durch ganz Deutschland ging ein Schrei gegen diese Gewalttat; die Minister und Generale Polens und Dänemarks schrieben an den Grafen Stenbock und machten ihm Vorwürfe über diese grausame Handlung, welche durchaus unnötig und nicht zu entschuldigen, Himmel und Erde gegen ihn in Bewegung setzte.

Stenbock gab zur Antwort: er habe diese äußerste Strafe nur vollzogen, um die Feinde des Königs, seines Herrn, zu lehren, den Krieg nicht mehr so barbarisch zu führen und das Völkerrecht zu achten; jene hätten zahllose Grausamkeiten in Pommern verübt, diese schöne Provinz verwüstet und über hunderttausend Einwohner an die Türken verkauft, und die Flammen, welche Altona eingeäschert, seien nur die Vergeltung für die glühenden Kugeln, womit sie Stade zusammengeschossen hätten.

Mit solcher Wut bekriegten sich die Schweden und ihre Gegner! Wäre Karl XII. damals in Pommern erschienen, so hätte er wahrscheinlich das Glück wieder an seine Fahnen fesseln können. Seine Armeen waren noch von seinem Geiste beseelt, obschon er selbst ferne war; aber die Abwesenheit des Oberhaupts ist immer bedenklich für den Gang kriegerischer Operationen und verhindert, dass die Siege gehörig benutzt werden. Stenbock verlor im kleinen wieder, was er durch hervorragende Taten, die zu einer anderen Zeit entscheidend gewesen wären, gewonnen hatte.

Obschon Sieger, konnte er doch nicht hindern, dass die Russen, die Sachsen und die Dänen sich vereinigten. Man hob einzelne seiner Besatzungen auf, er verlor in kleinen Scharmützeln viele Leute, zweitausend Schweden ertranken beim Passieren der Eider, als sie in Holstein Winterquartiere nehmen wollten. Alle diese Verluste ließen sich in einem Lande, das auf allen Seiten von mächtigen Feinden umgeben war, nicht wieder ersetzen.

Stenbock wollte Holstein gegen Dänemark verteidigen, aber trotz aller seiner Kriegslisten und Anstrengungen ward das Land verloren, die Armee ging zugrunde und Stenbock selbst wurde gefangen.

Das jetzt wehrlose Pommern wurde mit Ausnahme Stralsunds, der Insel Rügen und einiger benachbarten Orte die Beute der Verbündeten. Der König von Preußen legte Beschlag darauf. Bremens Gebiet wurde von dänischen Garnisonen überschwemmt. Zugleich überzogen die Russen Finnland und schlugen dort die Schweden, die nun alles Vertrauen verloren, und an Zahl schwächer, jetzt auch das Übergewichtung der militärischen Tüchtigkeit gegenüber von den jetzt ebenfalls kriegsgewohnten Feinden einzubüßen begannen.

Um das Unglück Schwedens voll zu machen, beharrte sein König eigensinnig darauf, in Demotica zu bleiben und nährte immer noch die Hoffnung auf türkische Hilfe, worauf er doch längst nicht mehr rechnen durfte.

Der stolze Wesir Ibrahim Molla, der gegen die Anschauungen des Günstlings durchaus die Russen befehden wollte, wurde erdrosselt. Die Stelle eines Großwesirs war jetzt eine so gefährliche geworden, dass sie niemand mehr annehmen wollte; sie blieb daher sechs Monate lang unbesetzt. Endlich nahm der Günstling Ali Cumürdschi selbst den Titel des Großwesirs an. Damit fielen alle Hoffnungen des Königs von Schweden. Er kannte Cumürdschi um so besser, als ihm derselbe zu Diensten gewesen war, so lange die Interessen dieses Günstlings noch mit den seinigen zusammenfielen.

Karl war nun seit elf Monaten zu Demotica in Tatenlosigkeit und Vergessen begraben; diese gänzliche Untätigkeit, welche plötzlich auf die heftigsten Anstrengungen folgte, hatte ihm endlich die Krankheit, die er anfangs vorgab, wirklich zugezogen. In ganz Europa glaubte man ihn tot. Der Regentschaftsrat, den er bei seinem Abgang aus Schweden in Stockholm eingesetzt hatte, hörte nichts mehr von ihm. Der Senat ging daher in corpore zu der Prinzessin Ulrike Eleonore, Schwester des Königs und bat sie, während dieser langen Abwesenheit ihres Bruders die Regentschaft zu übernehmen. Sie nahm dieselbe an, aber als der Senat sie nötigen wollte, mit dem Zaren und dem König von Dänemark, welche Schweden von allen Seiten angriffen, Frieden zu schließen, legte diese Prinzessin, welche sich wohl denken konnte, dass ihr Bruder einen solchen Frieden niemals genehmigen würde, die Regentschaft wieder nieder und schickte einen langen Bericht über diese Angelegenheit nach der Türkei.

Der König erhielt das Paket seiner Schwester zu Demotica. Der Despotismus, den er mit der Muttermilch eingesogen hatte, ließ ihn da ganz vergessen, dass Schweden einst frei gewesen war und dass der Senat ehedem das Reich in Gemeinschaft mit den Königen regiert hatte. Er betrachtete diese Körperschaft nur als einen Haufen Diener, die in Abwesenheit ihres Herrn im Hause regieren wollten. Er schrieb ihnen, wenn sie sich anmaßen wollten zu regieren, so werde er ihnen einen seiner Stiefel schicken, um von diesem die Befehle entgegen zu nehmen.

Um aber diesen vermeintlichen Angriffen auf seine Autorität in Schweden ein Ende zu machen und sein Land selbst zu verteidigen, da er von der Pforte doch nichts mehr zu hoffen hatte und nur noch auf sich selbst zählen konnte, ließ er dem Großwesir die Mitteilung machen, dass er abzureisen und seinen Weg durch Deutschland zu nehmen wünsche.

Der französische Gesandte Desaleurs, der zugleich die Interessen Schwedens vertrat, stellte diese Bitte von sich aus. »Nun!« sagte der Wesir zu Graf Desaleurs, »habe ich nicht gesagt, dass, ehe ein Jahr vergehe, der König von Schweden werde abreisen wollen? Sagt ihm, dass ihm frei gestellt bleibe zu gehen oder zu bleiben; er möge aber einen festen Entschluss fassen und den Tag seiner Abreise bestimmen, damit er uns nicht wieder in Verlegenheit bringe wie zu Bender.«

Graf Desaleurs hinterbrachte dem König diese harten Worte in einer mildern Form. Der Tag wurde festgesetzt; ehe Karl aber die Türkei verließ, wollte er, obschon ein elender Flüchtling, den Prunk eines großen Königs entfalten. Er erteilte Grothusen den Titel eines außerordentlichen Gesandten und schickte ihn mit einem Gefolge von achtzig Personen, alle prächtig gekleidet, nach Konstantinopel, um sich dort in aller Form zu verabschieden. Die geheimen Federn, die man spielen lassen musste, um das nötige Geld zu dieser Abreise zusammen zu bringen, waren jedoch weit demütigender, als die Gesandtschaft prächtig war.

Desaleurs lieh dem König vierzigtausend Taler; Grothusen hatte Agenten in Konstantinopel, welche auf seinen Namen zu fünfzig Prozent Interessen tausend Taler bei einem Juden, zweihundert Pistolen bei einem englischen Kaufmann und tausend Frank bei einem Türken entlehnten.

So brachte man eine Summe zusammen, um vor dem Diwan die glänzende Komödie der schwedischen Gesandtschaft spielen zu können. Grothusen wurden in Konstantinopel alle Ehren zu teil, welche die Pforte außerordentlichen königlichen Gesandten am Tage einer Audienz antut. Der Zweck des ganzen Lärms war indessen, Geld aus dem Großwesir herauszupressen, aber dieser Minister blieb unerbittlich.

Grothusen stellte den Antrag, eine Million bei der Pforte zu entlehnen. Der Wesir erwiderte trocken, sein Herr wisse zu geben, wenn er wolle, Geld auszuleihen sei aber unter seiner Würde; man werde dem König in reichem Maße liefern, was er für seine Reise brauche und zwar in einer Weise, die desjenigen würdig sei, der ihn entlasse; vielleicht werde ihm die Pforte auch ein Geschenk in nicht gemünztem Golde machen, man dürfe jedoch nicht darauf rechnen.

Endlich am 1. Oktober 1714 brach der König von Schweden auf, um die Türkei zu verlassen. Ein Kapidschi Pascha (Hofmarschall) mit sechs Schiaus (Furieren) erschien im Schlosse zu Demirtasch, wo Karl seit einigen Tagen wohnte, um ihn abzuholen. Er brachte ihm von seiten des Großherrn ein großes scharlachenes mit Gold gesticktes Zelt, einen Säbel, dessen Griff mit Edelsteinen geziert war und acht arabische Pferde von vollkommener Schönheit mit prächtigen Sätteln, deren Steigbügel von gediegenem Silber waren. Die Geschichte darf nicht unterlassen zu erwähnen, dass ein arabischer Stallmeister, dem die Obhut über diese Pferde übertragen war, dem König ihren Stammbaum übergab. Es ist dies seit lange her Brauch bei diesen Völkern, welche weit mehr Wert auf den Adel ihrer Pferde legen als auf den der Menschen, was vielleicht nicht so unvernünftig ist, weil diese Tierrassen, auf welche man große Sorgfalt verwendet und die sich nicht mit anderen vermischen, deshalb auch nie ausarten.

Sechzig mit Proviant aller Art beladene Wagen und dreihundert Pferde bildeten den Konvoi. Der Kapidschi Pascha wusste, dass mehrere Türken den Leuten aus dem Gefolge des Königs Geld zu hohen Interessen geliehen hatten. Er sagte dem König daher, der Wucher sei gegen die mohammedanische Glaubenslehre und er bitte den König deshalb, alle seine Schulden festzustellen und dem Residenten, den er in Konstantinopel lassen würde, zu befehlen, dass er nur das Kapital bezahlen solle. »Nein!« erwiderte der König, »wenn meine Diener Wechsel auf hundert Taler ausgestellt haben, so werde ich sie bezahlen und wenn sie auch nur zehn empfangen haben.«

Er ließ den Gläubigern den Vorschlag machen, ihn zu begleiten, mit der Versicherung, dass ihnen dann ihre Unkosten und ihre Guthaben in Schweden ausbezahlt werden würden. Mehrere unternahmen auch wirklich die Reise nach Schweden, und Grothusen trug Sorge dafür, dass sie befriedigt wurden.

Um ihrem Gaste eine besonders hohe Achtung zu bezeigen, ließen ihn die Türken nur ganz kleine Tagreisen machen; allein diese würdevolle Langsamkeit stimmte nicht mit der Ungeduld des Königs. Er stand auch unterwegs nach seiner Gewohnheit um drei Uhr morgens auf. Sobald er angekleidet war, weckte er selbst den Kapidschi und die Schiaus und befahl den Aufbruch, wenn es auch noch finstere Nacht war. Die türkische Gravität wurde durch diese neue Art zu reisen ganz aus dem Takte gebracht; aber der König fand ein Vergnügen daran, sie in Verlegenheit zu bringen, und bemerkte, er räche sich auf diese Art ein wenig wegen der Geschichte zu Bender.

Während er so der türkischen Grenze zueilte, überschritt sie Stanislaus auf einem anderen Wege und zog sich nach Deutschland zurück, und zwar in das Herzogtum Zweibrücken, ein Gebiet, welches an die rheinische

Pfalzgrafschaft und an den Elsaß grenzt und das dem König von Schweden gehörte, seitdem der Nachfolger Christinens, Karl X. diese Erbschaft der schwedischen Krone einverleibt hat. Karl wies Stanislaus die damals auf siebzigtausend Taler geschätzten Einkünfte dieses Herzogtums an. Hier endeten einstweilen so große Pläne, so kriegerische Unternehmungen, so hochfliegende Hoffnungen. Stanislaus hätte einen vorteilhaften Vertrag mit König August schließen können und wollte es auch; allein der starre Eigensinn Karls XII. brachte ihn um seinen Grundbesitz und sein wirkliches Vermögen in Polen, um ihm den leeren Titel eines Königs zu erhalten.

Stanislaus blieb bis zum Tode Karls im Herzogtum Zweibrücken. Als dieses Land dann aber wieder an einen Fürsten aus dem Hause der Pfalzgrafen zurückfiel, wählte er Weißenburg im französischen Elsaß zu seinem Aufenthalt. Der Gesandte des Königs August, Sum, beklagte sich darüber bei dem Regenten Frankreichs, dem Herzog von Orleans. Allein dieser erwiderte Herrn Sum die bemerkenswerten Worte: »Mein Herr, sagt dem König Euerm Herrn, dass Frankreich stets das Asyl unglücklicher Könige war.«

Als der König von Schweden die Grenzen Deutschlands erreichte, erfuhr er, dass der Kaiser den Befehl erteilt habe, ihn in allen ihm unterworfenen Ländern mit der gebührenden Auszeichnung zu empfangen. Die Städte und Dörfer, welche die Quartiermeister zum voraus als Stationen seiner Reise bezeichnet hatten, trafen demgemäß Anstalten zu seinem Empfang. Überall erwartete man mit Ungeduld die Ankunft dieses außerordentlichen Mannes, dessen Siege und Unfälle, dessen geringste Handlungen, ja selbst dessen Tage der Muße in Europa und Asien so viel von sich reden gemacht hatten. Aber Karl hatte durchaus keine Lust, alle diese Herrlichkeiten durchzumachen und den Leuten das Schauspiel des Gefangenen von Bender zu geben, er war sogar fest entschlossen, Stockholm nicht früher wieder zu betreten, als bis er durch ein besseres Glück seine Unfälle ausgewetzt haben würde.

Als er in Tergovitza an der Grenze Siebenbürgens eintraf, wo er seine türkische Begleitung entließ, versammelte er sein Gefolge in einer Scheune und sagte ihnen, sie möchten sich keine weitere Sorge um seine Person machen, sondern sich nur so bald als möglich in Stralsund – in Pommern am Gestade der Ostsee und etwa dreihundert Meilen von dem Ort, wo sie sich eben befanden – wieder einfinden. Er nahm nur Düring mit sich und verließ sein Gefolge ganz vergnügt, während dieses voll Bestürzung, Furcht und Trauer ihm nachsah. Er setzte eine schwarze Perücke auf, um sich unkenntlich zu machen, denn er trug sonst immer sein natürliches Haar, bekleidete sich mit einem goldbordierten Hut, einem distelfarbenen Rock und blauen Mantel, nahm den Namen eines deutschen Offiziers an und ritt mit seinem Reisegefährten auf Postpferden ab.

Er vermied nach Tunlichkeit die große Straße, das Gebiet seiner offenen und geheimen Feinde und nahm seinen Weg durch Ungarn, Mähren, Österreich, Bayern, Württemberg, die Pfalz, Westfalen und Mecklenburg. So kam er beinahe durch ganz Deutschland und verlängerte seinen Weg um die Hälfte. Am Ende des ersten Reisetags, wo es ohne Aufenthalt vorwärts ging, wurde der junge Düring, der an so außerordentliche Anstrengungen nicht so gewöhnt war wie Karl, ohnmächtig, als er vom Pferde stieg. Der König, der sich unterwegs keinen Augenblick aufhalten wollte, fragte Düring, als dieser wieder zu sich gekommen war, wie viel er Geld habe. Düring erwiderte, er habe etwa tausend Taler in Gold. »So gib mir die Hälfte,« fuhr der König fort, »ich sehe wohl, dass du nicht imstande bist, mir zu folgen; ich werde die Reise allein machen.« Düring bat, ihn nur wenigstens drei Stunden ausruhen zu lassen, und versicherte, dass er dann imstande sein würde, wieder zu Pferde zu steigen und Seine Majestät zu begleiten. Er beschwor den König, doch an die Gefahren zu denken, die ihm drohten. Aber dieser war unerbittlich, er ließ sich die fünfhundert Taler geben und verlangte Pferde. Düring war außer sich über diesen Entschluss des Königs und griff nun zu einer unschuldigen Kriegslist. Er zog den Postmeister beiseite, deutete auf den König von Schweden und sagte zu ihm: »Dieser Mensch ist mein Vetter, wir reisen zusammen in dem gleichen Geschäft; er sieht, dass ich krank bin, will aber nicht einmal drei Stunden warten; ich bitte Euch daher, gebt ihm das schlechteste Pferd aus Eurem Stalle und richtet für mich eine Kutsche oder einen Postwagen her.«

Zugleich drückte er dem Postmeister zwei Dukaten in die Hand, der nun alsbald seiner Bitte entsprach. Der König erhielt ein statisches und hinkendes Pferd und ritt nun ganz allein abends zehn Uhr in einer pechfinstern Nacht unter Sturm, Regen und Schnee ab. Nachdem sein Reisegefährte einige Stunden geschlafen hatte, machte derselbe gleichfalls sich in einem mit starken Pferden bespannten Wagen auf den Weg. Nach einigen Meilen holte er gegen Tagesanbruch den König von Schweden ein, dessen Pferd nicht mehr weiter konnte und der eben zu Fuß die nächste Poststation zu erreichen suchte.

Karl sah sich nun genötigt, in den Wagen Dürings zu steigen und schlief auf dem Stroh. Dann setzten beide ihre Reise in der Art fort, dass sie bei Tage ritten und bei Nacht in einem Wagen schliefen, sich aber nirgends aufhielten.

Nach einem sechzehntägigen Rennen, wobei sie mehrmals Gefahr liefen verhaftet zu werden, kamen sie endlich am 21. November 1714 um 1 Uhr nach Mitternacht vor den Toren der Stadt Stralsund an.

Der König rief der Schildwache zu, er sei ein vom König von Schweden aus der Türkei abgeschickter Kurier und müsse augenblicklich den Gouverneur der Festung, den General Dücker sprechen. Die Schildwache gab zur Antwort, es sei zu spät, der Gouverneur liege zu Bette, er müsse warten, bis es Tag sei.

Der König erwiderte, er komme in sehr wichtigen Angelegenheiten, und fügte hinzu, wenn die Wache den Gouverneur nicht unverzüglich wecke, so würden sie alle am nächsten Tage dafür gestraft werden. Ein Sergeant ging endlich und weckte den Gouverneur. Dücker dachte, es sei vielleicht einer der Generale des Königs von Schweden. Er ließ das Tor öffnen und man führte den Kurier in sein Zimmer. Dücker, der noch halb im Schlafe war, fragte ihn, was er Neues vom König von Schweden brächte. Da schüttelte ihn der König beim Arm und rief: »Wie! was! Dücker! Haben mich denn auch meine treuesten Untertanen vergessen?« – Jetzt erkannte der General den König; er wollte erst seinen Augen nicht trauen, dann warf er sich aus dem Bette, umarmte die Kniee seines Herrn und brach in Freudentränen aus. Im Nu verbreitete sich die Nachricht durch die ganze Stadt, alles stand auf, die Soldaten drängten sich um das Haus des Gouverneurs. Die Straßen füllten sich mit Einwohnern, die einander fragten: »Ist es denn wahr, dass der König hier ist?« – Alle Fenster wurden erleuchtet, der Wein floss in den Gassen beim Schimmer von tausend Fackeln, beim Donner der Kanonen.

Unterdessen führte man den König in sein Schlafzimmer, seit sechzehn Tagen hatte er in keinem Bette gelegen. Man musste ihm die Stiefel von den Beinen schneiden, so sehr waren diese von der außerordentlichen Anstrengung angeschwollen. Er hatte weder Weißzeug noch Kleider; man stellte ihm in aller Eile aus dem, was sich in der Stadt Passendes vorfand, eine Garderobe zusammen. Nachdem Karl einige Stunden geschlafen hatte, erhob er sich, um eine Revue über seine Truppen abzuhalten und die Festungswerke zu besichtigen. Noch an dem gleichen Tage sandte er nach allen Richtungen Weisungen, die den Krieg energischer als je gegen seine Feinde wieder aufzunehmen befahlen. – Alle diese, dem außerordentlichen Charakter Karls XII. entsprechenden Eigentümlichkeiten wurden mir zuerst durch Herrn Fabrice mitgeteilt und dann durch den

Grafen von Croissi, der Gesandter bei diesem Fürsten war, bestätigt.

Die politische Lage des christlichen Europas war aber damals eine ganz andere, als da Karl es im Jahr 1709 verlassen hatte.

Der Krieg, welcher ganz Westeuropa, das heißt Deutschland, England, Holland, Frankreich, Spanien, Portugal und Italien so lange Zeit zerrissen hatte, war erloschen. Dieser allgemeine Frieden war durch kleine am englischen Hofe entstandene Zwistigkeiten herbeigeführt worden. Der Graf von Oxford, ein geschickter Minister, und Lord Bolingbroke, einer der geistreichsten Köpfe und der größte Redner seines Jahrhunderts trugen den Sieg über den berühmten Herzog von Marlborough davon und veranlassten die Königin Anna mit Ludwig XIV. Frieden zu schließen. Sobald Frankreich mit England ausgesöhnt war, nötigte es auch die übrigen Mächte sich dem Übereinkommen anzuschließen.

Der Enkel Ludwigs XIV., Philipp V. begann in Ruhe über die Trümmer der spanischen Monarchie zu herrschen. Der deutsche Kaiser, der jetzt auch Herr von Neapel und Flanderen geworden war, befestigte sich in seinen weiten Reichen. Ludwig XIV. aber strebte nur noch danach, seine lange Laufbahn in Frieden zu beenden.

Die Königin Anna von England war am 10. August 1714 gestorben. Sie nahm den Hass der einen Hälfte der Nation mit ins Grab, weil sie so vielen Staaten den Frieden geschenkt hatte. Da ihr Bruder Jakob Stuart, jener unglückliche, beinahe von der Geburt an vom Throne ausgeschlossene Prinz, damals nicht in England erschien, um eine Erbschaft in Anspruch zu nehmen, welche ihm ein neues Gesetz sicher zuerkannt haben würde, wenn seine Partei die Oberhand erhielt, so wurde der Kurfürst von Hannover als Georg I. einstimmig zum König von Großbritannien gewählt. Der Thron fiel diesem Fürsten somit nicht kraft des Geblüts zu, obschon er von einer Tochter Jakobs abstammte, sondern auf Grund einer Parlamentsakte.

Georg, in bereits vorgerücktem Alter zur Regierung eines Landes berufen, dessen Sprache er nicht verstand und in dem ihm alles fremd war, betrachtete sich stets mehr als Kurfürst von Hannover, denn als König von England. Sein ganzer Ehrgeiz ging darauf aus, seine deutschen Staaten zu vergrößern. Beinahe alljährlich kam er über das Meer, um seine alten Untertanen wieder zu sehen, von denen er angebetet wurde. Im übrigen gefiel es ihm besser als Mensch zu leben denn als Herrscher. Der Prunk der Königswürde war für ihn eine schwere Last. Er lebte im Kreise einiger alter Höflinge, mit denen er auf einem vertrauten Fuße stand und wenn er keineswegs derjenige europäische Fürst war, welcher am meisten Glanz entfaltete, so war er dafür einer der weisesten Regenten und der einzige, der auf dem Throne zugleich die Süßigkeiten des Privatlebens und der Freundschaft kostete. – Dies waren die hervorragenden Monarchen und solcher Art die Lage des mittäglichen Europa.

Die im Norden eingetretenen Veränderungen waren anderer Natur. Die dortigen Könige befanden sich im Kriegszustand und im Bunde gegen den König von Schweden.

August hatte längst wieder den Thron von Polen bestiegen, und zwar mit Hilfe des Zaren und unter Zustimmung des deutschen Kaisers, Annas von England und der Generalstaaten, welche sämtlich den Frieden von Altranstädt garantiert hatten, so lange Karl XII. noch das Gesetz gab, und die ihre Bürgschaft alsbald fallen ließen, als er nicht mehr zu fürchten war.

Aber August blieb nicht im ruhigen Besitze seiner Macht. Als die Republik Polen ihren König wieder aufnahm, ließ sie damit auch ihre Furcht vor der Willkürherrschaft wieder herein. Sie erhob sich in Waffen, um jenen zu nötigen, die pacta conventa einen zwischen Volk und König errichteten geheiligten Vertrag anzuerkennen, und schien ihren Herrn nur deshalb zurückberufen zu haben, um ihm den Krieg zu erklären. Zu Anfang dieser Wirren hörte man den Namen

Stanislaus nicht nennen; seine Partei schien vernichtet und man gedachte auch des Königs von Schweden in Polen nur wie eines Stroms, der eine Zeitlang den Lauf aller Dinge bei seinem Durchgang geändert hatte.

Poltawaund die Abwesenheit Karls XII. hatte nicht nur den Fall von Stanislaus verursacht, sondern auch den des Herzogs von Holstein, Neffen Karls, nach sich gezogen, den der König von Dänemark seines Landes beraubte. Der König von Schweden hatte den Vater zärtlich geliebt; das Unglück des Sohnes ging ihm sehr zu Herzen. Da er in seinem Leben nur für den Ruhm gearbeitet hatte, so war der Fall der Herrscher, die er gemacht oder wieder eingesetzt hatte, für ihn ebenso empfindlich wie der Verlust so vieler Provinzen.

Man stritt sich in der Tat, wer sich durch diese Verluste bereichern sollte. Friedrich Wilhelm, inzwischen König von Preußen geworden und ebenso kriegslustig als sein Vater friedliebend gewesen war, begann damit, sich Stettin und einen Teil von Pommern ausfolgen zu lassen, worauf er einige Rechte hatte, da er dem König von Dänemark und dem Zaren viermalhunderttausend Taler vorgestreckt hatte.

Ebenso hatte der zum König von England erhobene Kurfürst Georg von Hannover das Herzogtum Bremen und Verden eingezogen, das ihm der König von Dänemark als Pfand für sechzigtausend Pistolen überwiesen hatte. So verfügte man über die Länder, die man Karl XII. entrissen hatte, und diejenigen, welche diese Beutestücke in ihren Gewahrsam nahmen, wurden um ihres Interesses willen ebenso gefährliche Feinde, wie diejenigen, welche sie weggenommen hatten.

Was den Zaren betrifft, so war er ohne Zweifel am meisten zu fürchten: seine früheren Niederlagen, seine Siege, seine Fehler sogar, die Beharrlichkeit, womit er sich selbst instruierte und seinen Untertanen zeigte, was er gelernt hatte, seine beständigen Arbeiten hatten ihn zu einem großen Manne in jeder Richtung gemacht. Bereits hatte er

Riga genommen; Livland, Ingermanland, Karelien, die Hälfte von Finnland, lauter Provinzen, welche die Vorfahren Karls erobert hatten, beugten sich jetzt unter das Joch des Moskowiters. Peter Alexjewitsch, welcher zwanzig Jahre früher nicht eine Barke in der Ostsee gehabt hatte, war jetzt Herr dieses Meeres und besaß eine Flotte von dreißig großen Linienschiffen.

Eines dieser Schiffe war aus seinen eigenen Händen hervorgegangen; er war der beste Schiffszimmermann, der beste Admiral, der beste Steuermann des Nordens. Vom Bosnischen Meerbusen bis an das Atlantische Meer, gab es keinen schwierigen Durchgang, den er nicht persönlich sondiert hatte, wobei er die Arbeit eines Matrosen mit den Erfahrungen eines Philosophen und den Plänen eines Kaisers verband und allmählich und auf der Staffel der Siege zum Admiral aufstieg, wie er zu Land zum General herauf gedient hatte.

Während der Fürst Gallitzin, den er selbst zum General herangebildet hatte und einer der Männer, die ihn bei seinen Unternehmungen besonders unterstützten, die Eroberung Finnlands vollendete, die Stadt Wasa einnahm und die Schweden schlug, stach der Kaiser selbst in die See, um die in der Ostsee nur zwölf Stunden von Stockholm gelegene Insel Aland zu erobern.

Im Juli 1714 zog er zu dieser Unternehmung aus, während sein Nebenbuhler Karl XII. zu Demotica im Bette lag. Er schiffte sich im Hafen von Cronslot ein, den er vor einigen Jahren in einer Entfernung von vier Meilen von St. Petersburg angelegt hatte. Dieser neue Hafen, die Flotte, die derselbe enthielt, die Offiziere und Matrosen, die diese bemannten, das alles war sein Werk und wohin er schauen mochte, so sah er nichts, was er nicht in irgend einer Weise geschaffen hätte.

Am 15. Juli schwamm die russische Flotte in der Höhe von Aland. Sie zählte dreißig Linienschiffe, achtzig Galeeren und hundert Halbgaleeren. Auf ihr befanden sich zwanzigtausend Soldaten; Admiral Apraxin befehligte sie; der russische Kaiser diente in der Eigenschaft eines Konteradmirals darauf.

Am 16. kam ihr die schwedische Flotte unter dem Kommando des Vizeadmirals Ehrensköld entgegen; sie war um zwei Drittel schwächer, gleichwohl schlug sie sich drei Stunden lang. Der Zar machte sich an das Schiff Ehrenskölds und nahm es nach einem hartnäckigen Kampfe.

Noch am Tage des Sieges schiffte er sechzehntausend Mann auf Aland aus, und nachdem er viele schwedische Soldaten, welche sich nicht mehr auf Ehrenskölds Flotte hatten einschiffen können, gefangen genommen, führte er sie auf seinen Schiffen fort. Mit Ehrenskölds Hauptschiff, drei Linienschiffen von geringerer Größe, einer Fregatte und sechs Galeeren, deren er sich im Kampfe bemächtigt hatte, kehrte er nach seinem Hafen von Cronslot zurück.

Von Cronslot fuhr er mit seiner ganzen siegreichen Flotte und den dem Feinde abgenommenen Schiffen nach dem Hafen von St. Petersburg. Dort wurde er durch eine dreifache Salve von hundertfünfzig Kanonen begrüßt; dann hielt er einen triumphierenden Einzug, der ihm noch mehr schmeichelte als der Einzug in Moskau, weil er diese Ehren in seiner Lieblingsstadt entgegen nahm, an einem Orte, wo es zehn Jahre vorher noch keine Hütte gegeben und wo jetzt vierunddreißigtausendfünfhundert Häuser standen; endlich, weil er sich nicht nur an der Spitze einer siegreichen Flotte befand, sondern weil es zugleich die erste russische Flotte war, die man überhaupt jemals in der Ostsee gesehen hatte, und die einer Nation entstammte, welche vor ihm eine Flotte nicht einmal dem Namen nach gekannt hatte.

Man beobachtete zu St. Petersburg ungefähr die nämlichen Zeremonien, wie bei dem Moskauer Schauspiel. Der schwedische Vizeadmiral war die Hauptzierde des neuen Triumphes; Peter Alexjewitsch erschien dabei in der Eigenschaft als Konteradmiral. Der russische Bojar Romanodowski, welcher bei feierlichen Gelegenheiten den Zaren vorstellte, saß auf einem Throne mit zwölf Senatoren zur Seite. Der Konteradmiral überreichte ihm seinen Siegesbericht und wurde in Anbetracht seiner Dienste zum Vizeadmiral ernannt; ein sonderbares Schauspiel, das aber in einem Lande, wo die militärische Subordination unter die Neuerungen gehörte, welche der Zar eingeführt hatte, nicht ohne Bedeutung war.

Der russische Kaiser hatte endlich die Schweden zur See wie zu Lande besiegt, er hatte geholfen sie aus Polen zu vertreiben und herrschte nun selbst dort. Er hatte sich zum Vermittler zwischen der Republik und August aufgeworfen, was ihm vielleicht ebensoviel Ruhm einbrachte, als wenn er dort einen König eingesetzt hätte. Der Glanz und alles Glück Karls war auf den Zaren übergegangen, und er genoss dasselbe in besserer Weise als sein Nebenbuhler, denn er nützte alle seine Erfolge zum Fortschritte seines Landes aus. Wenn er eine Stadt nahm, so mussten die ersten Kunsthandwerker ihre Industrie nach St. Petersburg überführen; die Gewerbe, die Künste, die Wissenschaften der den Schweden entrissenen Provinzen trug er sämtlich

auf Russland über: durch seine Siege wurden seine Staaten bereichert und so wurde er derjenige Eroberer, der am meisten zu entschuldigen war.

Schweden dagegen, jetzt fast aller seiner jenseits des Meeres gelegenen Provinzen beraubt, besaß weder Handel, noch Geld, noch Kredit mehr. Seine alten, so furchtbaren Truppen waren in den Schlachten oder im Elend zugrunde gegangen. Mehr als hunderttausend Schweden schmachteten als Sklaven in den weiten Staaten des Zaren, fast ebensoviele waren an die Türken und Tataren verkauft. Der Mangel an Menschen war empfindlich, aber die Hoffnung lebte wieder auf, sobald man erfuhr, dass sich der König zu Stralsund befinde.

Die Verehrung und Bewunderung für ihn lebte noch so mächtig im Geiste seiner Untertanen, dass sich die ländliche Jugend in Menge herandrängte, um sich einreihen zu lassen, obschon es dem Lande an Händen zur Bebauung fehlte.

Achtes Buch.

Karl verheiratet seine Schwester mit dem Prinzen von Hessen. Er wird in Stralsund belagert und flüchtet nach Schweden. Unternehmungen des Barons von Görtz, seines ersten Ministers. Plan einer Aussöhnung mit dem Zaren und einer Landung in England. Karl belagert Frederikshall *in Norwegen. Er wird dort getötet. Sein Charakter. Görtz wird enthauptet.*

Inmitten dieser Kriegsvorbereitungen verheiratete Karl seine noch übrige Schwester Ulrike Eleonore mit dem Prinzen Friedrich von Hessen-Kassel. Die Königin-Witwe, Großmutter Karls XII. und der Prinzessin, und nunmehr achtzig Jahre alt, machte am 4. April 1715 die Honneurs dieses Festes im Schlosse von Stockholm und starb bald darauf.

Der König beehrte diese Vermählung nicht mit seiner Gegenwart; er blieb in Stralsund, wo er sich damit beschäftigte, die Befestigungen dieses wichtigen von den Königen von Dänemark und Preußen bedrohten Platzes zu vollenden. Inzwischen ernannte er seinen Schwager zum Obergeneral seiner Armee in Schweden. Dieser Prinz hatte den Generalstaaten in den Kriegen gegen Frankreich gedient und galt für einen guten General, welche Eigenschaft nicht wenig dazu beitrug, dass ihm Karl XII. seine Schwester gab.

Die Unfälle folgten nun bei Karl so rasch aufeinander wie ehedem die Siege. Im Juli des nämlichen Jahres 1715 berannten die deutschen Truppen des Königs von England und diejenigen Dänemarks die feste Stadt Wismar. Zu gleicher Zeit marschierten die vereinigten Dänen und Sachsen sechsunddreißigtausend Mann stark gegen Stralsund, um es zu belagern. Die Könige von Dänemark und Preußen bohrten in der Nähe von Stralsund fünf schwedische Schiffe in den Grund. Der Zar befand sich damals mit zwanzig großen Kriegsschiffen und hundertfünfzig Transportschiffen, mit dreißigtausend Mann an Bord, auf der Ostsee. Er bedrohte Schweden mit einer Landung; bald rückte er bis an die Küste von Helsingborg vor, bald erschien er auf der Höhe von Stockholm. Ganz Schweden stand in

Waffen an der Küste und erwartete alle Augenblicke die Landung. Zu gleicher Zeit verjagten die russischen Landtruppen die Schweden nach und nach aus allen festen Plätzen, welche die letzteren noch in Finnland gegen den Bottnischen Meerbusen hin besaßen. Doch dehnte der Zar seine Unternehmungen nicht weiter aus.

An der Mündung der Oder, welche Pommern in zwei Teile teilt und die, nachdem sie an Stettin vorüber ist, in die Ostsee fällt, liegt die kleine Insel Usedom. Dieser Punkt ist sehr wichtig durch seine Lage, welche den rechten und den linken Arm der Oder beherrscht. Wer Herr dieser Insel ist, hat auch die Schifffahrt auf dem Flusse in seiner Gewalt. Der König von Preußen hatte die Schweden von der Insel vertrieben und sich ihrer wie auch Stettins bemächtigt, welches er, wie er sagte, lediglich aus Friedensliebe einstweilen in Verwahrung nahm. Im Mai 1715 hatten die Schweden jedoch die Insel Usedom wieder genommen. Sie besaßen zwei Forts auf derselben, das Fort Swinemünde an demjenigen Arm der Oder, der diesen Namen trägt, und das Fort Peenemünde am anderen Flussarm. Das letztere war das bedeutendere. Zur Bewachung dieser zwei Forts und der ganzen Insel waren nur zweihundertfünfzig Pommern verfügbar, welche ein alter schwedischer Offizier namens Kuse-Slerp befehligte, dessen Namen der Aufbewahrung würdig ist.

Am 4. August ließ der König von Preußen fünfzehnhundert Fußsoldaten und achthundert Dragoner auf der Insel landen. Sie betraten die Insel auf der Seite des Forts Swinemünde, ohne dass ihnen die Landung verwehrt wurde. Der schwedische Kommandant überließ ihnen vielmehr dieses Fort als das weniger wichtige und zog sich, da er seine wenigen Leute nicht noch mehr zersplittern wollte, nach dem Schloss von Peenemünde zurück, fest entschlossen dieses aufs äußerste zu verteidigen.

Man musste ihn daher regelrecht belagern. Zu dem Ende wurde in Stettin Artillerie eingeschifft und die preußische

Abteilung noch durch tausend Fußsoldaten und vierhundert Reiter verstärkt. Am 18. August wurde die Tranchee an zwei Punkten eröffnet und das Fort mit Kanonen und Mörsern lebhaft beschossen. Während der Belagerung gelang es einem, insgeheim mit einem Briefe Karls XII. betrauten Soldaten auf der Insel zu landen und sich nach Peenemünde durchzustehlen. Er übergab dem Kommandanten den Brief, der folgende Zeilen enthielt: »Feuert nicht, bis sich der Feind am Grabenrande befindet, verteidigt Euch bis zum letzten Blutstropfen. Ich empfehle Euch Eurem guten Glück. Karl.«

Slerp las den Brief und beschloss zu gehorchen und wie ihm befohlen war, im Dienste seines Königs zu sterben. Am 22. mit Tagesanbruch stürmte der Feind. Die Belagerten eröffneten ihr Feuer nicht eher, als bis sie die Belagerer am Grabenrand erblickten und töteten ihnen eine große Menge. Aber der Graben wurde ausgefüllt, die Bresche war breit und die Zahl der Stürmenden allzu überlegen. Sie drangen an zwei Stellen zugleich in das Schloss. Der Kommandant dachte jetzt nur noch daran, sein Leben möglichst teuer zu verkaufen und dem Schreiben seines Königs zu gehorchen. Er verließ also die Bresche, wo der Feind eindrang und brachte die kleine Truppe, welche Kühnheit und Treue genug besaß, um ihm zu folgen, in der Nähe einer Bastion so unter, dass sie nicht umzingelt werden konnte. Die Feinde stürmen auf ihn los und staunen, dass er nicht um Pardon bittet. Er schlägt sich noch eine ganze Stunde und nachdem er die Hälfte seiner Leute verloren hat, wird er endlich mit seinem Leutnant und seinem Quartiermeister getötet. Die hundert Mann, welche jetzt mit einem einzigen Offizier noch übrig waren, baten um ihr Leben und wurden kriegsgefangen. In der Tasche des Kommandanten fand man den Brief seines Herrn, welcher dem König von Preußen überbracht wurde.

Während Karl die Insel Usedom und die benachbarten Inseln verlor, während Wismar auf dem Punkte stand sich zu ergeben, während er keine Flotte mehr hatte und

Schweden mit einer Landung bedroht war, befand er sich selbst in der Stadt Stralsund, die von sechsunddreißigtausend Mann belagert wurde.

Stralsund, das durch die Belagerung, welche der König von Schweden dort aushielt, einen Namen in Europa erhalten hat, ist die stärkste Festung Pommerns. Sie liegt am Göllensunde zwischen der Ostsee und dem Frankensee. Vom Lande her kann man nur auf einer schmalen Straße dahin gelangen; welcher Zugang durch Schanzen verteidigt wurde, die man für unnahbar hielt. Die Festung hatte eine Garnison von neuntausend Mann und überdies den König von Schweden selbst. Die Könige von Dänemark und Preußen betrieben die Belagerung mit einer Armee von sechsunddreißigtausend Mann, die aus Preußen, Dänen und Sachsen zusammengesetzt war.

Die Ehre, Karl XII. zu belagern, war ein so drängender Beweggrund, dass man alle Hindernisse zu überwinden wusste und die Tranchee in der Nacht vom 19. auf den 20. Oktober 1715 eröffnete. Zu Anfang der Belagerung sagte der König von Schweden, er begreife nicht, wie ein gut befestigter und mit einer genügenden Garnison versehener Platz genommen werden könne. Er selbst hatte im Laufe seiner früheren Eroberungen mehrere Festungen eingenommen, aber fast nie durch eine regelrechte Belagerung. Der Schrecken vor seinen Waffen hatte damals alles getan. Überdies beurteilte er sich nicht nach den anderen und unterschätzte seine Feinde. Die Belagerer beeilten ihre Arbeiten mit einer Tätigkeit und einer Anstrengung, die durch einen eigentümlichen Glücksfall noch begünstigt wurden. Die Ostsee hat bekanntlich keine Ebbe und Flut. Die Schanze, welche die Stadt deckte und die sich auf der Westseite an einen unpassierbaren Sumpf, auf der Ostseite aber an das Meer lehnte, schien keinerlei Angriff besorgen zu dürfen. Niemand hatte darauf geachtet, dass, wenn die Westwinde mit einiger Heftigkeit bliesen, sie die Wasser der Ostsee ostwärts trieben, so dass vor der Schanze, die man durch ein unpassierbares

Meer gedeckt glaubte, nur eine Wassertiefe von drei Fuß war. Zufällig fiel ein Soldat dort von der Schanze ins Meer und war höchlich erstaunt, Boden zu finden. Er erkannte, dass diese Entdeckung sein Glück machen müsste, desertierte daher und begab sich in das Quartier des Grafen Wackerbarth, Kommandanten der sächsischen Truppen, welchem er die Mitteilung machte, dass man das Meer vor der Schanze durchwaten und so ohne Mühe dort eindringen könne. Der König der Preußen säumte nicht, sich dieses Fingerzeigs zu bedienen.

Schon am folgenden Tage um Mitternacht, als noch der Westwind wehte, stieg der Oberstleutnant Koppen mit achtzehnhundert Mann ins Wasser, während zweitausend Mann auf der Straße vorrückten, die nach der Schanze führte. Die ganze preußische Artillerie setzte sich ins Feuer, und Preußen und Dänen machten auf einer anderen Seite eine Demonstration.

Die Schweden glaubten die zweitausend Mann, die sie dem Anschein nach so tollkühn auf der Straße anrücken sahen, mit Leichtigkeit zurückwerfen zu können, als plötzlich Koppen mit seinen achtzehnhundert Mann von der Seeseite her in die Schanze drang. Die Schweden sahen sich umringt und überrascht und waren außerstande sich zu verteidigen. Der Posten wurde nach einem großen Blutbad genommen. Ein Teil der Besatzung flüchtete sich nach der Stadt, die Stürmenden folgten und drangen untermischt mit den Fliehenden dort ein. Zwei sächsische Offiziere und vier Soldaten waren schon auf der Zugbrücke, aber man fand noch Zeit diese aufzuziehen. Die Sachsen wurden gefangen und die Stadt war für diesmal noch gerettet.

Man fand in dieser Schanze vierundzwanzig Kanonen, die sofort gegen Stralsund gerichtet wurden. Die Belagerung aber wurde mit dem Eifer und dem Vertrauen vorwärts betrieben, wie sie ein solcher erster Erfolg geben mussten. Man kanonierte und bombardierte die Stadt fast ohne Aufhören.

Gegenüber Stralsund liegt die Insel Rügen, welche dieser Festung als Rückwall dient und wohin die Garnison und die Bürger sich hätten zurückziehen können, wenn sie die nötigen Transportschiffe gehabt hätten. Die Insel war für Karl somit von der höchsten Wichtigkeit; er sah wohl ein, dass, wenn der Feind sich derselben bemeisterte, er zu Land und zur See eingeschlossen würde, und ihm dann allem Anschein nach keine andere Wahl bliebe, als sich unter den Trümmern von Stralsund zu begraben oder sich denselben Feinden zu ergeben, die er so lange Zeit verachtet und denen er so harte Bedingungen auferlegt hatte. Indessen hatte ihm der traurige Zustand seiner Angelegenheiten nicht erlaubt, auf Rügen eine genügende Garnison zu lassen. Es standen dort nur zweitausend Mann.

Seit drei Monaten trafen seine Feinde alle nötigen Vorkehrungen, um auf dieser schwer zugänglichen Insel zu landen. Endlich schiffte der Prinz von Anhalt, nachdem er vorher die nötige Anzahl Barken hatte erbauen lassen, am 15. November, unterstützt von einer günstigen Witterung, dort zwölftausend Mann aus. Der überall gegenwärtige König befand sich gerade auf der Insel; er suchte seine zweitausend Soldaten auf, die sich in der Nähe eines kleinen Hafens etwa drei Stunden von dem Orte, wo der Feind gelandet war, verschanzt hatten. Sofort stellte er sich an ihre Spitze und marschierte mitten in der Nacht in tiefster Stille gegen den Feind. Aber bereits hatte sich der Prinz von Anhalt mit einer Vorsicht, die damals unnötig schien, ebenfalls verschanzt. Die Offiziere, die unter ihm kommandierten, erwarteten nicht in dieser Nacht noch angegriffen zu werden und glaubten Karl XII. in Stralsund; allein der Prinz von Anhalt, der wohl wusste, wessen Karl fähig war, hatte einen tiefen Graben, an dessen jenseitigem Rande er spanische Reiter aufstellte, aufwerfen lassen, und überhaupt alle Sicherheitsmaßregeln getroffen, wie wenn er eine überlegene Armee zu bekämpfen hätte.

Um zwei Uhr morgens langte Karl, ohne das geringste Geräusch zu machen, vor dem Feinde an. Seine Soldaten riefen jetzt einander zu: »Reißt die spanischen Reiter weg!« – Diese Worte wurden von den Schildwachen gehört, die alsbald das Lager alarmierten. Der Feind trat unter die Waffen. Als der König die spanischen Reiter beseitigt hatte, sah er einen tiefen Graben vor sich. »Ach!« rief er, »ist das möglich? das habe ich nicht erwartet!« – Doch entmutigte ihn diese Überraschung nicht; er wusste nicht, wie viele Truppen der Gegner ausgeschifft hatte; und dieser wusste seinerseits nicht, mit welch kleiner Zahl er es zu tun hatte. Die Dunkelheit der Nacht schien Karl zu begünstigen; er fasst sofort seinen Entschluss und wirft sich, begleitet von den kühnsten und bald von allen übrigen gefolgt, in den Graben. Die spanischen Reiter, die aufgeworfene Erde, Baumstämme und Zweige, die man in der Nähe fand und die durch Flintenschüsse zufällig getöteten Soldaten selbst dienten als Faschinen. Der König, die Generale seines Gefolges, die Offiziere und die verwegensten Soldaten stiegen einander auf die Schultern. Ein Kampf entspinnt sich in dem feindlichen Lager; der schwedische Ungestüm bringt die Dänen und Preußen anfangs in Unordnung; aber die Zahlen waren zu ungleich, nach einer Viertelstunde wurden die Schweden zurückgeworfen und mussten über den Graben zurück. Der Prinz von Anhalt verfolgte sie bis in die Ebene; er wusste nicht, dass in diesem Augenblick Karl XII. selbst vor ihm floh. Dieser unglückliche König sammelte noch einmal seine Truppen auf freiem Felde, und der Kampf begann von beiden Seiten von neuem mit gleicher Hartnäckigkeit. Der Liebling des Königs, Grothusen und der General Dahldorf fielen an seiner Seite. Mitten im Kampfe schritt Karl über den Körper des letzteren, der noch atmete. Auch Düring, der ihn auf seiner Reise von der Türkei nach Stralsund allein begleitet hatte, wurde unter seinen Augen getötet.

Mitten im Handgemenge erkannte ein dänischer Leutnant, dessen Namen ich nicht habe erfahren können, Karl, hielt mit der einen Hand dessen Degen fest und fasste ihn mit der anderen an den Haaren, indem er ihm zurief: »Ergebt Euch, Sire, oder ich töte Euch.« – Karl hatte eine Pistole im Gürtel, er schoss sie mit der linken Hand auf den Offizier ab, der am anderen Tage an der Verwundung starb. Der Name König Karl, den dieser Däne ausgerufen, zog alsbald eine Menge Feinde herbei. Der König sah sich im Nu umringt und erhielt einen Flintenschuss unter der linken Brust. Dieser Schuss, den er eine Quetschung nannte, war zwei Finger tief. Der König war zu Fuß und nahe daran, getötet oder gefangen zu werden. Der Graf Poniatowski kämpfte eben in seiner Nähe. Er hatte ihm das Leben bei Poltawagerettet, er hatte das Glück, ihn auch in diesem Gefecht auf Rügen zu retten und brachte ihn auf ein Pferd.

Die Schweden zogen sich nach einem Punkte auf der Insel zurück, der Altefähr heißt, wo sie noch ein Fort besaßen. Von da ging der König nach Stralsund hinüber und sah sich genötigt, seine tapferen Truppen zu verlassen, die ihm bei diesem Unternehmen so wacker an die Hand gegangen waren. Zwei Tage später wurden sie kriegsgefangen.

Unter diesen Gefangenen befand sich auch das unglückliche französische Regiment, welches aus den Trümmern von Hochstätt zusammengesetzt zuerst in den Dienst des Königs August und von da in den des Königs von Schweden übergetreten war. Die meisten Soldaten wurden jetzt in ein neues Regiment gesteckt, das dem Sohn des Prinzen von Anhalt gehörte, der nun ihr vierter Herr wurde. Der Kommandant dieses Wanderregiments war noch immer jener nämliche Graf von Villelongue, der zu Adrianopel sein Leben so edelmütig im Interesse Karls XII. gewagt hatte. Er wurde mit seiner Truppe gefangen genommen und nachher für so viel Dienste, Strapazen und Leiden sehr schlecht belohnt.

Nach all diesen Wundern von Tapferkeit, die nur dazu dienten, seine Kräfte zu schwächen, war der König, ungeachtet er in Stralsund eingeschlossen und auf dem Punkte war, zu erliegen, noch derselbe, wie man ihn zu Bender gesehen hatte. Er schrak vor nichts zurück: bei Tage ließ er Einschnitte und Verschanzungen hinter den Mauern anlegen, bei Nacht machte er Ausfälle. Inzwischen wurde in Stralsund Bresche gelegt, die Bomben regneten auf die Häuser, und die Hälfte der Stadt lag in Asche. Die Bürger, weit entfernt zu murren und voll Bewunderung für ihren Herrn, dessen Anstrengungen, Mäßigkeit und Mut sie in Erstaunen setzten, waren unter ihm alle zu Soldaten geworden. Sie begleiteten ihn bei den Ausfällen; sie bildeten für ihn eine zweite Garnison.

Eines Tages als der König einem Sekretär Briefe für Schweden diktierte, fiel eine Bombe auf das Haus, schlug durch das Dach und platzte neben dem Zimmer des Königs. Die Hälfte des Fußbodens ging in Stücke, das Kabinett, in welchem der König diktierte, war aber zum Teil in eine dicke Mauer eingelassen und litt deshalb nichts durch die Erschütterung, und durch ein merkwürdiges Glück flog keiner der Bombensplitter in das Kabinett, dessen Türe offen war. Beim Geräusch der Bombe und dem Krachen des Hauses, das einstürzen zu wollen schien, entfiel den Händen des Sekretärs die Feder. »Was gibt es?« sagte der König mit ruhiger Miene zu ihm; »warum schreibt Ihr nicht weiter?« – Dieser brachte nichts heraus als: »Ach, Sire, die Bombe!« – »Nun,« erwiderte der König, »was hat denn die Bombe mit dem Briefe gemein, den ich Euch diktiere? Schreibt weiter!«

Damals war ein französischer Gesandter mit dem König von Schweden in Stralsund eingeschlossen. Es war ein Colbert, Graf von Croissi, Generalleutnant der französischen Armee, Bruder des berühmten Staatsministers Marquis von Torci und Verwandter des großen Colbert, dessen Namen in Frankreich unsterblich ist. Einen Mann in die Tranchee oder auf Gesandtschaft zu Karl XII. zu schicken, war beinahe dasselbe. Der König unterhielt sich mit Croissi stundenlang an den ausgesetztesten Punkten, während Kanonenkugeln und Bomben neben und hinter ihnen Leute töteten, ohne dass der König die Gefahr bemerkte, oder der Gesandte ihn auch nur hätte ahnen lassen mögen, dass es Orte gäbe, die sich besser zur Besprechung öffentlicher Angelegenheiten eigneten. Dieser Minister tat schon vor der Belagerung sein möglichstes, um eine Vereinbarung zwischen den Königen von Schweden und Preußen herbeizuführen; aber letzterer verlangte zu viel und Karl XII. wollte gar nichts abtreten. Der Graf von Croissi hatte daher während seiner Gesandtschaft nur die Genugtuung, dass er mit diesem sonderbaren Manne in vertrautem Umgang lebte. Er schlief oft neben ihm auf dem gleichen Mantel; da er Gefahren und Strapazen mit ihm teilte, hatte er das Recht erworben, frei mit ihm sprechen zu dürfen. Karl ermutigte diese Kühnheit bei solchen, die er liebte. Er pflegte zum Grafen von Croissi zu sagen: »Veni, maledicamus de rege; kommt, wir wollen ein bißchen auf Karl XII. schimpfen!« So hat mir dieser Gesandte selbst erzählt.

Croissi blieb bis zum 13. November in der Stadt; als er dann endlich vom Feind die Erlaubnis erhalten hatte, mit seiner Bagage abzuziehen, verabschiedete er sich von dem König von Schweden, der unter den Trümmern von Stralsund mit einer um zwei Dritteile zusammengeschmolzenen Garnison entschlossen war einen Sturm auszuhalten.

Zwei Tage später wurde wirklich das Hornwerk gestürmt. Die Feinde bemächtigten sich zweimal desselben und wurden zweimal wieder daraus vertrieben. Der König kämpfte dabei immer unter den Grenadieren; endlich siegte die Überzahl, die Stürmenden blieben Herren des Werks. Karl verweilte noch zwei Tage in der Stadt, wo man jeden Augenblick einen allgemeinen Sturm erwartete. Noch am 19. blieb er bis Mitternacht auf einem kleinen, von Bomben und Kanonenkugeln ganz zerstörten Ravelin; am Tage darauf beschworen ihn die höheren Offiziere nicht länger in einer Festung zu verharren, die nicht mehr verteidigungsfähig war. Aber der Rückzug war jetzt ebenso gefährlich geworden, wie das Verbleiben in dem Platze. Die Ostsee war mit russischen und dänischen Schiffen bedeckt; während sich im Hafen von Stralsund nur ein kleines Segel- und Ruderschiff befand. Die vielen Gefahren, welche diesen Rückzug zu einem ehrenvollen machten, bestimmten endlich Karl dazu ihn zu versuchen. In der Nacht des 20. Dezembers 1715 schiffte er sich mit nur zehn Personen ein. Man musste erst das Eis einschlagen, womit der Hafen bedeckt war. Es brauchte mehrere Stunden mühsamer Arbeit, bis die Barke endlich frei schwimmen konnte. Die feindlichen Admirale hatten den bestimmtesten Befehl, Karl nicht aus Stralsund hinauszulassen, sondern ihn tot oder lebendig zu fangen. Zum Glück waren sie unter dem Wind und konnten so nicht an ihn kommen. Eine noch größere Gefahr lief der König, als er an der Insel Rügen, in der Nähe eines die Babrette genannten Ortes, wo die Dänen eine Batterie von zwölf Geschützen errichtet hatten, vorüber fuhr. Sie schossen auf den König. Die Matrosen arbeiteten mit Segel und Ruder, um rasch vorüber zu kommen, aber eine Kanonenkugel tötete zwei Mann an Karls Seite, und eine zweite zertrümmerte den Mast der Barke. Endlich erreichte der König zwei seiner Schiffe, die in der Ostsee kreuzten. Schon am nächsten Tage ergab sich Stralsund, die Garnison wurde kriegsgefangen. Karl landete in Ystad auf Schonen und begab sich von da nach Carlskrona. Wie anders war er vor fünfzehn Jahren in einem Kriegsschiff von hundertundzwanzig Kanonen von hier ausgegangen, um dem Norden Gesetze zu geben!

Man erwartete, dass er seine Hauptstadt nach einer so langen Abwesenheit wieder sehen würde, da er ihr hier so nahe war; aber er wollte erst, wenn er neue Siege erfochten hätte, dahin zurückkehren. Er konnte sich nicht entschließen, ein Volk wieder zu sehen, das ihn liebte und das er doch unterdrücken musste, um sich seiner Feinde zu erwehren. Nur seine Schwester wollte er sehen; er traf mit ihr am Ufer des Wettersees in Ostgotland zusammen. Von einem einzigen Diener begleitet, ging er mit Postpferden dahin und kehrte, nachdem er einen Tag mit ihr zusammen gewesen war, wieder zurück.

Von Carlskrona aus, wo er den Winter über blieb, erließ er Befehle zu neuen Aushebungen in seinem Königreich. Er glaubte, alle seine Untertanen seien nur dazu da, um ihm in den Krieg zu folgen, und hatte sie gewöhnt, es selbst zu glauben. Man reihte die jungen Leute schon mit fünfzehn Jahren ein; in manchen Dörfern blieben nur noch Greise, Kinder und Frauen; an vielen Orten sah man sogar nur Weiber das Land bebauen.

Schwieriger war es, wieder eine Flotte herzustellen. Um diesem Bedürfnisse abzuhelfen, gab man Freibriefe an Kaper, die für außerordentliche und für das Land schädliche Privilegien einige Schiffe ausrüsteten. Es waren dies die letzten Kraftanstrengungen Schwedens. Um so große Kosten bestreiten zu können, musste man das Volk ganz ausziehen. Es gab eine Art Aussaugung, die man nicht unter dem Titel einer Steuer und Abgabe ins Leben treten ließ. Man durchsuchte alle Häuser und nahm die Hälfte der Vorräte weg, um sie in die Magazine des Königs zu bringen. Man kaufte auf seine Rechnung alles Eisen, welches sich im Lande befand, auf, bezahlte es mit Kassenscheinen und verkaufte es wieder gegen bar Geld. Wer seidene Kleider, Perücken und vergoldete Degen trug, hatte eine Steuer dafür zu entrichten. Auf die Kamine legte man eine sehr hohe Abgabe. Unter jedem anderen König hätte sich das schwerbedrückte Volk empört, aber der elendeste Bauer in Schweden wusste, dass sein Herr ein noch viel härteres und mäßigeres Leben führte als er; alle unterwarfen sich daher, ohne zu murren den Lasten, welche der König in erster Linie trug.

Die öffentliche Gefahr machte sogar, dass man alles Privatelend vergaß. Man erwartete jeden Augenblick die

Landung der Russen, der Dänen, Preußen, Sachsen und selbst der Engländer in Schweden. Diese Furcht war so wohlbegründet und so stark, dass, wer Geld oder Kostbarkeiten besaß, sie in der Erde vergrub.

In der Tat war bereits eine englische Flotte in der Ostsee erschienen, deren Bestimmung man nicht kannte; und der König von Dänemark hatte das Wort des Zaren, dass die Russen in Gemeinschaft mit den Dänen im Frühjahr 1716 über Schweden herfallen würden.

Ganz Europa, welches die Geschicke Karls XII. mit Aufmerksamkeit verfolgte, war im höchsten Grade erstaunt, als dieser statt sein von so vielen Fürsten bedrohtes Land zu verteidigen, im März 1716 mit zwanzigtausend Mann gegen Norwegen aufbrach.

Seit Hannibal hatte man keinen Feldherrn mehr gesehen, der, weil er sich im eigenen Lande nicht mehr gegen seine Feinde halten konnte, den Krieg in das Herz ihrer Staaten trug. Sein Schwager, der Prinz von Hessen, begleitete ihn auf diesem Zug.

Von Schweden aus kann man nur durch ziemlich gefährliche Defileen in Norwegen eindringen; hat man diese passiert, so trifft man von Abstand zu Abstand auf Wasserlachen, welche das Meer dort zwischen den Felsen bildet. Alle Tage musste man Brücken schlagen. Eine kleine Anzahl Dänen hätte die schwedische Armee aufhalten können, aber man hatte diesen plötzlichen Einfall nicht voraussehen können. Noch mehr erstaunte Europa, als der Zar inmitten dieser Ereignisse ruhig blieb und keine Landung in Schweden unternahm, wie er mit seinen Verbündeten ausgemacht hatte.

Der Grund dieser Untätigkeit lag in einem der größten, aber in seiner Ausführung schwierigsten Pläne, die je der menschliche Geist erfasst hat.

Der in Franken geborene und reichsunmittelbare Freiherr, Baron Heinrich von Görtz, hatte dem König von Schweden während dessen Aufenthalt zu Bender sehr wichtige Dienste geleistet und war seitdem sein Günstling und erster Minister geworden.

Nie gab es einen geschmeidigeren und zugleich kühneren Mann, einen Mann, der im Unglück reicher an Hilfsquellen, in seinen Plänen großartiger, in ihrer Ausführung tätiger gewesen wäre. Vor keinem Projekt schreckte er zurück, vor keinem Mittel scheute er sich; er verschwendete Geschenke, Versprechungen und Schwüre, Wahrheit und Lüge.

Görtz ging von Schweden nach Frankreich, England und Holland und prüfte die Triebfedern, die er spielen lassen wollte, persönlich. Er wäre imstande gewesen, ganz Europa auf den Kopf zu stellen und er hatte auch wirklich den Plan dazu gefasst. Was sein Herr an der Spitze einer Armee war, war er im Kabinett. Er gewann auch eine Macht über Karl XII., wie sie kein Minister vor ihm besessen hatte.

Dieser König, der schon mit zwanzig Jahren dem Grafen Piper nur Befehle gegeben hatte, empfing jetzt seine Parole vom Baron von Görtz, und war diesem Minister um so mehr ergeben, als das Unglück ihn in die Notwendigkeit versetzte, Ratschläge anderer anzuhören und Görtz ihm nur solche gab, wie sie seinem Mute genehm waren. Er bemerkte, dass unter den vielen gegen Schweden feindseligen Fürsten der Kurfürst Georg von Hannover und König von England derjenige war, den Karl am meisten hasste, weil es der einzige war, den Karl nicht verletzt hatte. Georg hatte sich unter dem Vorwande, Frieden zu stiften, in den Streit gemischt, in Wahrheit aber, um Bremen und Verden zu behalten, auf die er kein weiteres Recht hatte, als dass er sie dem König von Dänemark, dem sie selbst nicht gehörten, um einen geringen Preis abgekauft hatte.

Görtz hatte erkannt, dass der Zar im geheimen nicht zufrieden mit den Verbündeten war, die ihn verhindert hatten, sich im deutschen Reiche festzusetzen, wo dieser schon zu gefährlich gewordene Herrscher gar zu gerne festen Fuß gefasst hätte. Wismar, die einzige Stadt, welche den Schweden noch an der deutschen Küste geblieben war, hatte sich endlich am 14. Februar 1716 den Preußen und Dänen ergeben. Diese hatten nicht einmal dulden wollen, dass die in Mecklenburg befindlichen russischen Truppen an der Belagerung teil nähmen. Dieses, seit zwei Jahren zu wiederholten Malen offenbar gewordene Misstrauen entfremdete den Zaren den Verbündeten und verhinderte vielleicht den Untergang Schwedens. Es gibt viele Beispiele, wo verbündete Staaten von einer einzigen Macht erobert wurden, es gibt aber sehr wenige, wo ein großes Reich durch mehrere Verbündete erobert worden ist. Wenn ihre vereinigten Kräfte es niederwarfen, hoben ihre Uneinigkeiten es wieder empor.

Von 1714 an hätte der Zar eine Landung in Schweden ausführen können. Aber sei es nun, dass er sich nicht mit den Königen von Polen, England, Dänemark und Preußen, seinen mit Recht eifersüchtigen Verbündeten einigen konnte, sei es, dass er seine Truppen noch immer nicht für kriegsgewohnt genug hielt, um diese männliche Nation, deren Bauern schon die Elite der dänischen Truppen geschlagen hatten, an ihrem eigenen Herde anzugreifen, genug, er trat immer wieder von dieser Unternehmung zurück. Was ihn unter anderem auch noch zurückhielt, war der Mangel an Geld. Der Zar war einer der mächtigsten, aber wenigst reichen Herrscher der Welt. Seine Einkünfte beliefen sich damals auf nicht mehr als vierundzwanzig Millionen Livres. Er hatte Gold-, Silber-, Eisen-, Kupferminen entdeckt; aber der Nutzen, den er daraus zog, war noch gering, und ihre Ausbeutung kostspielig. Er hatte einen großen Handelsverkehr in Gang gebracht, aber der Anfang brachte ihm doch nur Hoffnungen ein. Seine neu eroberten Provinzen vermehrten seine Macht und seinen Ruhm, nicht aber seine Einkünfte. Es brauchte Zeit, bis die Wunden Livlands sich schlossen; dieses an sich reiche Land, war seit fünfzehn Jahren durch Krieg, Feuer und Schwert und Seuchen mitgenommen, entvölkert und nur erst eine Last des Siegers. Die Flotten, die der Zar unterhielt, die neuen Unternehmungen, die er alle Tage begann, erschöpften seine Finanzen. Er hatte sich zu dem schlimmen Hilfsmittel genötigt gesehen, den Wert der Münzen zu erhöhen, einem Mittel, das die Leiden eines Staats nie heilt und das besonders für ein Land nachteilig ist, welches vom Ausland mehr Waren erhält, als es diesem abgibt.

Dies waren zum Teil die Erwägungen und Tatsachen, auf welche Görtz seinen Plan einer allgemeinen Umwälzung baute. Er wagte es, dem König von Schweden den Vorschlag zu machen, seinen Frieden mit dem russischen Kaiser um jeden Preis zu erkaufen. Er machte ihn darauf aufmerksam, dass der Zar gegen die Könige von Polen und England aufgebracht sei, und gab ihm zu verstehen, dass Peter Alexjewitsch und Karl XII. zusammen imstande wären, das übrige Europa zittern zu machen.

Man konnte mit dem Zaren nicht anders Frieden schließen, als indem man ihm einen großen Teil der Provinzen im Osten und Norden der Ostsee abtrat. Aber Görtz gab dem König zu bedenken, dass, wenn er diese Provinzen abträte, die der Zar ja doch schon besitze, und die man ihm nicht wieder nehmen könne, der König sich den Ruhm erwerbe, Stanislaus wieder auf den Thron von Polen, den Sohn Jakobs II. auf den von England zu setzen und den Herzog von Holstein wieder in seine Staaten einzuführen.

Karl, dem diese großen Ideen schmeichelten, ohne dass er jedoch allzu fest auf ihr Gelingen rechnete, gab seinem Minister freien Spielraum. Görtz reiste von Schweden mit einer Vollmacht ab, die ihn zu jeder Unterhandlung ohne irgend welche Einschränkung ermächtigte, und ihn zum bevollmächtigten Minister bei all den Fürsten ernannte, mit denen er es für nötig erachten würde, in Verhandlung zu treten. Er ließ zuerst den Hof von Moskau durch den Schotten Areskins, ersten Leibarzt des Zaren und Anhänger der Partei des Prätendenten, wie dies fast alle Schotten waren, die nicht von der Gunst des englischen Hofes lebten, sondieren.

Dieser Arzt verstand es gegenüber von Fürst Mentschikoff die Wichtigkeit und Größe des Plans mit dem ganzen Feuer eines dabei interessierten Mannes geltend zu machen. Der Fürst Mentschikoff fand Gefallen an der Sache; der Zar zeigte sich damit einverstanden. Statt in Schweden zu landen, wie er es mit seinen Verbündeten verabredet hatte, ließ er seine Truppen Winterquartiere in Mecklenburg beziehen und ging selbst unter dem Vorwande dahin, die Streitigkeiten, welche sich zwischen dem Herzog von Mecklenburg und dem Adel dieses Landes erhoben hatten, beilegen zu wollen, in Wahrheit aber in Verfolgung seines Lieblingswunsches ein Fürstentum in Deutschland zu besitzen, und in der Hoffnung, den Herzog von Mecklenburg dazu zu vermögen, dass er ihm seine Herrscherwürde verkaufe.

Die Verbündeten waren aufgebracht über diesen Schritt. Sie wollten nichts von einem so furchtbaren Nachbar wissen, der, wenn er einmal deutsches Gebiet besaß, eines Tags sich zum Kaiser wählen lassen und dann die übrigen deutschen Herrscher unterdrücken konnte. Je mehr sie zürnten, desto mehr näherte sich der große Plan des Barons von Görtz seiner Verwirklichung. Er unterhandelte indessen mit allen verbündeten Fürsten, um seine geheimen Intrigen desto besser zu verbergen. Auch der Zar hielt sie sämtlich durch Erregung von Hoffnungen zum besten. Karl XII. stand indessen mit seinem Schwager, dem Prinzen von Hessen, an der Spitze von zwanzigtausend Mann in Norwegen. Dieses Land war nur durch elftausend, in mehrere Korps geteilte Dänen verteidigt, die der König und der Prinz von Hessen in Stücke hieb.

Karl rückte bis vor Christiania, die Hauptstadt dieses Reichs. Das Glück begann ihm in diesem Winkel der Erde wieder zu lächeln. Aber nie traf ein König weniger Vorkehrungen für den Unterhalt seiner Truppen. Eine dänische

Armee und Flotte näherten sich zur Verteidigung Norwegens. Dem König waren eben jetzt die Lebensmittel ausgegangen, so dass er sich nach Schweden zurückziehen musste, wo er den Erfolg der großen Entwürfe seines Ministers abwarten wollte.

Dieses Werk verlangte das tiefste Geheimnis und umfassende Vorbereitungen, zwei Dinge, die sich nicht sehr miteinander vertragen. Görtz suchte bis in die Meere Asiens nach Bundesgenossen, die, einen so widrigen Anstrich eine solche Verbindung hatte, doch für eine Landung in Schottland sehr nützlich gewesen wären und wenigstens Geld, Menschen und Schiffe nach Schweden gebracht hätten.

Vor längerer Zeit nämlich hatten Seeräuber aller Nationen, doch besonders Engländer, einen Bund untereinander geschlossen und die Meere Europas und Amerikas unsicher gemacht. Von allen Seiten endlich erbarmungslos verfolgt, hatten sie sich nach der Küste von Madagaskar, jener großen Insel an der Ostseite von Afrika zurückgezogen. Es waren verzweifelte Menschen, fast alle durch Handlungen bekannt, denen nur die Rechtmäßigkeit fehlte, um für heroisch zu gelten. Diese Leute suchten einen Fürsten, der sie unter seinen Schutz genommen hätte; aber das Völkerrecht verschloss ihnen alle Häfen der Welt.

Als sie erfuhren, dass Karl XII. nach Schweden zurückgekehrt sei, hofften sie, dass dieser kriegslustige und zum Kriege gezwungene Fürst, dem es aber an einer Flotte und an Soldaten fehlte, eine günstige Kapitulation mit ihnen abschließen würde. Sie schickten daher einen Abgeordneten an ihn, der auf einem holländischen Schiffe nach Europa kam und der dem Baron von Görtz den Vorschlag machte, man möchte ihnen den Hafen von Gothenburg öffnen, worauf sie mit sechzig mit Reichtümern beladenen Kriegsschiffen dahin kommen wollten.

Der Baron bestimmte den König den Vorschlag anzunehmen; es wurden sogar im folgenden Jahre zwei schwedische Edelleute, Cronström und Mendal abgeschickt, um das Geschäft mit den Korsaren von Madagaskar abzuschließen.

Inzwischen fand Görtz einen anständigeren und mächtigeren Bundesgenossen an dem Kardinal Alberoni, einem gewaltigen Genie, das Spanien zwar lange genug für seinen Ruhm, aber zu kurz für die Größe dieses Staats regiert hat. Der Kardinal ergriff den Plan, den Sohn Jakobs II. auf den Thron von England zu setzen, mit Feuer. Da er aber eben erst den Fuß in das Ministerium gesetzt hatte, und Spanien wieder herstellen musste, ehe er daran denken konnte, andere Reiche umzustürzen, so sah es aus, als ob er erst in Jahren die Hand an diese große Arbeit würde legen können. Doch schon in weniger als zwei Jahren wandelte er Spanien um, gab ihm seinen Kredit in Europa zurück, veranlasste, wie man wenigstens allgemein glaubt, dass die Türken den deutschen Kaiser angriffen und versuchte zugleich, dem Herzog von Orleans die Regentschaft von Frankreich und dem König Georg die Krone von Großbritannien zu entreißen. So gefährlich ist ein einzelner Mann, wenn er einen mächtigen Staat unumschränkt beherrscht und Geistesgröße und Mut besitzt.

Nachdem Görtz so am russischen und spanischen Hofe die ersten Funken des großen Brandes, auf den er sann, ausgestreut hatte, begab er sich im geheimen nach Frankreich und von da nach Holland, wo er mit den Anhängern des Prätendenten verkehrte.

Er unterrichtete sich aufs genaueste über ihre Mittel, ihre Zahl und die Stimmung der Unzufriedenen in England, über das Geld, das sie aufbringen, und die Truppen, die sie stellen konnten. Die Unzufriedenen verlangten nur eine Unterstützung von zehntausend Mann und glaubten mit Beihilfe dieser Truppen eine Revolution mit Erfolg durchführen zu können.

Der von Görtz instruierte schwedische Gesandte in England, Graf von Gyllenborg, hatte mehrere Zusammenkünfte mit den Häuptern der Unzufriedenen in London. Er ermutigte sie und versprach ihnen, was sie begehrten. Die Partei des Prätendenten ging sogar so weit, dass sie bedeutende Summen hergab, die Görtz in Holland in Empfang nahm. Er unterhandelte über den Ankauf mehrerer Schiffe, und kaufte in der Bretagne deren sechs nebst Waffen aller Art.

Dann schickte er heimlich mehrere Offiziere nach Frankreich, unter anderen den Ritter von Folard, der dreißig Feldzüge in den französischen Heeren mitgemacht, dafür aber wenig Dank geerntet und deshalb seit einiger Zeit dem König von Schweden seine Dienste angeboten hatte, und zwar weniger aus Gewinnsucht als aus dem Wunsch unter einem Könige zu dienen, der einen so erstaunlichen Ruf besaß. Der Ritter von Folard hoffte überdies, diesem Fürsten seine neuen Ideen über Krieg und Kriegführung beizubringen. Er hatte sein ganzes Leben lang diese Kunst als Philosoph studiert und veröffentlichte seitdem seine Entdeckungen in seinen historischen Nachrichten über Polybius. Karl XII., der selbst den Krieg auf eine neue Art geführt hatte und sich in nichts durch alte Gewohnheiten leiten ließ, fand Gefallen an den Anschauungen des Ritters; er bestimmte ihn zu einem der Werkzeuge, deren er sich bei der projektierten Landung in Schottland bedienen wollte. Dieser Edelmann führte nun in Frankreich die geheimen Befehle des Barons von Görtz aus. Viele französische Offiziere und eine noch größere Zahl Irländer beteiligten sich an dieser neuen Art Verschwörung, die zu gleicher Zeit in England, in Frankreich und in Russland angezettelt ward und deren Zweige sich im geheimen über ganz Europa verbreiteten.

Diese Vorarbeiten waren für den Baron von Görtz an sich von geringem Wert; aber es war doch schon viel, überhaupt einen Anfang gemacht zu haben. Der wichtigste Punkt, ohne dessen Lösung nichts zustande kommen konnte, war der Abschluss des Friedens zwischen dem Zaren und Karl. Hierbei gab es noch manche Schwierigkeit auszugleichen. Der russische Staatsminister Baron Ostermann hatte sich anfangs von den Anschauungen des Barons Görtz nicht hinreißen lassen; er war ebenso umsichtig, als der Minister Karls unternehmend war. Seine langsame und gemessene Politik wollte alles erst reifen lassen, während der ungeduldige Geist des anderen gleich nachdem er gesät, auch schon die Früchte einheimsen wollte. Ostermann fürchtete, der Kaiser, sein Herr, möchte von dem Glanze dieses Unternehmens geblendet, Schweden einen allzu vorteilhaften Frieden gewähren; er verzögerte daher durch seine Weitschweifigkeiten und Einwürfe den Abschluss dieser Angelegenheit.

Zum Glück für den Baron von Görtz kam der Zar zu Anfang 1717 selbst nach Holland. Seine Absicht war von da nach Frankreich zu gehen; es ging ihm nur noch ab, auch diese berühmte Nation gesehen zu haben, welche seit mehr als hundert Jahren von allen ihren Nachbarn getadelt, beneidet und nachgeahmt wird. Dort wollte er seine unersättliche Wiss- und Lernbegierde sättigen und zugleich seine politischen Zwecke betreiben.

Görtz sah den Kaiser zweimal im Haag. In diesen zwei Zusammenkünften kam er weiter, als in sechs Monaten mit den Bevollmächtigten. Alles nahm eine günstige Wendung: seine großen Pläne schienen mit einem undurchdringlichen Schleier bedeckt und er schmeichelte sich, dass Europa sie erst bei ihrer Ausführung kennen lernen würde. Er sprach übrigens im Haag nur von Frieden, und äußerte laut, dass er den König von England gerne als den Friedensstifter des Nordens betrachten möchte. Er drängte sogar scheinbar auf die Abhaltung eines Kongresses in Braunschweig, wo die Interessen Schwedens und seiner Gegner auf gütlichem Wege auseinandergesetzt werden sollten.

Der erste, der diese Intrigen durchschaute, war der Regent Frankreichs, der Herzog von Orleans. Er hatte Spione in ganz Europa. Diese Gattung Leute, die es sich zum Geschäft machen, das Geheimnis ihrer Freunde zu verkaufen, und die von Angebereien und oft sogar von Verleumdungen leben, hatten sich unter seiner Regierung in Frankreich so sehr vermehrt, dass die eine Hälfte der Nation die andere ausspionierte. Der Herzog von Orleans, der mit dem König von England persönliche Beziehungen hatte, entdeckte ihm das gegen ihn angezettelte Komplott.

Zu gleicher Zeit wurden auch die Holländer argwöhnisch gegenüber von Görtz und teilten dem englischen Gesandten ihren Verdacht mit. Während daher Görtz und Gyllenborg ihre Pläne mit Eifer verfolgten, wurden beide plötzlich verhaftet, der eine zu Deventer in Geldern, der andere in London.

Da Gyllenborg als schwedischer Gesandter das Völkerrecht verletzt hatte, indem er sich in eine Verschwörung gegen den Fürsten einließ, bei dem er beglaubigt war, so verletzte man ohne Skrupel das gleiche Recht an seiner Person. Aber man staunte, dass die Generalstaaten aus einer unerhörten Gefälligkeit für den König von England den Baron von Görtz verhaftet hatten. Sie beauftragten sogar den Grafen von Welderen ihn zu verhören. Diese Formalität war eine Beleidigung weiter, die doch zu keinem Resultat führte und sie nur in Verlegenheit brachte. Görtz fragte nämlich den Grafen von Welderen, ob er ihn kenne? – »O ja,« erwiderte der Holländer. – »Nun,« versetzte Baron von Görtz, »wenn Ihr mich kennt, so müsst Ihr wissen, dass ich gewöhnlich nur sage, was ich sagen will.« – Das Verhör wurde nicht weiter fortgesetzt: alle Minister, insbesondere aber der spanische Minister in England, Marquis von Monteleon protestierten gegen das wider die Personen von Görtz und Gyllenborg verübte Attentat. Die Holländer hatten gar keine Entschuldigung: sie hatten nicht nur ein geheiligtes Recht verletzt, indem sie den ersten Minister des Königs von Schweden verhaften ließen, der doch gegen sie nichts unternommen; sondern damit auch direkt gegen die Grundsätze jener herrlichen Freiheit gehandelt, die so viele Fremde in ihr Land lockte und die Grundlage ihrer Größe bildete.

Was den König von England betrifft, so hatte er nur nach Fug und Recht gehandelt, wenn er einen Feind gefangen setzte. Zu seiner Rechtfertigung ließ er die Briefe des Barons von Görtz und des Grafen von Gyllenborg, welche man unter den Papieren des letzteren gefunden hatte, drucken. Der König von Schweden befand sich damals in der Provinz Schonen; man brachte ihm diese gedruckten Briefe zugleich mit der Meldung von der Aufhebung seiner zwei Minister. Der König fragte lächelnd, ob man nicht auch seine eigenen Briefe gedruckt habe. Sodann befahl er, dass man den englischen Residenten in Stockholm mit seiner ganzen Familie und seinen Dienstboten festnehmen solle; dem holländischen Gesandten aber verbot er den Hof und ließ ihn beaufsichtigen. Indessen bekannte er sich weder zu den Plänen des Barons von Görtz noch sprach er sich dagegen aus. Er war zu stolz, um ein Unternehmen abzuleugnen, das er gebilligt hatte, und zu klug, um einen fast in seinem Entstehen aufgedeckten Plan zuzugestehen; er beobachtete daher gegen England und Holland nur ein verächtliches Schweigen.

Der Zar handelte anders. Da er in den Briefen von Gyllenborg und Görtz nicht genannt, sondern nur dunkel bezeichnet war, so schrieb er an den König von England einen langen Brief voll Glückwünsche wegen Entdeckung der Verschwörung und voll Versicherungen aufrichtigster Freundschaft. Der König Georg nahm seine Beteuerungen entgegen, ohne daran zu glauben, und tat, als ob er sich täuschen lasse.

Eine von Privatpersonen angezettelte Verschwörung wird erstickt, wenn man ihr auf die Spur kommt; aber eine Verschwörung von Königen erhält dadurch nur neue Kraft. Der Zar langte im Mai 1717 zu Paris an. Er beschäftigte sich nicht allein damit, die Schönheiten der Kunst und Natur zu besichtigen, die Akademien, die öffentlichen Bibliotheken, Kuriositätensammlungen und königliche Paläste zu besuchen. Er schlug dem Herzog von Orleans, als Regenten von Frankreich, einen Vertrag vor, dessen Annahme die Größe Russlands vollendet hätte. Sein Plan war, sich mit dem König von Schweden zu verbinden, der ihm große Provinzen abtrat, den Dänen die Herrschaft der Ostsee zu entreißen, die Engländer durch einen Bürgerkrieg zu schwächen und den ganzen Handel des Nordens nach Russland zu ziehen. Er entblödete sich sogar nicht, den König Stanislaus wieder gegen den König August zu hetzen, um, wenn das Feuer auf allen Seiten brennen würde, herbei eilen zu können, und es zu blasen oder zu löschen, wie es gerade für ihn von Vorteil wäre. In dieser Absicht trug er dem Regenten von Frankreich das Schiedsrichteramt zwischen Schweden und Russland, sowie ein Offensiv- und Defensivbündnis mit diesen Kronen und Spanien an. Dieser Vertrag, der so natürlich und für die Völker so vorteilhaft erschien und das Gleichgewicht Europas in ihre Hand gelegt hätte, wurde von dem Herzog von Orleans nicht angenommen. Er ließ sich gerade um diese Zeit in ganz entgegengesetzte Verbindungen ein, und schloss ein Bündnis mit dem Kaiser von Deutschland und dem König Georg von England. Eine solche Wandlung in betreff des wahren Staatsinteresses war im Geiste dieser Fürsten vorgegangen, dass der Zar bereit war, sich gegen seinen alten Verbündeten, den König August zu erklären und auf die Seite seines Todfeindes Karl zu treten, während Frankreich im Begriff stand zugunsten der Deutschen und Engländer den Enkel Ludwigs XIV. zu befehden, nachdem es so lange und mit einem so großen Aufwand von Geld und Blut für ihn und gegen diese nämlichen Mächte gekämpft hatte. Alles, was der Zar auf indirektem Wege durchsetzte, war, dass der Regent seine guten Dienste geltend machte, um die Loslassung des Barons von Görtz und des Grafen von Gyllenborg zu bewirken. Ende Juni kehrte der Zar in seine Staaten zurück, nachdem er Frankreich das seltene Schauspiel eines Kaisers gegeben, der zu seiner Belehrung reiste. Aber nur zu viele Franzosen sahen nur seine ungehobelte Außenseite, die Folge seiner mangelhaften Erziehung, und verkannten den Gesetzgeber, den Schöpfer einer neuen Nation, den wahrhaft großen Mann.

Was der Zar im Herzog von Orleans vergeblich gesucht hatte, fand er bald darauf im Kardinal Alberoni, der in Spanien allmächtiger Minister geworden war. Alberoni wünschte nichts so sehr als die Wiedereinsetzung des Prätendenten, sowohl in seiner Eigenschaft als Minister des Spanien, welches England so misshandelt hatte, wie als persönlicher Feind des Herzogs von Orleans, der mit England gegen Spanien verbündet war, und endlich als Priester einer Kirche, für welche der Vater des Prätendenten zu so ungelegener Zeit seine Krone verloren hatte.

Der Herzog von Ormond, den man in England ebenso liebte, wie man den Herzog von Marlborough bewunderte, hatte bei der Thronbesteigung des Königs Georg sein Vaterland verlassen und sich nach Madrid zurückgezogen. Von dort ging er nun mit Vollmachten des Königs von Spanien und des Prätendenten und in Begleitung eines anderen Engländers, namens Irnegan, eines geschickten und unternehmenden Mannes, nach Mitau in Kurland, um dort mit dem Zaren bei dessen Durchreise zusammen zu treffen. Er hielt um die Hand der Prinzessin Anna Petrowna, Tochter des Zaren, für den Sohn Jakobs II. an, da er hoffte, dass eine solche Verbindung den Zaren noch enger an die Interessen dieses unglücklichen Fürsten knüpfen würde. Allein dieser Schritt hätte die Unternehmung um ein Haar verzögert statt sie vorwärts zu bringen. Der Baron von Görtz hatte nämlich in seinen Plänen diese Prinzessin schon längst für den Herzog von Holstein bestimmt, mit dem sie sich später auch wirklich vermählte. Sobald er daher jenen Antrag des Herzogs von Ormond erfuhr, wurde er eifersüchtig darauf und schickte sich an, denselben zu durchkreuzen. Im August verließ er sein Gefängnis, ebenso Graf von Gyllenborg, ohne dass es der König von

Schweden für notwendig gehalten hätte, dem König von England die mindeste Entschuldigung zu machen oder das geringste Missfallen über das Benehmen seines Ministers kund zu geben.

Zu gleicher Zeit wurde in Stockholm auch der englische Gesandte und dessen Familie freigelassen, die man übrigens weit strenger behandelt hatte, als Gyllenborg in London behandelt worden war.

Der freigelassene Görtz war ein losgelassener Feind, den neben jenen mächtigen Beweggründen jetzt auch noch der Rachedurst vorwärts trieb. Er eilte mit Postpferden zum Zaren und seine Einflüsterungen bestimmten diesen Fürsten mehr als je. Er machte sich anheischig, in weniger als drei Monaten mit einem einzigen Bevollmächtigten Russlands alle Hindernisse zu beseitigen, welche den Abschluss des Friedens mit Schweden noch verzögerten; dann nahm er eine geographische Karte, welche der Zar selbst gezeichnet hatte, zur Hand, zog eine Linie von Wiburg durch den Ladogasee nach dem Eismeer und erklärte, er werde seinen Herrn veranlassen, alles Land östlich dieser Linie wie auch Karelien, Ingermanland und Livland abzutreten. Dann brachte er seinen Heiratsplan zwischen der Tochter des Zaren und dem Herzog von Holstein vor und schmeichelte jenem mit der Aussicht, dass ihm der Herzog seine Staaten gegen ein Gebiet von gleichem Wert abtreten und der Zar auf diese Art ein Mitglied des deutschen Reiches werden würde, wobei er ihm von der Ferne die Kaiserkrone sehen ließ, die ihm oder einem seiner Nachkommen zufallen müsse. So schmeichelte er dem Ehrgeiz des russischen Herrschers, nahm dem Prätendenten die Tochter des Zaren weg, öffnete demselben aber dafür den Weg nach England und erreichte somit alle seine Absichten.

Der Zar bezeichnete die Insel Aland als Ort für die Besprechungen, welche sein Staatsminister Ostermann mit dem Baron von Görtz haben sollte. Man bat den Herzog von Ormond wieder zurückzukehren, um England nicht zu viel Verdacht zu geben, da der Zar mit diesem erst am Tage des Einfalls brechen wollte. Nur der Vertraute des Herzogs von Ormond, Irnegan, blieb in St. Petersburg, um die Intrige weiter zu führen. Er wohnte aber mit solcher Vorsicht in der Stadt, dass er nur bei Nacht ausging und die Minister des Zaren nie anders als in einer Verkleidung bald als Bauer bald als Tatar sah.

Sobald der Herzog von Ormond fort war, machte der Zar dem König von England begreiflich, wie gefällig er ihm dadurch gewesen war, dass er den größten Anhänger des Prätendenten fortgeschickt habe; und Baron von Görtz kehrte voll Hoffnungen nach Schweden zurück.

Er fand seinen Herrn an der Spitze von fünfunddreißigtausend Mann regulärer Truppen und die Küsten mit Milizen bedeckt. Es fehlte dem König nur an Geld; der Kredit in und außer dem Lande war erschöpft. Frankreich, das ihm in den letzten Jahren Ludwigs XIV. einige Subsidien bezahlt hatte, gab unter der Regentschaft des Herzogs von Orleans, der nach ganz entgegengesetzten Grundsätzen handelte, nichts mehr. Spanien versprach zwar, war aber noch nicht in der Lage viel bieten zu können. Der Baron von Görtz führte nun einen Plan aus, den er bereits vor seiner Reise nach Frankreich und Holland versucht hatte. Er beabsichtigte nämlich dem Kupfer den gleichen Wert zu geben, wie dem Silber, so dass ein Kupferstück vom inneren Wert eines halben Sous mit dem Münzzeichen des Fürsten vierzig Sous galt; wie man in belagerten Städten die Soldaten und Bürger schon mit ledernen Münzen bezahlt hat, bis man wieder wirkliche Münzen bekommen konnte. Solche Scheinmünzen, welche die Not erfunden hat, und denen das Vertrauen allein einen wirklichen Wert geben kann, sind Wechseln zu vergleichen, deren Scheinwert die Mittel leicht übersteigen kann, die sich in einem Staate befinden.

Derartige Hilfsmittel mögen in einem freien Lande ganz trefflich sein; sie haben schon hie und da eine Republik gerettet, aber eine Monarchie müssen sie beinahe sicher zugrunde richten; denn da es den Völkern hier bald an Vertrauen gebricht, sieht sich der Minister genötigt, der Ehrlichkeit untreu zu werden. Er vervielfältigt jene idealen Münzen über die Maßen, die Privatleute vergraben ihr Geld und die Maschine zerbricht, so dass Verwirrung und oft das größte Unglück daraus entsteht. Solches geschah auch im Königreich Schweden.

Nachdem Baron von Görtz die neuen Münzen anfangs nur in geringer Zahl in das Publikum gebracht hatte, sah er sich bald durch die Bewegung, die er nicht mehr bemeistern konnte, hingerissen, dies im Übermaß zu tun. Alle Waren und Lebensmittel nämlich stiegen auf einen ungeheuern Preis und so war er gezwungen, die Zahl der Kupferstücke in dem gleichen Verhältnis zu vermehren. Je mehr er sie aber vermehrte, desto mehr wurden sie entwertet, und Schweden von dieser falschen Münze überschwemmt, stieß einen Schrei der Entrüstung gegen den Baron von Görtz aus. Das Volk, welches Karl XII. noch immer hoch verehrte, wagte es kaum ihn zu hassen und warf das ganze Gewicht seines Zornes auf den Minister, der als Fremder und Finanzdirektor dem öffentlichen Hasse doppelt verfiel.

Eine Steuer, die er der Geistlichkeit auferlegen wollte, machte ihn vollends zum Abscheu der Nation. Die Geistlichen, welche nur zu oft ihre Sache mit der Gottes identifizieren, nannten ihn öffentlich einen Gottesleugner, weil er Geld von ihnen wollte. Die neuen Kupferstücke zeigten die Bilder einiger Götter des Altertums; man nannte diese Geldstücke deshalb die Götter des Barons Görtz.

Zu dem öffentlichen Hasse kam noch die Eifersucht der Minister gegen ihn, die in dem Maße unversöhnlich war, als es ihr an Macht gebrach. Auch die Schwester des Königs und der Prinz, deren Gemahl, fürchteten ihn, weil er vermöge seiner Geburt dem Herzog von Holstein zugetan und imstande war, diesem eines Tags die Krone von

Schweden auf das Haupt zu setzen. Niemand im Lande mochte ihn als Karl XII., allein gerade diese allgemeine Abneigung bestärkte den König nur in seiner Freundschaft zu ihm, da seine Gefühle durch Widerspruch stets zu wachsen pflegten. Er bewies dem Baron ein Vertrauen, das an Unterwürfigkeit grenzte; er ließ ihm eine unumschränkte Macht in den inneren Angelegenheiten des Landes und gab sich seiner Leitung ebenso rückhaltlos in allem hin, was die Verhandlungen mit dem Zaren betraf; insbesondere empfahl er ihm, die Besprechungen auf der Insel Aland zu einem raschen Abschluss zu führen.

Sobald daher Görtz in Stockholm die Finanzoperationen geregelt hatte, welche seine Gegenwart verlangten, reiste er ab, um mit dem Minister des Zaren das große Werk, das er begonnen, zu vollenden.

Folgendes waren die einleitenden Bedingungen dieses Bündnisses, welches die Gestalt Europas ändern sollte, wie man sie in den hinterlassenen Papieren des Barons von Görtz nach dessen Tode aufgezeichnet gefunden hat: Der Zar sollte ganz Livland sowie einen Teil von Ingermanland und Karelien behalten, das übrige aber an Schweden zurückgeben; er sollte sich mit Karl XII. dahin einigen, den König Stanislaus wieder auf den Thron von Polen zu setzen, und sich verbindlich machen, mit achtzigtausend Russen in dieses Land einzurücken, um denselben König August zu entthronen, zu dessen Gunsten er einen zehnjährigen Krieg geführt hatte. Ferner sollte er dem König die nötigen Schiffe liefern, um zehntausend Schweden nach England und dreißigtausend Mann nach Deutschland zu werfen; Peters und Karls vereinigte Streitkräfte sollten den König von England in seinen hannoverschen Staaten und besonders in Bremen und Verden angreifen; dieselben Truppen sollten den Herzog von Holstein wieder in sein Land einsetzen und den König von Preußen zu einem Vertrage zwingen, kraft welches er einen Teil dessen, was er sich angeeignet, wieder herauszugeben hätte.

Karl tat, als ob seine siegreichen, von den Truppen des Zaren unterstützten Scharen bereits alles das vollbracht hätten, was man im Plane hatte. Er verlangte in stolzem Tone von dem deutschen Kaiser die Ausführung des Vertrags von Altranstädt. Der Wiener Hof jedoch würdigte das Ansinnen eines Fürsten, von dem er nichts mehr fürchten zu dürfen glaubte, kaum einer Antwort.

Der König von Polen fühlte sich weniger sicher; er sah den Sturm von allen Seiten herankommen. Der polnische Adel hatte sich gegen ihn konföderiert; und seit seiner Wiedereinsetzung mute er seine Untertanen beständig bekämpfen oder mit ihnen verhandeln. Der Zar, sein sehr zu fürchtender Schirmherr, hatte hundert Galeeren bei Danzig und achtzigtausend Mann an der polnischen Grenze. Der ganze Norden war voll Hader und Wirrsal. Flemming, einer der argwöhnischsten Menschen, vor dem aber die Nachbarstaaten selbst alle Ursache hatten auf der Hut zu sein, mutmaßte zuerst, dass der Zar und der König von Schweden Pläne zugunsten des Königs Stanislaus gefasst haben möchten. Er wollte denselben daher in seinem Herzogtums Zweibrücken aufheben lassen, wie man einst Jakob Sobieski in Schlesien abgefasst hatte. Einer jener unternehmenden und unruhigen Franzosen, welche im Ausland ihr Glück zu machen suchen, hatte einige französische Abenteurer ähnlichen Schlags dem Dienste des Königs von Polen zugeführt. Er legte dem Minister Flemming einen Plan vor, wonach er sich verbindlich machte, mit dreißig entschlossenen französischen Offizieren Stanislaus in seinem Palaste aufzuheben und ihn gefangen nach Dresden zu bringen. Der Plan wurde gebilligt. Unternehmungen dieser Art waren damals nichts seltenes. Einige von der Sorte Leute, die man in Italien Bravi nennt, hatten während des letzten Kriegs zwischen Deutschland und Frankreich ähnliche Streiche verübt. Seitdem hatten es sogar mehrere nach Holland geflüchtete Franzosen gewagt, bis Versailles zu dringen, um den Dauphin zu entführen, und sich fast unter den Fenstern des Schlosses Ludwigs XIV. der Person des ersten Stallmeisters bemächtigt.

Der Abenteurer stellte demgemäß seine Leute und Relais auf, um Stanislaus festzunehmen und zu entführen. Aber die Unternehmung wurde am Tage vor der Ausführung entdeckt. Mehrere der Herren retteten sich, aber einige wurden abgefasst. Sie durften nicht erwarten wie Kriegsgefangene behandelt zu werden, sondern wie Banditen. Allein Stanislaus, statt sie zu bestrafen, begnügte sich, ihnen einige Vorwürfe voll Herzensgüte zu machen; er gab ihnen sogar Geld, um weiter zu kommen, und bewies durch diesen Edelmut, dass sein Nebenbuhler August in der Tat alle Ursache hatte, ihn zu fürchten.

Im Oktober 1718 brach indessen Karl zum zweitenmal zur Eroberung Norwegens auf. Er hatte seine Maßregeln so gut getroffen, dass er sich in sechs Monaten dieses Reiches zu bemustern hoffte. Er wollte lieber Felsengebirge voll Schnee und Eis in der winterlichen Strenge erobern, wo die Tiere sogar in dem weniger rauhen Schweden sterben, als seine schönen deutschen Provinzen den Händen seiner Feinde entreißen. Freilich hoffte er, dass sein neues Bündnis mit dem Zaren ihn bald in den Stand setzen würde, alle diese Provinzen wieder zu nehmen, und es schmeichelte seinem Ruhme, seinem siegreichen Gegner ein Königreich abzuringen.

An der Mündung des Tistedal, unweit des Sunds zwischen den Städten Vohus und Anslo liegt die wichtige und starke Festung Frederikshall, welche man als den Schlüssel des Königreichs betrachtete. Karl begann die Belagerung im Monat Dezember. Der halb erstarrte Soldat konnte die fest gefrorene Erde kaum lockern, es war als ob die Tranchee in einem Felsen eröffnet werden müsste; aber die Schweden konnten sich der Arbeit nicht entschlagen, wenn sie an ihrer Spitze einen König sahen, der ihre Anstrengungen teilte. Niemals machte Karl Härteres durch.

Seine durch achtzehnjährige mühevolle Arbeiten erprobte Konstitution hatte sich dermaßen gekräftigt, dass er mitten im Winter in Norwegen auf freiem Felde auf Stroh oder auf einem Brett, nur in seinen Mantel eingehüllt schlafen konnte, ohne dass es seine Gesundheit angriff. Viele von seinen Soldaten fielen auf ihren Posten tot vor Kälte um; aber wenn die anderen halb erfroren sahen, wie ihr König ebenso litt wie sie, wagten sie es nicht, eine Klage laut werden zu lassen. Einige Zeit vor dieser Expedition hatte er in Schonen von einer gewissen Frau Johns Dotter sprechen hören, die mehrere Monate gelebt haben sollte, ohne eine andere Nahrung zu sich genommen zu haben als Wasser. Da er sein Leben lang darauf ausgewesen war, die äußersten Härten, welche die menschliche Natur aushalten kann, zu erproben, wollte er nun auch versuchen, wie lange er den Hunger ertragen könnte, ohne zu unterliegen. Er verlebte fünf Tage, ohne zu essen und zu trinken. Am sechsten morgens ritt er zwei Stunden weit und stieg dann bei seinem Schwager, dem Prinzen von Hessen ab, wo er stark aß, ohne dass ihn die fünftägige Enthaltsamkeit entkräftet oder das starke Essen nach einem so langen Fasten beschwert hätte.

Am 11. Dezember, dem Tage des heiligen Andreas, ging er um neun Uhr abends nach der Tranchee, um dieselbe zu besichtigen. Da er die Parallele nicht so weit vorgeschritten fand wie er wünschte, schien er sehr unzufrieden. Der französische Ingenieur Mégret, welcher die Belagerungsarbeiten leitete, versicherte ihn, die Festung würde gleichwohl in acht Tagen genommen sein. »Wir wollen sehen,« erwiderte der König und fuhr fort, die Werke mit dem Ingenieur zu besichtigen. Hierbei blieb er an einer Stelle stehen, wo der gerade vorwärts führende Gang des Laufgrabens einen Winkel mit der Parallele machte. Hier kniete er auf der inneren Böschung nieder, wobei er die Ellbogen auf die Brustwehr stützte und sah eine Zeitlang den Arbeitern zu, welche die Tranchee beim Sternenschein fortsetzten.

Die geringsten Umstände sind von Wichtigkeit, wenn es sich um den Tod eines Mannes wie Karl XII. handelt. Ich muss daher betonen, dass die ganze Unterhaltung, welche so viele Schriftsteller den König mit dem Ingenieur Mégret führen lassen, durchaus erfunden ist. Was ich Sicheres über das Ereignis weiß, ist Folgendes: Der König war fast mit dem halben Körper einer dem Trancheewinkel, wo er sich befand, gerade gegenüber liegenden und auf denselben gerichteten feindlichen Batterie ausgesetzt. Es waren damals nur zwei Franzosen um ihn: sein Adjutant Siquier, ein gescheiter und tatkräftiger Kopf, der in der Türkei in seine Dienste getreten und dem Prinzen von Hessen besonders ergeben war, und jener Ingenieur Mégret. Die feindliche Artillerie beschoss sie mit Kartätschen. Der König, der sich mehr als die anderen aus der Deckung hervorwagte, war deshalb auch am meisten bloßgestellt. Einige Schritte weiter rückwärts befand sich der Graf Schwerin, welcher die Tranchee kommandierte. Der Gardekapitän Graf Posse und der Adjutant Kaulbar nahmen eben Befehle von ihm entgegen. In diesem Augenblick sahen Siquier und Mégret, wie der König von Schweden auf die Brustwehr sank und einen schweren Seufzer ausstieß. Sie sprangen hinzu, aber er war bereits tot. Eine halbpfündige Kugel hatte ihn in die rechte Schläfe getroffen und dort ein Loch gemacht, in welches man drei Finger legen konnte. Sein Kopf lag auf der Brustwehr, das linke Auge war eingesunken, das rechte ganz herausgetrieben. Im Augenblick der Verwundung war er auch schon gestorben; während er aber so plötzlich verschied, hatte er noch die Kraft gehabt, mit einer unwillkürlichen Bewegung die Hand an den Degengriff zu legen und befand sich noch in dieser Stellung. *(Das im Jahre 1746 am Leichname selbst aufgenommene Protokoll stellte fest, dass der Schuss beide Schläfen durchbohrt und dort nur eine sieben Linien lange und zwei Linien breite Wunde hervorgebracht hatte. Eine halbpfündige Kugel hätte eine ganz andere Wirkung gehabt. Als Karl XII. tot gefunden wurde, hatte er die rechte Hand am*

Degengriff und der Degen war zur Hälfte aus der Scheide gezogen; dieser Umstand beweist, dass der König in den Schuss sah, der ihn bedrohte und sich verteidigen wollte. Man glaubt, dass Siquier ein Werkzeug Friedrichs von Hessen, des Schwagers von Karl XII. war. Beuchot.)

Es ist merkwürdig, dass die in Stockholm aufbewahrte Kleidung Karls ein offenbar von einer Kugel herrührendes Loch auf dem Rücken zeigt und die Handschuhe in einer Weise mit Blut bespritzt sind, als habe der König damit nach dem Rücken gegriffen. Hat er etwa die erste Kugel in den Rücken bekommen, danach gegriffen, sich umgewendet und dann erst die zweite in den Kopf erhalten? Anm. d. Übers.

n diesem Anblick sagte Mégret, ein eigentümlicher und herzloser Mensch: »Das Stück ist aus, gehen wir zum Essen.« – Siquier eilte sofort zum Grafen Schwerin und meldete die Sache. Sie beschlossen den Soldaten den Tod zu verheimlichen, bis der Prinz von Hessen davon unterrichtet wäre. Man hüllte den König in einen grauen Mantel, Siquier setzte ihm seine Perücke und seinen Hut auf, und so trug man Karl unter dem Namen des Hauptmanns Carlberg durch die Reihen der Truppen, welche ihren toten König vorbeitragen sahen, ohne zu ahnen, dass er es sei.

Der Prinz befahl sofort, dass niemand das Lager verlassen dürfe und ließ alle Wege nach Schweden bewachen, um Zeit zu gewinnen und seine Maßregeln treffen zu können, damit die Krone auf seine Gemahlin falle und der Herzog von Holstein, der Ansprüche auf dieselbe erheben konnte, von der Regierung ausgeschlossen würde.

So starb in einem Alter von sechsunddreißigundeinhalb Jahren Karl XII., König von Schweden, nachdem er durchlebt hatte, was nur das Glück Großes und was nur das Unglück Hartes enthält, ohne auch nur einen Augenblick lang durch das erstere verweichlicht oder durch das letztere erschüttert worden zu sein. Fast alle seine Handlungen, selbst die seines Privatlebens gingen weit über die Gewöhnlichkeit hinaus. Er ist vielleicht der einzige Mensch und jedenfalls bis jetzt der einzige König, dem gewisse menschliche Schwächen ferne lagen; aber er steigerte alle Heldentugenden bis zu einem Grade, dass sie ebenso gefährlich wurden wie die entgegengesetzten Laster. Seine Festigkeit wurde zum Starrsinn, führte hierdurch seine Unfälle in der Ukraine herbei und hielt ihn fünf Jahre in der Türkei zurück; seine Freigebigkeit ging in Verschwendung über und ruinierte Schweden; sein Mut steigerte sich zur Verwegenheit und wurde Ursache seines Todes; sein Gerechtigkeitssinn verleitete ihn bisweilen zur Grausamkeit, und in den letzten Jahren näherte sich die Art seiner Regierung der Tyrannei. Seine großen Eigenschaften, von denen eine einzige einen anderen Menschen hätte unsterblich machen können, gereichten seinem Lande zum Unglück. Er griff selbst nie jemand zuerst an, aber er war in seiner Rachsucht mehr unversöhnlich als klug. Er war der erste, der den Ehrgeiz besaß, Eroberer zu sein, ohne seine Staaten zu vergrößern; er wollte Reiche nur gewinnen, um sie zu verschenken. Seine Leidenschaft für den Ruhm, den Krieg und die Rache verhinderte ihn ein guter Politiker zu sein, ohne welche Eigenschaft es nie einen Eroberer gab. Vor der Schlacht und nach einem Siege war er die Bescheidenheit selbst, nach einer Niederlage voll Festigkeit; er war hart gegen andere wie gegen sich selbst, und rechnete die Mühen und das Leben seiner Untertanen für ebenso gering als sein eigenes; er war mehr einzig in seiner Art als groß, mehr bewundernswürdig als nachahmenswert. Sein Leben mag die Könige lehren, wie erhaben eine friedliche und glückliche Regierung über noch so viel Ruhm ist. Karl XII. besaß eine vorteilhafte und edle Figur, eine sehr schöne Stirne, große blaue Augen voll Milde, eine wohl geformte Nase; aber der untere Teil seines Gesichts war unangenehm und nur zu oft durch ein Lachen entstellt, das nur von den Lippen ausging, er hatte fast keinen Bart und keine Haare. Er sprach sehr wenig und antwortete häufig nur durch jenes Lachen, das ihm zur Gewohnheit geworden war. An seiner Tafel wurde das tiefste Schweigen beobachtet. Trotz der Unbeugsamkeit seines Charakters legte er jene Schüchternheit, die man falsche Scham nennt, nie ganz ab. Die Führung einer Unterhaltung hätte ihn in Verlegenheit gesetzt, weil er sich ganz nur dem Krieg und den Staatsgeschäften hingegeben und niemals die Gesellschaft kennen gelernt hatte. Bis zu seiner Musezeit bei den Türken hatte er nur die Kommentarien Cäsars und die Geschichte Alexanders gelesen. Doch schrieb er selbst einige Bemerkungen über den Krieg und über seine Feldzüge von 1700-1709 nieder. Er gestand dies dem Ritter von Folard und sagte demselben, dieses Manuskript sei an dem Unglückstage von Poltawaverloren gegangen. Einige haben diesen Fürsten zu einem guten Mathematiker machen wollen; er besaß auch ohne Zweifel viel Scharfsinn; aber der Beweis, den man für seine Kenntnisse in der Mathematik anführt, ist nicht sehr zwingend. Er wollte nämlich den Brauch von 10 zu 10 zu zählen abändern und schlug dafür die Zahl 64 vor, weil sie zugleich einen Würfel und ein Quadrat (viermal viermal vier, achtmal acht) enthalte, durch 2 teilbar und somit zur Einheit zurückzuführen sei. Diese Idee bewies aber nur, dass er in allem das Außerordentliche und Schwierige liebte.

Was seine Religiosität betrifft, so muss man, obschon die Ansichten eines Fürsten keinen Einfluss auf diejenigen anderer Menschen üben dürfen und die Meinung eines so wenig unterrichteten Mannes wie Karl in diesen Dingen nicht maßgebend sein kann, doch auch über diesen Punkt die Neugierde derer befriedigen, welche alles, was diesen Fürsten angeht, mit besonderem Interesse verfolgen. Nun weiß ich von demjenigen, welcher mir die Hauptanhaltspunkte für diese Geschichte mitgeteilt hat, dass Karl XII. bis zum Jahr 1707 ein aufrichtiger Lutheraner war. Damals sah er zu Leipzig den berühmten Philosophen Leibniz, der frei dachte und sprach, und der seine freien Anschauungen bereits mehr als einem Fürsten eingeflößt hatte. Ich glaube jedoch nicht, dass Karl XII., wie man behauptet hat, aus der Unterredung mit diesem Philosophen, der ja nur eine Viertelstunde lang sich mit ihm zu unterhalten die Ehre hatte, eine gewisse Gleichgültigkeit gegen das Luthertum schöpfte. Fabrice aber, der sieben Jahre lang in vertrautem Umgang mit dem König lebte, versicherte mich, dass während seiner Musezeit in der Türkei, wo Karl in verschiedene Religionen einen tieferen Einblick tat, seine Gleichgültigkeit zugenommen habe. Auch La Motraye bestätigt in seinen »Reisen« diese Angabe. Ebenso glaubt auch der Graf von Croissi, wie er mir oft wiederholte, dass dieser Fürst von seinen frühern Ansichten nur seinen Glauben an eine Vorausbestimmung bewahrt habe, eine Glaubenslehre, die seinem Mute genehm war und seine Tollheiten rechtfertigte. Der Zar hatte die gleichen Ansichten wie er über Religion und Schicksal, aber er äußerte sich öfter darüber, denn er unterhielt sich mit seinen Günstlingen gerne über alles und hatte vor

Karl das Studium der Philosophie und die Gabe der Beredsamkeit voraus.

Ich kann nicht umhin, mich hier noch über eine jener Verleumdungen auszusprechen, wie man sie nur zu oft beim Tode von Fürsten äußern hörte, welche boshafte oder leichtgläubige Menschen stets gern vergiftet oder ermordet werden lassen. So hat sich damals auch in Deutschland das Gerücht verbreitet, Siquier selbst habe den König getötet. Dieser brave Offizier war lange in Verzweiflung über diese Verleumdung. Eines Tags als er mit mir darüber sprach, sagte er wörtlich: »Ich hätte allerdings den König von Schweden töten können, aber mein Respekt vor diesem Helden war so groß, dass ich es nicht gewagt hätte, auch wenn ich es wollte.«

Ich weiß wohl, dass Siquier selbst zu dieser verhängnisvollen Beschuldigung Anlass gegeben hat und dass viele Schweden sie noch immer glauben. Er gestand mir selbst, dass er, als er zu Stockholm im hitzigen Fieber lag, geschrien habe, er habe den König von Schweden umgebracht; dass er sogar in einem Fieberanfall das Fenster geöffnet und laut um Gnade für seinen Königsmord gesteht habe. Als er aber nach seiner Genesung erfuhr, was er in der Krankheit gesagt hatte, war er nahe daran vor Schmerz zu sterben. – Ich wollte diese Geschichte nicht veröffentlichen, so lange er lebte. Kurz vor seinem Tode besuchte ich ihn noch und ich kann versichern, dass er weit entfernt Karl XII. getötet zu haben, sich lieber tausendmal für ihn hätte töten lassen. Wenn er sich eines solchen Verbrechens schuldig gemacht hätte, so wäre es doch wohl nur geschehen, um irgend einer Macht gefällig zu sein, die ihn ohne Zweifel reichlich dafür belohnt haben würde; er ist aber sehr arm in Frankreich gestorben, und hat sogar die Unterstützung seiner Freunde in Anspruch nehmen müssen. Wem diese Gründe nicht genügen, der bedenke, dass die Kugel, welche Karl XII. getroffen, nicht in eine Pistole gehen konnte, dass Siquier aber diesen verruchten

Schuss nur mit einer unter seinem Rock versteckten Pistole hätte tun können. (Viele behaupten noch heutigestags, dass Karl XII. das Opfer des Hasses geworden, den er seinen Untergebenen einflößte. Diese Ansicht ist nicht so unwahrscheinlich. Auch Voltaire wusste das; da er jedoch die kleinen Umstände, auf welche sich diese Meinung stützt, nicht feststellen konnte, zog er es vor, sie mit Stillschweigen zu übergehen. Man verwahrt zu Stockholm den Hut Karls XII.; und die Kleinheit des Loches, womit derselbe durchbohrt ist, bildet einen der Gründe derer, welche glauben, dass er ermordet worden sei. Condorcet und Decroix.)

Nach dem Tode des Königs wurde die Belagerung von Fredrickshall aufgehoben. Alles änderte sich in einem Augenblick. Die Schweden, welche der Ruhm ihres Fürsten mehr bedrückte, als erfreute, dachten nun daran, mit ihren Feinden Frieden zu schließen, im eigenen Lande aber die unumschränkte Gewalt, deren Übermaß der Baron von Görtz sie hatte kosten lassen, wieder in die früheren Schranken zurück zu weisen. Die Stände wählten aus freien Stücken die Schwester Karls XII., Ulrike Eleonore zu ihrer Königin und zwangen sie, auf alles Erbrecht an die Krone feierlich zu verzichten, so dass sie dieselbe nur durch die Stimme der Nation erhielt. In wiederholten Schwüren versprach sie, niemals die Willkürherrschaft wieder herstellen zu wollen. Später opferte sie die Hoheit der königlichen Würde der ehelichen Liebe, indem sie die Krone ihrem Gemahl, dem Prinzen Friedrich von Hessen-Kassel, abtrat und die Stände veranlasste diesen Prinzen zu wählen, der den Thron unter den gleichen Bedingungen bestieg. Der Baron von Görtz wurde sofort nach dem Tode Karls verhaftet und vom Senat in Stockholm verurteilt, am Fuße des Stadtgalgens enthauptet zu werden: vielleicht mehr ein Exempel der Rache als der Gerechtigkeit und jedenfalls eine grausame Beschimpfung des Andenkens eines Königs, den Schweden noch immer bewundert.

Abbildungsverzeichnis